대중을 읽고 기획하는 힘

트렌드 2024 모니터

대중을 읽고 기획하는 힘

트렌드 모니터 2024

마크로밀 엠브레인
최인수 · 윤덕환 · 채선애 · 이진아 지음

시크릿하우스

2024
TREND
MONITOR

TREND
MONI
TOR

TREND
MONI
TOR

TREN
MON
TOR

피드백 없는 사회, 질주하는 개인 취향

친구·직장 동료·어른이 부재한 3無 사회, 거대한 피드백 결핍을 낳다

결핍이 트렌드를 낳는다 ""

업계에서 이름만 대면 알 만한 유명 셰프들이 냉장고를 뒤져 식재료를 찾는다. 그리고 그 재료를 가지고 15분 내에 요리를 만들어낸다.[1] 이색적이며 고급스러운 식재료를 사용하던 기존 요리 프로그램의 패러다임을 바꾼 이 〈냉장고를 부탁해〉라는 프로그램(2014년 11월에 시작)은 2015년에 접어들면서 본격적인 시청률 고공 행진을 찍는다.[2] 그리고 이와 유사하게 집에 있는 재료로 간단하게 뭔가를 만들어 먹는 요리 프로그램(예: 〈집밥 백선생〉[3])은 2015년 이후 2017년까지 요리 프로그램의 패러다임 변화를 주도한다.

왜, 2015년이었을까? 2015년은 한국 사회에 메르스(MERS: 중동호

흡기증후군)⁴라는 전염병이 발병했던 시기다. 이때를 분석한 《2016 대한민국 트렌드》에서는 '집'을 가장 중요한 욕구 해결의 원초적 장소로 지목했다. 대중 소비자들은 이전보다 훨씬 더 많은 시간을 집에서 보냈고, 다양한 욕구를 집에서 해결하고자 했다. 이런 욕구는 집 인테리어에 대한 엄청난 관심으로도 이어졌다(실제로 집을 고치는 다양한 TV 프로그램이 이 시기에 등장했다).⁵ 그런데 이 메르스라는 질병은 단순히 집에 머무는 시간을 늘리는 효과만을 가져온 것은 아닌 것 같다. 전염병이라는 특성은 불특정한 익명의 사람들에 대한 두려움도 함께 가지고 왔다. 그리고 이런 일상적 두려움에 대한 공감은 이전까지 보기 힘들었던 소재(팬데믹, 좀비)를 다룬 〈부산행〉이라는 영화의 초대형 흥행으로 이어졌다.⁶ 2016년의 유일한 1,000만 영화였던 이 영화는 2016년 개봉 당시 최단 기간 400만 명, 1일 관객 신기록⁷을 깨는 엄청난 흥행 기록을 내면서 질주했다. 그리고 2015년 한해 동안 집에서 머문 시간만큼의 갑갑함은, 이듬해인 2016년 고스란히 자신의 감정적 만족을 즉각적으로 충족하려는 '욜로YOLO, You Only Live Once'의 대열풍을 불러왔다.

많은 사람들이 다음 해에 어떤 일이 생길지, 어떤 것들을 예상해야 하는지를 궁금해한다. 하지만 미래가 궁금할수록 우리가 알아야 할 것은 지금 사람들이 '무엇에 결핍을 느끼고 있고', 그 결과로 사람들이 '무엇에 공감하는가' 하는 것이다. 현재의 결핍을 알아야 대중이 어떤 방식으로 행동할 것인지를 예측할 수가 있다. 그래서 '현재'라는 맥락context 없이, 난데없이 등장하는 새로운 기술, 제품이나 극소수들의 취향에만 공감하는 아이템은 당장의 화제는 될지 몰라도 대중적 삶의 방향성을 예측하기에는 뭔가 부족하다. 새로움에 대한 반응이 지속되려면 필연적으로 대중성이란 전제 조건이 필요하기도 하지만, 개개인은 무엇보다 자신의 결핍을 보완하는 방향으로 '돈'과 '시간'이라는 자원을 우선적으로 투자하려는 경향이 있기 때문이다.[8] 때문에 다가오는 2024년, 대중 소비자들이 어떤 태도의 방향성을 보일지를 예측하기 위해서는 무엇보다 2023년의 큰 결핍이 무엇인지를 짚어볼 필요가 있다.

피드백 부재 사회, "
개인 취향의 질주

마크로밀 엠브레인 트렌드모니터가 분석한 2023년 대중 소비자들의 삶에서 가장 큰 결핍은 바로 '피드백'이 부재하다는 것이다. 이런 대중 소비자들의 피드백 결핍 현상은 조직 내에서 가장 뚜렷하게 관찰되고 있다. 《2024 트렌드 모니터》는 직장 생활에서의 'MZ세대'라는 표현이 일종의 편견에 근거한 '딱지(라벨, 레이블)'일 수 있다고 분석한다. 그리고 이 편견을 완화하지 못한 과정은 조직 내에서 상호 간에 원활한 피드백의 부재에 기인할 수 있다고 지적한다. 단순히 '주고받는 영혼 없는 말'이 아니라 무엇이 잘못되었고, 무엇이 칭찬받을 만하며, 무엇이 올바르고, 무엇이 문제가 있을 수 있는가에 대한 구체적 소통이 부족하기 때문일 수 있다고 분석했다. 이 과정은 필연적으로 피드백을 주는 쪽의 '개인 취향'이 아니라, 공동의 선善이라는 가치관에 기반해야 하고, 피드백을 받는 쪽의 동의(혹은 수용)도 필요하다. 그래서 명확한 피드백을 준다는 것은 주는 쪽과 받는 쪽 모두 상당히 부담스러울 수밖에는 없다.

그런데《2024 트렌드 모니터》에서 분석한 바에 따르면 이런 피드백의 부재가 조직 문화에만 존재하는 것이 아니라는 점이 흥미롭다. 대부분의 일상에서 사람들은 서로 이런 피드백을 잘 주고받지 못하고 있거나, 부담스러워하고 있는 것으로 보인다. 그리고《2024 트렌드 모니터》의 분석 결과, 한국 사회는 말이 아니라 행동으로 '피드백'을 보여줄 수 있는 '어른'이 부재했고, 상식에 어긋나는 의사 결정을 할 때 옆에서 내 행동을 말려줄 수 있는 '친구'가 부재하며, 일의 의미를 부여해줄 '직장 동료(선배, 후배, 동료)'들이 부재한다. 나의 말

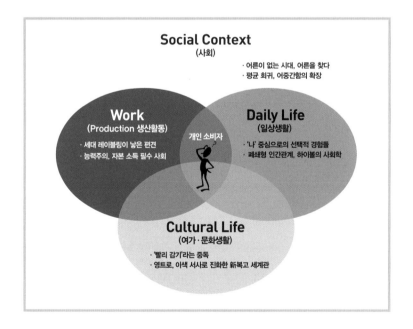

과 행동에 대한 직접적이고 구체적인 피드백을 줄 수 있는 사람이 없어지면서, 타인의 의견보다는 나의 '생각', '가치관', '취향'을 더 중시하게 되는 것이다. 그 결과, 지금 한국 사회에 사는 대중 소비자들은 '개인 취향'이 그 어떤 가치보다 높게 존중받아야 한다고 믿는 견고한 신화가 자리 잡고 있었다.

눈에 띄는 올해의 감정, 〃 '귀찮다'와 '화난다'의 공통점

2023년에도 대중 소비자들이 가장 자주 경험한 감정은 근심, 걱정이었다.[9] 근심과 걱정은 미래에 대한 불확실성에서 오는 불안감이 유발하는 감정이다. 과거는 후회의 대상이 될 수는 있어도 걱정의 대상이 될 수는 없기 때문이다. 대중 소비자들은 현재를 불확실성이 매우 높은 상태로 인식하고 있는 것으로 보인다. 그리고 이 미래에 대한 불안이 사회 트렌드를 알고자 하는 광범위한 욕구도 만들어내는 모습이다.

　한편, 눈에 띄는 감정 키워드는 대중 소비자들이 두 번째로 많이 경험하는 감정인 '귀찮다'였다. '귀찮음'은 주로 어떤 대상을 회피하는 감정으로 해석된다. 주어진 일을 하기 싫을 때, 어떤 관계에서 주어진 역할을 피하고 싶을 때, 의식주에 관한 의무를 행해야 할 때 등 내가 어떤 대상과의 관계에서의 의무감을 놓고 싶을 때 느끼는 감정이다. 이런 감정을 경험하는 사람들이 매우 많다는 것은 역

순위	2017(N=10,000)		2018(N=10,000)		2019(N=10,000)		2020(N=10,000)		2021(N=10,000)		2022(N=10,000)		2023(N=10,000)	
1	근심 걱정	46.6	귀찮다	44.2	근심 걱정	43.3	답답하다	44.7	답답하다	45.9	근심 걱정	43.1	근심 걱정	44.3
2	답답하다	45.2	답답하다	43.9	답답하다	41.3	근심 걱정	43.9	근심 걱정	44.7	답답하다	41.7	귀찮다	42.7
3	귀찮다	41.4	근심 걱정	43.5	귀찮다	40.1	귀찮다	37.8	귀찮다	43.7	귀찮다	41.4	답답하다	40.3
4	심란하다	39.2	심란하다	36.6	심란하다	35.9	심란하다	36.3	불안하다	37.7	심란하다	34.3	심란하다	35.5
5	불안하다	34.7	불안하다	34.1	불안하다	33.7	불안하다	36.0	심란하다	37.7	불안하다	33.5	불안하다	34.3
6	우울하다	31.6	지겹다	31.1	지겹다	28.3	지겹다	31.2	지겹다	33.9	지겹다	32.9	지겹다	30.9
7	지겹다	31.1	좋다	28.8	좋다	28.2	우울하다	28.1	우울하다	31.3	우울하다	28.1	좋다	29.9
8	고맙다	28.4	행복하다	28.7	행복하다	28.1	행복하다	25.7	허무하다	27.6	재미있다	27.7	재미있다	29.0
9	행복하다	28.3	우울하다	28.0	우울하다	27.9	허무하다	24.2	행복하다	26.9	행복하다	27.2	행복하다	29.0
10	허무하다	28.2	고맙다	27.3	즐겁다	26.9	고맙다	23.9	속상하다	26.4	좋다	26.4	즐겁다	27.9
11	외롭다	28.1	재미있다	27.1	재미있다	26.4	편안하다	23.9	좋다	26.3	즐겁다	26.0	편안하다	27.9
12	좋다	27.0	즐겁다	27.1	편안하다	25.8	좋다	23.2	고맙다	25.9	편안하다	26.0	고맙다	27.8
13	속상하다	27.0	허무하다	27.0	허무하다	25.8	속상하다	23.1	아쉽다	25.6	허무하다	24.8	우울하다	26.5
14	재미있다	26.4	외롭다	26.1	고맙다	25.8	아쉽다	23.1	외롭다	25.6	고맙다	24.6	허무하다	24.6
15	즐겁다	26.1	편안하다	26.1	아쉽다	24.7	초조하다	22.7	화나다	25.6	화나다	23.5	아쉽다	24.5
16	화나다	26.1	속상하다	25.9	외롭다	24.5	외롭다	22.6	재미있다	25.5	아쉽다	23.2	만족하다	24.4
17	아쉽다	25.8	화나다	25.5	속상하다	24.4	화나다	22.3	초조하다	25.4	만족하다	23.1	후회하다	24.3
18	후회하다	25.8	후회하다	25.0	후회하다	23.9	불편하다	22.2	후회하다	25.1	속상하다	23.1	속상하다	24.0
19	초조하다	24.7	아쉽다	24.8	초조하다	23.8	즐겁다	22.0	편안하다	24.8	후회하다	22.6	초조하다	23.4
20	편안하다	24.2	초조하다	24.4	화나다	22.3	재미있다	22.0	즐겁다	24.1	외롭다	22.4	외롭다	23.3

설적으로 지금 주어진 '어떤 의무감'에서 해방되고자 하는 사람들이 2022년에 비해 더 늘어나고 있다는 것을 시사한다. 사람들은 내가 연결된 어떤 의무에서 좀 더 자유로워지고 싶어 하는 것 같고, 이 경향이 2023년에 약간 더 두드러졌다. 동시에 경제적으로 조금 어려워지는 시기에 반복적으로 높게 경험하던 '화난다'라는 감정은 20위권 밖으로 떨어졌다. '화'라는 감정도 일종의 대상이 필요한 감정이라는 차원에서 보면, 경제적으로는 어려워지고 있지만 사람들은 일상에서 좀 더 혼자만의 일상생활에 익숙해지는 단계에 들어선 것으로 보인다.

대중 소비자들이 경험하는 욕구는 작년과 현저하게 다른 패턴을 보이고 있었다. 성장에 대한 욕구(574.36점)보다는 결핍 욕구(624.67점)를 더 많이 느끼고 있었는데,[10] 그 차이가 작년보다 더욱 커졌다. 보다 주목할 만한 결과는 네 가지 욕구(생리적 욕구, 안전 욕구, 사회적 욕구, 자존에 대한 욕구) 중 가장 기본적인 욕구라 할 수 있는 '생리적 욕구'에 대한 결핍 문제가, 바로 이 결핍 욕구가 매우 커진 결과에 직접적인 영향을 끼쳤다는 사실이다. 현재의 대중 소비자들에게 고물가·저성장이라는 시대 분위기는 아주 기본적인 욕구의 충족도 쉽지 않아 보인다. 이것이 상당한 스트레스로 작용하는 것 같다.

2016년 이후 누적된 조사에서의 흐름을 비교해보면, 인지적 욕구(알고 이해하고자 하는 욕구)[11]도 매우 높았고, 성장 욕구 전체도 과거에 비해 높아지고 있었으나, 최근의 경제적 상황은 대중 소비자들로 하여금 높은 수준의 결핍 욕구를 경험하게 하고 있는 것으로 보인다. 이렇게 되면, 2022년에 이어 진행되고 있는 무지출 챌린지와

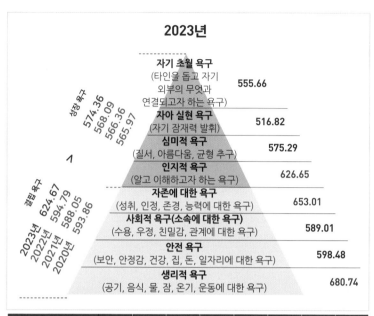

매슬로 욕구단계/연도		2016	2017	2018	2019	2020	2021	2022	2023
성장 욕구 (574.36) /2023년	자기 초월 욕구	495.84	514.98	504.34	516.91	557.91	551.32	550.28	555.66
	자아 실현 욕구	488.69	490.51	492.04	497.55	519.08	522.72	519.99	516.82
	심미적 욕구	535.59	556.27	545.82	545.32	564.56	564.09	568.62	575.29
	인지적 욕구	576.48	580.57	577.13	584.12	603.58	607.87	614.21	626.65
결핍 욕구 (624.67) /2023년	자존에 대한 욕구	652.91	647.60	645.15	633.11	623.37	619.69	627.42	653.01
	사회적 욕구	573.57	565.67	571.37	562.24	556.20	553.87	564.09	589.01
	안전 욕구	623.43	608.36	585.72	583.93	571.12	560.34	563.20	598.48
	생리적 욕구	641.01	651.94	658.10	652.06	647.24	641.68	648.18	680.74

더불어 시간과 돈을 더욱더 효율적으로 관리하려는 욕구는 매우 높은 수준을 유지하게 될 것으로 보인다.

각 장에서 분석 제시한 내용은 다음과 같다.

[어른이 없는 시대, 어른을 찾다] 편에서는, 2023년 상반기 베스트셀러를 분석하여 현재 대중 소비자들이 선택하는 책의 특징을 정리했다. 특징적인 것은 자기 계발서의 약진이며, 이 현상을 40대가 주도하고 있는 것으로 분석했다. 이는 최근 3개년을 분석해볼 때 매우 이례적인 현상으로 보인다. 또한 《세이노의 가르침》의 베스트셀러 장기화를 일종의 사회현상으로 정의하고, 이유와 원인을 분석한다.

(Keyword: 40대, '버티기 전략' · 어른의 부재 · 지연된 성인기)

[평균 회귀, 어중간함의 확장] 편에서는, 최근 '평균'이 일종의 라이프 스타일상에서 최소한의 기준만을 넘긴 '커트라인'으로 변질되고 있는 현상을 다룬다. 상향 평준화된 평균의 기준에 피로감을 느끼고 있는 대중 소비자들이 중간만 해도 괜찮은 것이라는 사고의 전환을 보이고 있다. 이 현상은 타인과의 비교에서 탈피해 자신의 삶의 기준을 스스로 만들고자 하는 일련의 파생적 흐름을 만들어내고 있다.

(Keyword: 반반＊＊ 문화 현상 · 선택적 폐쇄성 · 기준축의 전환)

[세대 레이블링이 낳은 편견] 편에서는, 'MZ세대'에 얽힌 몇 가지 편견을 제시하고 그 편견의 기원을 분석한다. MZ세대에 대한 편견의 대부분은 실제로는 '세대'의 문제가 아닌 '그 연령과 그 직급' 직장인의 문제일 수 있으며, '사회성'을 바라보는 세대 간 인식 차이에서 비롯되는 것으로 보인다. 이것이 편견으로 굳어지고 있는 기저에는 결국 '피드백 부재' 문제가 있음을 제시한다.

(Keyword: 피드백 부재 · 포용성 · 新슬래셔)

[능력주의, 자본 소득 필수 사회] 편에서는, 한국 사회에서의 능력주의가 실제로는 문제 해결 능력을 뜻하는 것이 아니며, 직접적으로 '큰돈'과 관련된 현상이라는 분석 결과를 제시한다. 그리고 같은 맥락에서 현재의 많은 근로자들은 투자로 벌어들이는 자본 소득을 일괄적으로 불로소득이라고 분류하는 것에 강한 거부감이 있다는 사실도 설명한다. 현재의 자본주의 시스템상에서는 노동 소득과 자본 소득이 병행되어야 한다고 생각하고 있고, 이것은 향후 한국 사회에서 노동자들의 정체성과 관련해 매우 중요한 것이 변할 수 있음을 시사한다.

(Keyword: 계층 상승 욕구 · 불로소득 재정의 · 복합 정체성(노동자와 투자자) 지향)

['나' 중심으로의 선택적 경험들] 편에서는, 불황을 탈피하기 위한 개개인의 옥석 가리기 노력이 자존감 상실 시대를 돌파하기 위한 전략으로까지 확대되는 흐름을 소개한다. 많은 대중 소비자들은 타인과의 비교를 통한 소비에서 벗어나고자 하고, 이 과정에서 실현 가능한 스스로의 목표 설정 등으로 자존감 회복을 위한 의도적이고 의식적인 생활 변화를 시도하고 있다. 남들의 기준이 아닌 자신만의 '사양'을 만들려 노력 중이며, 이 과정에서 대중 소비자들이 취사선택하는 디테일한 전략들을 짚어본다.

(Keyword: 고*사양1인분 라이프 · 타인 부재화 · 옥석 가리기 소비 전략 · 과*평가 대상의 재조명)

[폐쇄형 인간관계, 하이볼의 사회학] 편에서는, 최근 유행하는 음주 문화의 핵심에 있는 하이볼을 분석한다. 그리고 이 하이볼로 상징되는 음주 문화의 역사적 이면에 있는 일본의 장기 불황 문화와 '나 홀로 즐기는 음주 문화'를 분석하고, 더불어 '친구의 부재' 시대에 대해 분석한다.

(Keyword: 친구가 없는 사회 · '필 · 찾' 친구 시대 · 상식과 도덕성의 취향화)

['빨리 감기'라는 중독] 편에서는, 최근 OTT가 일상생활에 안착하면서 나타나는 시청 습관의 큰 변화를 다룬다. 코로나19 이후 OTT가 시청 습관의 하나로 자리 잡으면서 디지털 기기에 익숙한 젊은 세대들은 배속 재생으로 시청하는 것이 대세가 되었다. 이것은 다양한 형태로 뇌에 영향을 주고 있는데 이 영향과 향후 전망을 분석한다.

(Keyword: 배속 시청 · 중독되는 뇌 · 매운맛은 대세&'의도적' 정속 주행이라는 틈새)

[영트로Young-tro, 이색 서사로 진화한 新복고 세계관] 편에서는, 기존의 레트로Retro, 뉴트로New-tro와는 사뭇 다른, 10~30대에 의해 주도되는 '新복고' 현상을 분석한다. 전통적으로 복고는 기성세대의 것들이 '소환'과 '향유'의 대상이었지만, 현재의 복고는 10~30대의 젊은 세대가 그들의 어린 시절 경험을 소환하고 즐기는 현상으로 변화하고 있는 중이다. 이 과정에서 기성세대들에게는 생소한 소품이 '복고'의 이름으로 등장하기도, J컬처 열풍 등으로 이념적 논쟁과 갈등 상황이 발생하기도 하며, 새로운 놀이로서 '세계관'의 각색(변화) 등이 새로운 복고 문화로 등장하는 현상들을 짚어본다.

(Keyword: '경계 없이', '제한 없이' 능동적인 영트로의 도래 · 진화하는 복고 세계관)

매년 트렌드 전망이 무의미할 정도로 어두운 전망이 반복된다. 2022년 하반기부터 급격하게 경기가 하락하면서 대중 소비자들이 느끼는 체감 경기는 더욱 나빠지고 있다. 그리고 많은 전문가들은 앞으로 2~3년은 지금보다 더 엄혹한 경기 침체가 올 것이라고 겁을 준다. 이렇게 겁을 준 덕분(?)인지 많은 사람들이 지출을 줄이고 불황에 대비한다. 그런데 대비하는 양상은 각자 다르다. 공부를 통해 불황이 오히려 '투자 기회'가 될 수 있다고 판단을 하는 사람들과 경험을 통해 지금의 불황을 어떻게 견뎌야 하는지 고민하는 사람들로 나뉘고 있는 것 같다. 분명한 것은 이렇게 '예상된 위기'는 어떤 방식으로든 준비하면서 돌파할 수 있다는 것이다. 이 과정은 이미 몇 차례의 큰 불황의 경험을 통해 한국 사회가 몸으로 보여준 바 있다. 핵심은 지금 개인이 어떻게 이 위기를 견뎌나갈 수 있고, 버틸 수 있는 체력이 얼마나 되는가에 대한 스스로의 진단과 자기 객관화다. 그리고 이 시간을 의미 있게 쌓아가는 몸으로 익히는 훈련이다. 지금 부자로 살고 있는 사람들은 공교롭게 이런 통찰을 진작부터 하고 있었던 듯하다.

부자가 되려는 사람들이 가장 많이 하는 실수는 빨리 부자가 되려는 마음을 갖는 것이다. 빨리 부자가 되려는 욕심이 생기면 올바른 판단을 할 수가 없다. 사기를 당하기 쉽고 이익이 많이 나오는 것에 쉽게 현혹되며 마음이 급해 리스크를 살피지 않고 감정에 따라 투자를 하게 된다. 거의 모든 결말은 실패로 끝나고 만다. (중략) 빨리 부자가 되는 유일한 방법은 빨리 부자가 되지 않으려는 마음을 갖는 것이다.

빨리 부자가 된 사람들 중에 그 부를 평생 가져갈 수 있는 사람은 손에 꼽을 정도다. 젊은 시절에 부자가 되면 부를 다루는 기술이 부족하고, 투자로 얻는 이익이나 사업으로 얻는 이익이 더 눈에 보여서 모으고 유지하는 능력이 가진 재산에 비해 약해진다. 결국 다시 가난해질 확률이 높다. 부는 차근차근 집을 짓는 것처럼 쌓아 나아가야 한다.

김승호, 《돈의 속성》, p.53

이 책은 대한민국의 대중 소비자의 삶을 읽는 15번째 책이다. 근심, 걱정이 많은 한국의 대중 소비자들은 '트렌드 서적'에 대한 사랑이 남다르다. 그만큼 일상적인 불안감을 가지고 살아간다는 것이다. 전문가들은 '장기 불황의 초입'이라고 엄포를 놓는다. 그래서 많은 사람들은 꼭대기에서 떨어지기 직전의 롤러코스터에 타고 있는 심정으로 현금이라는 바bar를 꽉 움켜쥐고 있다. 이런 불안감을 낮추기 위해서는 무엇이 필요할까? 직접적으로는 과거 1997년과 2008년, 2009년 불황 시기에 한국 사회가 어떤 모습이었는지를 찾아보는 것이 도움이 될 것 같다. 적어도 막연함은 줄일 수 있기 때문이다.

그런데 이 책의 저자들이 추천하는 방식은 좀 더 직접적일 수 있다. 이 시기를 경험한 선배들의 생생한 경험을 직접 들어보는 것이다. 이런 소통 과정은 구체적인 당시의 감정을 대리해서 경험하는 데 큰 도움이 될 수 있다. 어떤 분야의 베테랑이란 결국 어떤 사건에 대한 사전적 지식이 아니라 당대의 감정을 먼저 경험했고, 이것을 공유해줄 수 있는 사람들이기 때문이다. 올해의 《트렌드 모니터》에서는 바로 이런 진심 어린 소통과 피드백이 필요한 시대라는 결론을 얻었다. 이 책이 불황에 대비하는 대중의 인식에 대해 진심 어린 피드백을 담고 있다는 것을 느껴주시면 더 바랄 나위 없이 좋을 것 같다.

항상 뜨거운 관심과 지지를 보내주는 마크로밀 엠브레인 가족에게 감사의 마음을 전한다. 올해도 패널 빅데이터 분석이란 어려운 미션을 잘 수행할 수 있도록 물심양면 도움을 준 패널빅데이터센터 데이터사이언스팀 한다정 매니저, 이슬아 매니저, 허영미 매니저와 올해 컨텐츠사업부에 함께한 최다솔 매니저에게 특별한 감사의 마음을 전한다. 의리의 아이콘, 시크릿하우스의 전준석 대표와 황혜정 부장께는 뭐, 당연히 감사하다(끝).

올해도 여전히 이 책을 기다려온 독자분들에게 마음 깊은 감사를 드린다. 매년 이 책에서 제시한 우리의 고민과 질문이 독자들이 현재 가지고 있는 문제를 풀어가는 데 한 줌이라도 도움이 되는 도구가 된다면 더 바랄 것이 없다. 독자 여러분의 건강과 안전한 일상을 기원한다.

2023년 10월
㈜마크로밀 엠브레인 컨텐츠사업부 저자 일동

CONTENTS

PART 2

WORK

피드백, 개인과 조직이 살아남는 법

PART 3

LIFE
시(時)성비, 시간이 곧 돈이다

PART 4

CULTURE
빨리 감기와 엉트로 문화

2024
트렌드 모니터

PART 1

SOCIAL

어덜티즘,
이기적 어른들의 사회

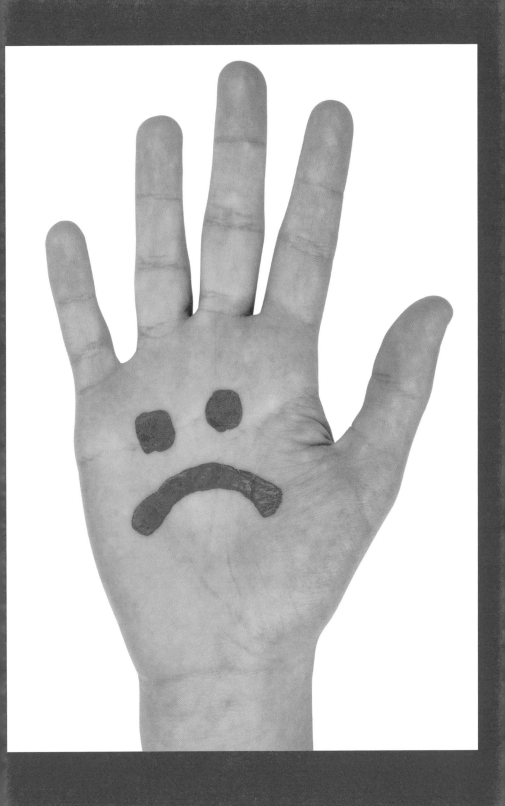

어른이 없는 시대, 어른을 찾다

40대, '버티기 전략' · 어른의 부재 · 지연된 성인기

2023년 베스트셀러 흐름의 ❞ 변화 키워드 2가지

지난 2023년 6월 12일, 교보문고는 2023년 1월부터 6월 초까지 판매량을 집계해 종합 베스트셀러를 발표했다.[1] 이 상반기(1~6월) 판매량 통계를 의미 있게 보아야 하는 이유는, 이 시기는 독자들이 '정해진 압력(예를 들면, 다음 해를 계획해야 하는 등의)'이 있는 하반기(7~12월)에 비해 비교적 '자유롭게' 책을 선택하는 경향이 있기 때문이다. 그래서 이 상반기 도서 판매의 통계는 독자들의 취향이 보다 많이 반영되어 있다. 실제로 과거 데이터를 보면 상반기에 주로 소설이나 에세이가 상단에 많이 자리 잡고 있었다(30쪽의 2021~2023년 상반기

베스트셀러 비교 참조). 그런데 2023년에 이 경향이 크게 바뀌고 있다.[2]

코로나 팬데믹으로 '집콕' 라이프 스타일이 대세였던 지난 2021년, 상위 10위에 랭크되어 있는 책들은 소설과 에세이 분야가 압도적이었다. 직접적으로 지식을 늘리고자 하는 욕구보다는 이야기에 대한 호기심 욕구가 훨씬 강하기 때문일 것이다. 하지만 2023년 상반기 분위기는 이전과 전혀 다르게 바뀌고 있었다. 수많은 독자들이 '자기 계발서'를 읽고 자신을 단련하고 있는 것처럼 보이기 때문이다. 종합 베스트셀러의 1위, 2위, 3위 모두 자기 계발 분야의 책들(1위. 《세이노의 가르침》, 2위. 《원씽》, 3위. 《김미경의 마흔 수업》)이었다. 그런데 이 흥행하는 자기 계발서들, 특히 《세이노의 가르침》과 《원씽》에는 공교롭게도 도서의 내·외적으로 두 가지 중요한 공통점이

교보문고 상반기 베스트셀러 비교(2021~2023년, 1~6월)[3]

	2023년 상반기(1~6월)			2022년 상반기(1~6월)			2021년 상반기(1~6월)		
순위	책 제목	저자	분야	책 제목	저자	분야	책 제목	저자	분야
1	세이노의 가르침	세이노	자기 계발	불편한 편의점	김호연	소설	달러구트 꿈 백화점 2	이미예	소설
2	원씽	게리 켈러, 제이 파파산	자기 계발	그리움은 아무에게나 생기지 않습니다	박근혜	정치사회	달러구트 꿈 백화점 1	이미예	소설
3	김미경의 마흔 수업	김미경	자기 계발	이어령의 마지막 수업	김지수, 이어령	인문	작별하지 않는다	한강	소설
4	불편한 편의점	김호연	소설	물고기는 존재하지 않는다	룰루 밀러	과학	소크라테스 익스프레스	에릭 와이너	인문
5	스즈메의 문단속	신카이 마코토	소설	웰씽킹	켈리 최	자기 계발	오늘 밤, 세계에서 이 사랑이 사라진다 해도	이치조 미사키	소설
6	만일 내가 인생을 다시 산다면	김혜남	인문	달러구트 꿈 백화점(합본호)	이미예	소설	인생은 실전이다	신영준, 주언규	시, 에세이
7	역행자	자청	자기 계발	부자 아빠 가난한 아빠 1	로버트 기요사키, 샤론 레흐트	경제경영	햇빛은 찬란하고 인생은 귀하니까요	장명숙	시, 에세이
8	불편한 편의점 2	김호연	소설	파친코 1	이민진	소설	백조와 박쥐	히가시노게이고	소설
9	구의 증명	최진영	소설	어서 오세요, 휴남동 서점입니다	황보름	소설	럭키	김도윤	자기 계발
10	기분이 태도가 되지 말자	김수현	에세이	미드나잇 라이브러리	매트 헤이그	소설	미드나잇 라이브러리	매트 헤이그	소설

있다. 그리고 이 두 가지 공통점은 현재 한국 사회에서 전개되고 있는 상황을 예상하고 준비하고자 하는 대중들의 태도가 고스란히 담겨 있다.

첫째, 《세이노의 가르침》과 《원씽》은 '워라밸Work & Life Balance'에 대한 격렬한 반감을 드러내고 있는 책들이다. 《원씽》의 저자 게리 켈러는 '일과 삶의 균형(워라밸)'은 실제로 존재하지 않는 것이며, 대부분의 사람들이 곰곰이 따져보지도 않고 달성 가능한 목표인 것처럼 받아들이는 일종의 '거짓말'이라고 주장한다.[4] 저자는 막연한 균형 잡기에 집착하기 보다는 우선순위를 정하는 것이 중요하다고 설명한다. 지금 그 우선순위에서 중요한 것을 먼저 하는 것이 가장 핵심이고, 이것은 균형 잡기와 병행할 수 없다는 것이다. 같은 맥락에서 《세이노의 가르침》의 저자 세이노(필명, Sayno)는 스티브 잡스의 스탠퍼드대학교 졸업식 연설의 일부를 인용하면서 좋아하는 일을 통해 성공과 부, 행복을 잡으려면 '워라밸 따위'는 잊어버리라고 거침없이 주장한다.[5] 이 주장들은 현대의 생활인들에게 견고하게 자리 잡은 일과 삶의 균형이라는 관점을 정면으로 도발한다. 그런데 역설적이게도 많은 독자들이 이런 과격한(?) 주장을 담은 책들에 열광하고 있다.

두 번째로 이 베스트셀러의 최상위권에 있는 상당수의 자기 계발책의 공통점은 '40대'라는 키워드와 깊이 연관되어 있다. 《세이노의 가르침》은 이미 2000년대 초반 〈동아일보〉에 연재한 칼럼을 모아 당시 사회생활을 시작한 청년들이 출간을 시도하다가 20년 만에 출간이 된 사례다(책 내용에 이 언급이 있고, 10여 년 전부터 책을 출간하기 위해 카페를 통해 활동한 사람들의 닉네임이 다 실려 있

다). 《원씽》은 2013년에 이미 한 번 출간되어 베스트셀러가 되었다가 10년 만에 재소환되어 또다시 베스트셀러가 된 사례이며, 김혜남 원장의 《만일 내가 인생을 다시 산다면》도 2015년에 첫 출간된 책이 다시 재출간되어 30만 부를 넘긴 사례에 해당한다. 이 책의 타깃은 부제('벌써 마흔이 된 당신에게 해 주고 싶은 말들')만 보더라도 분명히 알 수 있으며, 《김미경의 마흔 수업》은 아예 독자 타깃을 '40대'로 특정하고 있다. 이렇게 보면, 지금 출판계의 화두인 '자기 계발서'의 돌풍은 40대에 의해 주도되는 현상인 것으로 보인다.

지금 한국 사회의 40대들은 기존의 성공 법칙이나 사회생활에 대한 상식을 깨뜨리는 책들, 한물간 듯한 10~20년 전의 굉장히 '마초적'인 주장에 가까운 멘트들을 다시 소환해서 베스트셀러로 올려놓고 있다. 지금 베스트셀러가 되는 자기 계발서는 일관되게 '지금 시간을 얼마나 의미 있게 쌓아가는지'를 강조하는 책들이다. 김미경 작가는 자신의 책에서 40대란, 아직까지 성취하지 못했던 뭔가를 후회하는 시기가 아니라 본격적인 전성기가 될 60대를 준비하기 위해 의미 있는 학습과 수고가 쌓여야 하는 시기로 정의한다. 이와 유사한 맥락에서 《만일 내가 인생을 다시 산다면》의 저자는 22년 차

에 접어든 자신의 파킨슨병 투병 과정을 회고하며 자신이 경험한 '느린 시간'의 느낌을 독자들과 공유한다. 저자는 아주 짧은 거리를 이동하는 것도 매우 힘들어지는 파킨슨병의 특징을 체험하면서 '매일의 느리지만 작은 의미'만 쌓아도 그것은 충분히 가치 있는 시간이라고 설명한다.

이쯤 되면 최근 몇 년간 투자를 목적으로 트렌드 책을 펼쳐왔던 이들은 대단히 혼란스러울 수 있다. 불과 얼마 전까지 아무 곳에도 투자하지 않는 사람들을 '벼락거지'로 전락시키며 투자 광풍 속에 있던 사회적 분위기와는 180도 달라졌기 때문이다. 궁금하다. 40대들은 왜 이전과는 다른 흐름을 타고 있는 것일까?

40대 이상에게 불황은 " '몸의 기억'이다

이들의 이런 인식은 어두운 한국 경제의 전망과 직접적으로 관련이 있는 것으로 보인다. 당분간은 투자로 가시적인 성과를 얻기엔 지금 상황이 좋지 않다는 판단이 있는 것이다. 지난 2023년 7월 국제통화기금IMF은 한국의 성장률을 1.5%에서 1.4%로 0.1%p 낮췄는데 이것은 2022년 7월 이후 5차례 연속으로 전망치를 하향 조정한 것이다.[6] 현재와 같은 상황이라면 경제 상황은 더욱 안 좋아질 가능성이 높다.

이 같은 전망은 20대부터 50대까지의 대중 소비자들이 바라보는 현재 한국 경제에 대한 판단에도 그대로 녹아 있었다. 많은 사람들은 '2023년에 한국 사회에 큰 경제적 위기가 올 것'이라고 생각하고 있었다(나는 2023년에 한국 사회에 큰 경제적 위기가 올 것이라 생각한다 – 65.4%).[7] 다만 이런 위기 인식의 정도는 연령대에 따라 다르게 나타났다. 30대, 40

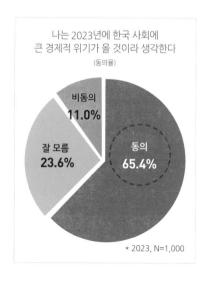

나는 2023년에 한국 사회에
큰 경제적 위기가 올 것이라 생각한다
(동의율)

비동의
11.0%

잘 모름
23.6%

동의
65.4%

* 2023, N=1,000

대, 50대는 경제적 위기가 올 것이라는 인식을 각각 70.0%, 67.6%, 65.2%로 비교적 높게 가지고 있었지만, 20대는 58.8% 정도로 선배 세대들에 비해서 다소 낮은 수준의 인식을 보였다.

그렇다면 만약, 실제로 우리나라에 경제적으로 큰 어려움이 생기면 어떤 일이 벌어질까? 경제적으로는 물론이고 정치·사회·문화뿐만 아니라 일상생활 전체에 영향을 끼칠 것이다. 수많은 사람들이 일자리를 잃고, 부채에 시달리며, 은행 거래가 어려워지고, 소비는 위축되며, 인간관계가 협소해지고, 일상적으로 불안감을 갖고 살게 될 것이다. 그런데 우리나라는 이미 이런 경험을 두 차례나 경험한 적이 있다.

한국 사회에 브레이크가 걸렸던 두 번의 큰 경제적 사건은 바로, 1997년 국제통화기금IMF에 구제금융을 요청했던 외환 위기[8]와 2008~2009년에 있었던 글로벌 금융 위기[9] 사태다. 교과서에도 나오

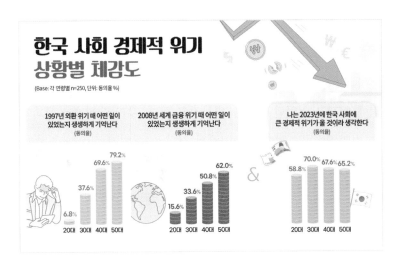

한국 사회 경제적 위기 상황별 체감도

(Base: 각 연령별 n=250, 단위: 동의율 %)

1997년 외환 위기 때 어떤 일이 있었는지 생생하게 기억난다
(동의율)

20대 6.8%
30대 37.6%
40대 69.6%
50대 79.2%

2008년 세계 금융 위기 때 어떤 일이 있었는지 생생하게 기억난다
(동의율)

20대 15.6%
30대 33.6%
40대 50.8%
50대 62.0%

나는 2023년에 한국 사회에 큰 경제적 위기가 올 것이라 생각한다
(동의율)

20대 58.8%
30대 70.0%
40대 67.6%
50대 65.2%

는 이 두 차례의 큰 경기 불황을 사람들은 어떻게 기억하고 있을까?

세대에 따라 두 차례의 경제적 위기에 대해 느끼는 밀도는 크게 달랐다. 주로 교과서나 검색에서 '자료로만' 본 20대의 경우 단 6.8%만이 외환 위기 사태를 인지하고 있었던 반면, 50대는 10명 중 8명(79.2%), 40대는 10명 중 7명(69.6%)이 '어떤 일이 있었는지를 생생하게' 기억한다고 응답했다.[10] 1997년 외환 위기보다는 가까운 시기였던 2008년 글로벌 금융 위기의 경우도 이와 유사하게 50대 (62.0%), 40대(50.8%), 30대(33.6%), 20대(15.6%)순으로 기억을 생생하게 떠올리고 있는 것으로 나타났다. 즉, 현재의 40대와 50대에게 경제 위기는 단순히 교과서에 실린 많은 역사적 사건 중 하나가 아니라 '몸의 기억'이었던 것이다.

조사 결과로 보면, 현재의 40대와 50대들은 지난 1997년 외환 위기와 2008년 글로벌 금융 위기를 후배 세대들에 비해 훨씬 생생하게 몸으로 기억하고 있었다. 그리고 이 시기에 경험한 몸의 기억은, 2023년 이후 불황이 전망되는 한국 사회를 어떻게 견뎌나가야 하는지를 본능적으로 찾고 있는 듯하다. 그 더듬이가 10년 전과 20년 전에 언젠가 읽었던 기억을 되살리고 있다. 투자로 현재를 돌파하는 것이 아니라, 어려움을 어떻게 견디고, 무엇에 집중해야 하며, 태도를 어떻게 견고하게 만들고, 지금 현재의 의미를 어떻게 쌓아나가야 하는지를 찾고 있는 것이다. 이런 40대 이상의 마인드가 '오래된 자기 계발서의 역주행'으로 베스트셀러를 만들고 있는 것으로 보인다.

'구체적 길거리 지식'의 ❞ 결핍이 만든 베스트셀러

그런데 여기 종합 베스트셀러에서 추가로 언급해야 할 포인트가 있다. 바로 《세이노의 가르침》이라는 책의 베스트셀러 장기화라는 현상이다.[11] 이 책은 2023년 상반기 17주 동안 종합 1위를 차지하고, 출간 5개월 만에 24쇄 약 60만 부가 팔려 나간 대흥행을 기록했다.[12] 이 추세라면, 2023년 연말까지 베스트셀러 장기화가 지속될 가능성이 크다. 그렇다면 도대체 누가 이렇게 이 책에 열광했을까? 교보문고는 이 책의 독자층이 30대부터 50대까지라고 분석했으며, 인터넷 서점 알라딘은 20~50대까지가 주요 독자층이라고 분석했다. 40대들만이 이 책을 열광적으로 읽은 것은 아니라는 것이다.

자, 그런데 사실 이 책은 몇 가지 이례적인 특징을 지니고 있다. 일단, 이 책의 놀라운 가격이다. 736쪽의 비교적 큰 판형의 종이책 가격이 단 7,200원이고(인터넷 서점 할인가로는 6,480원이다), 심지어 전자책으로는 무료다. 게다가 이 책은 아무리 베스트셀러가 되더라도 여기서 생겨나는 수입으로는 절대 이윤을 취할 수가 없다. 이 책의 저자인 세이노가 인세를 전혀 받지 않겠다고 선언했기 때문이다. 그렇다고 저자 스스로나 저자가 운영하는 회사를 홍보하는 도구로도 이 책을 사용하지 않는다. 방송에는 출연했지만, 자신의 본명과 운영하는 회사는 물론 얼굴도 숨기고 출연한 것이 그 근거다.

　정리하면, 놀랍게도 이 책이 많이 팔림으로 해서 저자가 얻을 수 있는 사적私的 이익이란 것은 '전혀' 없다. 여기서부터 우리가 경험하는 세계의 상식이 깨진다. 게다가 이 책은 몇십 주 연속 베스트셀러라는 엄청난 타이틀에도 불구하고 평점이 심각하게(?) 양분되는 이상 현상까지 보이고 있다. 어떤 이는 이 책을 최악의 책이라고 평가하는가 하면 다른 쪽에서는 자신의 인생 책이라고 열광할 정도로 '중간'이 없다(별 4개 만점 기준으로 1개 아니면 4개 수준이다). 이렇게 신비로운 저자의 배경과 투명한 이해관계, 베스트셀러로는 유례없는 평점 양분화 현상들이 역으로 독자로 하여금 이 책의 메시지에 대한 호기심을 극대화하는 효과를 톡톡히 누리고 있다. '도대체 무슨 내용이길래?'라는 궁금증을 증폭하는 것이다. 20년 전 이미 〈동아일보〉 칼럼에서 언급한 내용을 다시 요약한 이 책의 어떤 대목이 사람들에게 강력한 울림을 준 것일까? 이 책의 한 토막만 읽어보면 '어떤 정보'를 주는 책인지가 확 와닿는다.

네 힘으로 해결하는 방법을 알려주마. 먼저 일기를 써라. 네가 누구에게 어떻게 당하고 있는지를 낱낱이 기록해라. 그저 네가 얼마나 일방적으로 못된 놈들에게 불쌍하게 당하고 있는지를 눈물겹게 기록하라. 그렇게 한두 달을 쓴 뒤부터는 기회를 노려라. 그리고 어느 날 수업 중에 너를 왕따시키는 주모자에게 갑자기 가서 말은 한마디도 하지 말고 그 어깨를 몽둥이나 의자로 세게 내려쳐라. 뼈가 부러져도 좋다. 시간이 된다면 다른 녀석들도 팔이건 다리건 뼈가 부러질 정도로 내려쳐라. 단, 머리는 때리지 마라. 죽어버리면 살인이 되고 마니까 말이다. (중략) 물론 너에게 맞은 녀석들이 너를 폭행죄로 고소하여 경찰서에 끌려갈 수도 있을 것이다. 그때 네 일기장을 보여주어라. 그리고 그들을 맞고소해라. (중략) 보복이 두렵다고? 절대 겁내지 마라. 한 번 더 수업 시간에 그들 중에서 한 녀석만 반쯤 죽어버려라. 그리고 욕을 배워라. 다시는 그 어느 누구도 너를 건드리지 않을 것이며 성격도 변하게 될 것이다. 네가 한 명 이상의 놈들에게 폭행을 당해왔다는 증거만 있으면 전과자가 될 가능성은 아주 낮다.

세이노, 《세이노의 가르침》, p.137~138

　아주 가까운 친구가 술자리 같은 '오프 더 레코드' 상황에서나 해줄 법한 19금 수위를 넘나드는 이 '날것'의 조언은 놀랍게도 거의 일흔을 바라보는 '55년생, 꼰대'의 조언이다. 이 외에도 《세이노의 가르침》은 '좋은 말만 늘어놓는(예를 들어, 나는 돈 때문에 일하는 것이 아니라고 주장하는)' 변호사, 의사, 정치인, 교수, 종교인을 싸잡아 "엿 먹어라!"라고 거침없이 표현하면서, 돈에 대한 욕망을 그럴듯한 명분이나 보람으로 위장하고 포장하는 사람들을 '위선자'라고 일갈한다.

이 책은 처음부터 끝까지 정치·경제·사회·문화적인 것에 대한 욕설을 포함한 거침없는 의견이 담겨 있다. 이런 시퍼렇게 날 선 매운맛 조언에 사람들이 반응하고 있다. 사회학자인 경남대 양승훈 교수는 '세이노 열풍' 현상을 '구체적인 길거리 지식'을 제공하기 때문이라고 분석한다.[13] 노동시장, 자본주의 양극화, 가난의 구조 등에 대한 비평을 아무리 날카롭게 한다고 해도 이런 현학적인 분석이 개인에게 생존술을 알려주지 못하는 반면, 세이노는 개개인의 생존술을 길거리 지식으로 전달한다는 것이다.[14]

비록 이 책이 누군가에게는 인생 최악의 책으로 평가받는 수모(?)를 겪기도 하지만, 분명 누군가에게는(아마도 4050세대) 과거 낭만적인 시절 '어디선가 들었던' 친한 선배의 '구체적이고 센 조언'으로, 또 어떤 누군가에게는(아마도 2030세대) 그 어디에서도 들어본 적 없는 날것의 '고급' 정보로 이 책의 효용 가치가 다가왔을 가능성이 크다.

어른이 필요한, 〝
어른의 부재 시대

최소 2025년까지는 경기 전망을 어렵게 판단하는 전문가들이 많다.[15] 금리, 외환, 가계 부채 등 다양한 변수들의 불확실성이 높기 때문이다. 불확실성이 커지는 상황에서 사람들은 어떻게 행동할까? 참고할 만한 고전적 사회심리학 실험이 하나 있다. 이 실험에 따르면 사람들은 '먼저 판단한 사람들'을 따라서 행동하는 경향이 있다. 1936년, 미국의 사회심리학자 무자퍼 셰리프^{Musafer}

Sherif는 빛이 하나도 없는 암실에서 불빛의 이동 거리를 측정하는 실험을 했다. 깜깜한 방에서 불빛을 계속 보고 있으면 눈은 그 불빛이 움직인다고 느낀다. 이것은 안구眼球가 자동적으로 계속 움직이는 자동 운동 효과^{Autokinetic Effect} 때문인데, 이런 시각적 오지각誤知覺을 이용한 실험이었다. 이 실험의 본래 의도는 의사 결정을 할 때 타인의 영향을 얼마나 받는가를 판단하는 것이었다. 빛이 한 번 깜빡이고, 잠시 후 두 번째로 깜빡인 뒤 피험자 A, B, C는 첫 번째와 두 번째로 깜빡이는 동안 빛이 얼마나 이동했는지에 대한 거리 추정을 요청받는다(실제로 광원은 이동이 없다. 빛은 멈춰 있고 안구가 자동적으로 움직인 것이다). 실험 첫날, 피험자 A, B, C는 각각 7.5인치, 2인치, 0.9인치를 이동했다고 답한다. 이때의 실험은 타인이 없는 혼자만의 상황에서 이뤄진다. 이후 똑같은 실험이 반복되는데, 이때는 조건 두 가지가 달라진다. 바로 피험자 A, B, C가 '타인이 존재하는 상황'에 놓이고, '앞선 사람의 답변(빛의 이동 거리)을 들을 수 있게' 된다는 것이다. 이 단 2개의 조건으로 상황은 극적으로 바뀐다. 그리고 여기서부터 아주 흥미로운 결과가 도출된다. 2일째, 3일째, 4일째 피험자

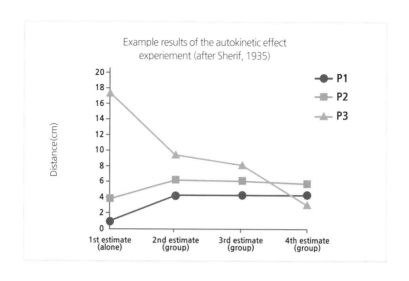

Example results of the autokinetic effect experiement (after Sherif, 1935)

A, B, C가 '앞서 응답한 사람들의 결과'를 참조해서, 빛의 이동 거리에 대한 자신의 의견을 말하고 있었던 것이다(2일째 – (A) 4인치, (B) 2.9인치, (C) 2인치, 3일째 – (A) 3.8인치, (B) 2.8인치, (C) 2.2인치, 4일째 – (A) 2.2인치, (B) 2.2인치, (C) 2.1인치).[16] 다음 날 피험자들 중 맨 처음 응답했던 사람들에게는 '전날' 반응한 사람들의 결과가 '앞선 의견'이 되는, 이 과정이 반복되고 있었던 것이다. 불확실함이 커질 때 사람들은 '앞선 사람들'의 의견을 적극적으로 참조해서 자신의 행동에 반영한다.

이 사회심리학 실험을 2023년 한국 사회의 맥락에서 보면 생각해봐야 할 지점이 있다. 외부의 사회적인 불확실성이 커지는 상황에서 참조해야 하는 의견은 '먼저 비슷한 경험'을 해본 사람일 것이다. 선배 세대나 비슷한 경험을 잘 이겨내 온 베테랑들의 조언이다. 하지만 지금의 한국 사회의 분위기로는 선배 세대들이 진정성과 선의善意를 가지고 진심 어린 조언을 후배들에게 한다고 해도 '그 말이 잘 안 먹히는' 시대인 것으로 보인다. 신뢰를 주는 '어른'이 부재하다는 인식이 매우 높기 때문이다. 특히 최근 한국 사회의 갈등이 높아지는 상황에서(예전에 비해 사회적 갈등이 더 많아진 것 같다 - 70. 3%(2019)→77.8%(2020)→82.8%(2021)→81.9%(2022)→86.2%(2023)) 이런 '어른 부재'에 대한 인식은 점점 더 커지는 듯 보인다(우리 사회는 사회의 화합을 이끄는 믿을 만한 어른들이 있다 - 비동의율 47.2%(2021)→44.5% (2022)→53.1%(2023)).[17] 갈등 상황에서 이런 어른들의 중재가 없었다는 인식도 높아지고 있었기 때문이다(우리나라에서 갈등이 많은 것은 그동안 공정한 중재자가 없었기 때문이다 - 58.2%(2021)→59.4%(2022)→62.7% (2023)).[18]

그렇다면 사람들은 어떤 사람을 '어른'이라고 생각할까? 이 질문에 대해 20대부터 50대까지의 대중들은 아주 흥미로운 답을 내놨다. 많은 사람들은 경제적으로 부유하다고(10.7%), 혹은 사회적으로 성공했거나(15.4%), 지식이 많다고(30.1%) 어른이라고 생각하지는 않은 듯했다. 반면 이와는 대비되는 차원에서 자신의 이해관계를 떠나 공공의 이익으로 말과 행동을 할 수 있는 사람(65.7%), 자신의 유능함을 드러내기보다 주변 사람의 장점을 드러내줄 수 있는 사람(68.9%), 타인의 잘못을 지적하기보다 자신의 경험을 얘기해줄 수 있는 사람(72.9%), 그래서 가장 많은 사람들은 '자신을 드러내기보다 상황에 필요한 역할을 잘 찾아가는 사람(73.1%)'을 어른의 모습象으로 연상하고 있었다.[19] 즉, 어려운 상황이거나 모호한 상황에서 '자신이 필요할 때 자신을 '드러내지 않는 방식으로' 제 역할을 하는 사

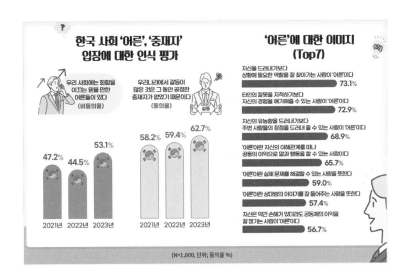

한국 사회 '어른', '중재자'
입장에 대한 인식 평가

우리 사회에는 화합을
이끄는 믿을 만한
어른들이 있다
(비동의율)

우리나라에서 갈등이
많은 것은 그동안 공정한
중재자가 없었기 때문이다
(동의율)

47.2% 44.5% 53.1%
2021년 2022년 2023년

58.2% 59.4% 62.7%
2021년 2022년 2023년

'어른'에 대한 이미지
(Top7)

자신을 드러내기보다
상황에 필요한 역할을 잘 찾아가는 사람이 '어른'이다
73.1%

타인의 잘못을 지적하기보다
자신의 경험을 얘기해줄 수 있는 사람이 '어른'이다
72.9%

자신의 유능함을 드러내기보다
주변 사람들의 장점을 드러내 줄 수 있는 사람이 '어른'이다
68.9%

'어른'이란 자신의 이해관계를 떠나
공동의 이익으로 말과 행동을 할 수 있는 사람이다
65.7%

'어른'이란 실제 문제를 해결할 수 있는 사람을 뜻한다
59.0%

'어른'이란 상대방의 이야기를 잘 들어주는 사람을 뜻한다
57.4%

자신은 약간 손해가 있더라도 공동체의 이익을
잘 챙기는 사람이 '어른'이다
56.7%

(N=1,000, 단위: 동의율 %)

람'을 어른으로 인식하고 있는 것이다.

《세이노의 가르침》의 베스트셀러화는 일종의 사회현상이다. 대형 출판사 또는 마케팅 전문가들의 홍보나 마케팅이 전혀 개입되지 않은 상태에서 기존의 장수 팬들이 책을 수면 위로 끌어내고, 이것에 대해 20~50대들이 열광적으로(혹은 굉장한 반감으로) 반응한 현상이기 때문이다. 현실을 직시하게 해주고, 직접적인 문제 해결 과정을 보여주는 반면, 욕설과 특정인(등)에 대한 비하가 난무하는 이 '길거리 지식'과 '술자리 지식'에 격렬하게 반응하는 한국 사회의 현실에는, 바로 '어른의 부재감'이 내포되어 있다.

대중이 세이노 저자를 어른으로 대접한다는 것이 아니라, 불확실성이 커져가는 정치·경제·사회·문화적 영역에서 이해관계를 떠나 현실을 직시하게 해주는 조언 제공자로서의 선배 세대와의 소통 결핍이 있다는 것이다. 독자들은 수십만 부가 팔려 베스트셀러가 된다 해도 저자가 얻는 경제적·사회적 이익은 전혀 없는 저자를 한 번도 본 적이 없었기 때문일 것이다.

So what? 🎵
시사점 및 전망

수많은 사람들이 경제적으로 큰 어려움이 지속될 것으로 전망되는 2024년, 2025년을 대비하고 있다. 자산 가치가 떨어지는 지금 시기를 역발상의 투자 전략으로 삼는 사람들이 있고, 부채를 줄이는 것에 집중하는 사람들이 있으며, 이번 기회에 자신의 실력을 업그레이드해서 보다 본격적으로 스스로의 경쟁력을 높이려는 사람들도 있을 것이다. 이러한 불황에 대한 대처법과 관련해 중요한 시사점이 있다.

첫 번째 시사점은, 세대별로 이번 불황에 대응하는 전략은 전혀 다른 접근법을 선택하게 될 것이란 점이다. 현재 40대와 50대들은 1997년 외환 위기 상황, 2008~2009년도 글로벌 경제 위기라는 거대한 불황의 경험을 온몸으로 기억하고 있다. 본인 또는 가족의 실직, 부채 상환, 소비의 위축과 생활의 큰 조정 과정, 혹은 본인이나 가족의 일이 아니었더라도 가라앉은 사회적 분위기 등 말로 다 표현하기 힘든 전방위적인 경험이 정서적 기억으로 각인되어 있을 가능성이 매우 크다. 이런 몸의 기억은 과거에 자신들이 삶의 태도를 정하는 데 도움이 되었던 베스트셀러를 다시금 소환하고 있다. 이런 '역주행' 베스트셀러들은 공통적으로 투자로 시장을 돌파하는 것이 아니라 '자신의 태도 변화'를 설득하는 책들이다.

이제 경제적인 반전 신호가 나오기 전까지 4050세대는 '버티기' 전략에 들어간 것으로 보인다. 불황은 개인의 실력으로 돌파할 수 있는 시장이 아니라, 견뎌야 하는 시장이라고 판단하고 있는 것이다. 반면, 2030세대는 조금은 다른 전략으로 현재를 진단하고 있는 것으로 보인다. 이들 세대는 자신들이 가지고 있는 자산 규모에 따라 전혀 다른 행보를 보이고 있었다. 특히 2008~2009년 경제 위기 상황에 대한 기억이 약간은 남아 있는 30대의 경우 현재의 자산 가치가 하락하고 있는 상황을 새로운 투자 기회로 인식하는 경향이 있는 것 같다. 2023년 5월 이후 각종 세제의 혜택을 받기도 했지만, 서울 부동산의 최대 매수자가 다시 30대가 되었기 때문이다.[20] 물론 이제야 경제 불황을 온몸으로 체감하게 된 대다수의 2030세대는 '무지출 챌린지'[21]에 이어 '거지방(카카오톡 단체방 이름)'의 유행[22]처럼 일단은 극단적으로 지출을 줄이는 사회적 전략을 계속해서 선택할 가능성이 높다.

그래서 오히려 2030세대들은 갑작스러운 경기 불황에 대처해야 하는 현시점에서 이 위기를 벗어날 수 있는 '진짜 정보'에 대한 갈증이 상당할 수 있다. 앞선 4050세대보다 경제 위기의 체감도는 낮지만, 지금의 불황을 서서히 체득하고 있는 2030세대를 중심으로 이 위기를 현명하게 잘 헤쳐 나갈 방법을 탐색하는 움직임은 전보다 뾰족해질 가능성이 있다. 《세이노의 가르침》의 역대급 흥행 성적이 이를 잘 설명해준다.

두 번째 시사점은, '어른의 부재 시대'에 진정성 있는 리더십에 대한 결핍을 대중적으로 찾아 나서게 될 가능성이 매우 커졌다는 것이다. 여기서의 '진정성'이란, '이해관계에서 자유로운'을 의미한다. 즉, 2024년 이후 리더십은 '결과로 보여주는', 또는 '행동하는' 리더십이 강하게 대두될 가능성이 크다는 것이다.

코로나19가 한창일 때 많은 사람들은 카리스마 있는 리더십보다 보다 구체적이고 정확한 정보를 제공하는 리더십에 큰 신뢰를 보였다.[23] 하지만 지금 사람들은 어려움에 처하면 국가의 도움을 기대하지 않는 판단을 하고 있다(내가 어려울 때 국가가 도와주지 않기 때문에 언제나 스스로의 이익은 스스로가 챙겨야 한다 - 67.2%).[24] 때문에 현재와 같이 불확실성이 높아지는 시대에 이런 리더십에 대한 결핍은 역설적으로 믿고 따를 수 있는 '어른'을 찾아 나설 가능성이 매우 크다. 《세이노의 가르침》의 돌풍은 이런 과정에서 파생한 사회현상일 수 있다. 여전히 수많은 사람들은 '자기 이익을 포기하고 누군가를 위해 뭔가를 하는 게 가능해?'라고 믿는 시대에서(자기 이익을 포기하고 공동체를 위해 무언가를 한다고 주장하는 사람들을 보면 뭔가 의심하게 된다 - 39.7%),[25] 자신의 이해관계를 떠나 심지어 자신에게 이익이

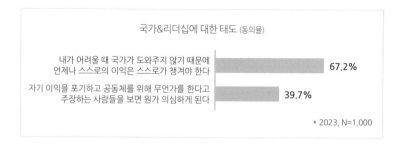

국가&리더십에 대한 태도 (동의율)

내가 어려울 때 국가가 도와주지 않기 때문에
언제나 스스로의 이익은 스스로가 챙겨야 한다 — 67.2%

자기 이익을 포기하고 공동체를 위해 무언가를 한다고
주장하는 사람들을 보면 뭔가 의심하게 된다 — 39.7%

* 2023, N=1,000

되지 않더라도 불특정한 타인과 사회와 공동체를 위해 '행동으로 헌신할' 리더를 찾고 있다. 그리고 그 리더를 통해 현재의 불확실성과 이로 인해 발생하는 일상적 불안을 위로하고, 문제를 진단하고, 향후를 대비하는 계기로 삼고 싶어 한다.

한편 '좋은 어른의 결핍'은 역설적으로 '좋은 어른 되기'라는 보완적 요구로도 나타나고 있다. 최근 초고령 사회 진입을 앞둔 상황에서 '노인'이 아니라 '좋은 어른'이 되는 가르침과 관련한 교육 강좌 등이 개설되고, '좋은 어른'의 상을 공유하며 실천하기 위해 시민사회가 함께 움직이는 일들이 이러한 현상을 잘 반증한다.[26]

세 번째로는 이러한 전망과 더불어 '지연된 성인기'에 처한 청년 세대에 대한 우려의 목소리도 제기될 가능성이 높다는 점이다. 결혼, 가족 형성, 경력의 안정화 등 어른으로 간주되는 일들이 점점

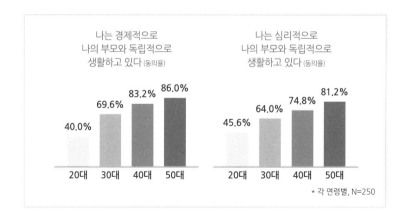

나는 많은 사회적 책임을 져야 한다면, 어른이 되고 싶지 않다 (동의율)	나는 어른이 되는 것이 두렵다 (동의율)	나는 어른이 되고 싶지 않다 (동의율)

46.0% 44.4% 30.8% 24.0%
20대 30대 40대 50대

40.0% 36.4% 25.6% 17.6%
20대 30대 40대 50대

35.2% 30.4% 20.0% 18.4%
20대 30대 40대 50대

* 각 연령별, N=250

지연되는 경우가 있는데, 어른의 부재가 논의되는 과정에서 진짜 어른의 모습과 아울러 '어른이 되지 못한' 현 청년 세대의 모습도 재조명될 가능성이 높아 보인다. 실제로 마크로밀 엠브레인의 데이터를 보면, 성인으로서 권리가 부여되는 법적 연령과는 관계없이 경제적으로나 심리적으로나 부모와 독립적이지 않은 청년 세대가 많은 모습을 확인할 수 있다.[27] 그리고 이런 상황은 어떤 문제에 책임을 지는 어른의 역할을 지연시키는 역할을 하고 있는 것으로 보인다. 많은 청년 세대가 어른이 되는 것을 부담스러워하고 심지어 두려워하고 있었기 때문이다.[28] 이것은 현재의 청년 세대가 경제적인 자립을 하기가 현실적으로 쉽지 않은 상황에 기인한 것일 수도 있지만, 현실적인 조언을 얻고 방향성을 제시해줄 어른이 부재하게 되면서 가장 가까운 부모님과의 관계에서 경제적·심리적 의존 이상의 조언을 필요로 하기 때문일 수도 있다. 결국 이러한 현상이 부모에 대한 과잉 의존을 만들어내고, 자녀의 정신적·경제적 독립이 다시 늦어지는 순한 고리를 만들고 있는 것으로 보인다.

마지막으로는 어덜티즘(adultism: 성인주의)에 대한 논의가 촉발될 가능성이 커질 수 있다는 점이다. 어덜티즘이란, 성인 중심의 사회제도가 아동 전체를 통제하고 억압하는 현상을 가리키는데, 최근 이 개념은 개인으로서의 자신의 권리를 과도하게 주장하는 이기적인 성인을 뜻하는 맥락에서 사용되고 있다. 예를 들어 노 키즈 존No Kids Zone처럼, 자신의 '안락한 소비 환경'을 위해 타인(특히 저연령 아동)의 권리(일 수도 있는)를 일부 제한하는 정책을 과도하게 주장하는 것을 말한다. 최근에는 국내뿐만 아니라 전 세계적으로 카페는 물론 아이 없는 기차, 비행기, 호텔 등 '아이'를 배제하는 '성인 전용' 정책 마련이 많아지고 있다. 이들이 내세우는 명분은 '다양성'으로, 다양한 부류의 고객들 사이에서 일부 고객의 요구 사항을 만족시키려면 아동 출입 금지 같은 정책을 시행하는 것이 불가피하다는 논리다.[29]

전문가들은 이 같은 어덜티즘 현상이 편견·차별·폭력·학대를 뜻하기도 하지만, 성인 중심의 사회제도가 아동 전체를 통제하고 억압하는 현상을 의미할 수 있다고 주장한다. 이는 앞선 어른의 부재와 함께 '진짜 어른'에 대한 조망이 이루어지는 만큼 어른들에 의해 아동의 권리가 제한되는 현상과 관련한 사회적 쟁점화가 빈번해질 수 있음을 시사하기도 한다. 최근에는 여기에 반발하는 반문화counter-culture도 나타나고 있어,[30] 앞으로 이 어덜티즘에 대한 논의는 '어른다움'의 논의와 맞물려 사회 전체적으로 확산될 가능성이 커 보인다.

2023년 벽두에 한 지역 방송 프로그램이 화제를 일으켰다. 다큐멘터리 〈어른 김장하〉다. 현재 유튜브와 OTT에 올라와 있는 이 프로그램은 잔잔하지만 넓게 사람들의 입소문을 타고 있다. 아무런 대가도 없이 학교를 기부 채납하고, 지역 학생

■ 출처: 넷플릭스

들에게 등록금은 물론 생활비도 매달 챙겨주며, 익명으로 각종 비영리 연구 기관이나 단체에 아낌없이 기부한다. 그럼에도 그 흔한 인터뷰 한 번이 힘들다. 마이크를 갖다 대면 '한마디'를 따오기도 어려울 지경이다. 이 현실에 존재하는 '비현실적인 인물'을 주변에서는 모두 '어른'이라 칭한다. 미사여구 화려한 '어른들의 세계'에서 과묵한 실천만이 그의 어록을 기록해왔기 때문이다. 다큐멘터리를 기획하고 출연한 〈경남도민일보〉의 김주완 기자는 보기 드문 그의 발언을 뒤져 어록을 기록했다. 그리고 이 어록은 공동체에 지향점이 있다. 여기서 어른의 역할은 사적인 이익이 아니라 공동체를 향해야 한다는 뜻으로 읽힌다.

> 똥은 쌓아두면 구린내가 나지만 흩어버리면 거름이 되어 꽃도 피우고 열매도 맺는다. 돈도 이와 같아서 주변에 나누어야 사회에 꽃이 핀다.
>
> 김주완, 《줬으면 그만이지: 아름다운 부자 김장하 취재기》, p.341

부메랑족
몬스터 페어런트

93세 투자가가 알려주는 인생 조언,
자신의 부고 기사를 써라 >>>

투자의 귀재 워런 버핏이 1998년 플로리다대학교에서 한 강연은 아직까지도 네티즌들 사이에서 회자가 되고 있다. 투자뿐만 아니라 인생 전반에 참고할 만한 조언이 많기 때문이다. 영상이 오래돼 화질이 좋지 않지만, 최근까지도 네티즌들은 그의 영상을 시청하며 "한 시간의 강의가 그동안 학교에서 배운 것보다 더

▌2023년 5월 미국 네브래스카주 오마하에서 열린
'버크셔 해서웨이' 주주총회에 등장한 버핏의 캐릭터
출처: 연합뉴스

많은 내용을 담고 있다"라는 댓글을 남기기도 했다.[31] 2023년 93세 생일을 맞은 워런 버핏은 고령의 나이에도 여전히 최고의 투자가로 평가받는다. 그는 매년 미국에서 투자회사 '버크셔해서웨이'의 연례 주주총회를 여는데, 여기서는 주로 투자 관련 조언이 많지만 때때로 연륜이 담긴 인생의 지혜를 들려주기도 한다. 때문에 이를 듣고자 미국 오마하까지 가려는 사람들도 많다. 2023년 5월 열린 주주총회에서도 그는 색다른 인생 조언을 남겼다. 대인 관계 등에서 '실수'를 줄이는 방법을 묻는 질문에 '미리 자신의 부고 기사'를 써보라고 조언한 것. 버핏은 부고 기사를 쓰며 자신의 삶을 돌아보고 그동안의 실수를 되풀이하지 않을 방법을 모색해야 한다고 지적했다.[32] 그 외에도 버핏은 살면서 최대한 분노를 터뜨리는 일을 참고, 다른 사람들에게 친절하게 대하는 것이 현명한 삶이라고 조언했다.

경영 스승 찾아 일본으로 가는
중국 기업가 >>>

최근 일본에서는 중국 경영인들이 일본의 노포를 방문해 기업 철학과 경영 노하우를 배우는 '노포 투어'가 주목받고 있다. 노포가 많은 일본의 옛 수도 '교토'에서는 노포의 경영 노하우를 연구하고 전수

창업 333주년을 맞은 일본 교토의 노포 기업 '오카분직물'에 최근 중국 경영인들이 방문해 경영 노하우를 배우고 있다.
출처: 오카분직물 유튜브, 내일신문

하는 '교토 100년 기업 연구회'가 중국인 단체 여행을 유치하고 있는데, 2023년 3월부터 10월까지 21건이 예약되어 있다고 한다.[33] 일본 관광을 하면서 배움의 기회를 얻을 수 있어 중국 기업인들에게 선호도가 높다. 투어에 참가한 중국 경영인들은 몇 대에 걸쳐 가업을 계승해온 기업에 직접 방문해 대표에게 "회사가 지속될 수 있었던 이유", "경영에서 가장 중요한 것", "후계자 선정 기준" 등 다양한 질문을 통해 경영 노하우를 배워 간다. 최근 '노포 투어'가 늘어나는 이유는 중국의 경제 개방 이후 만들어진 기업들이 이제 후계 경영으로 넘어가는 과정에서 어떻게 기업을 지속 가능한 시스템으로 만들지에 대한 고민이 많은데, 이를 일본의 노포에서 배우고자 한다는 분석이다.

유럽 '부메랑족' 증가, 지연되는 독립 시기 >>>

한 명이 겨우 누울 수 있는 크기이지만, 월세가 100만 원 수준에 달하는 유럽의 열악한 월세 매물
출처: 트위터, 헤럴드경제

최근 유럽에서는 높은 임대료와 생활비를 감당하지 못해 다시 '부모' 집으로 돌아오는 '부메랑족'이 늘고 있다고 한다. 자녀의 독립을 중요하게 생각하는 유럽에서도 현실적인 경제적 상황으로 인해 어쩔 수 없이

부모의 품으로 돌아갈 수밖에 없는 청년들이 늘고 있는 것. 최근 영국 정부의 조사 결과에 따르면 20~34세 영국인의 3분의 1이 부모와 함께 살고 있으며, 부메랑 키즈 숫자는 2012년 이후 24% 증가했다고 한다.[34] 다른 나라도 비슷한 상황이다. 아일랜드에서는 부모와 함께 사는 25~29세 청년 비중이 2022년 68%에 달한 것으로 나타났으며, 이는 포르투갈, 폴란드 등에서도 관찰되는 현상이다.[35] 이러한 현상에 대해 유니버시티칼리지런던 로드리게즈 마르티네즈 교수는 "부모와 더 오랫동안 함께 지내는 것이 장기적으로 젊은이들의 사회·경제적 궤적에 영향을 끼칠 수 있다"고 우려하며, "결국 청년들이 더 낮은 직업을 갖고 결혼, 출산을 하게 될 가능성도 낮게 만들 수 있다"고 경고했다.[36]

결혼 못 하는 자녀,
'대리 맞선' 나가는 일본 부모들 >>>

자녀들을 대신해 부모가 '맞선'을 보는 행사가 화제다. 일본의 '오미아이(맞선)' 파티는 60~80대 부모들이 참가하는 단체 맞선으로, 각각 1만 4,000엔(약 12만 6,500원)의 참가비를 지불해야 한다. 이 자리에 참여한 부모들은 자녀들을 소개할 수 있는 사진과 프로

자녀 대신 '오미아이(맞선)' 파티에 참석한 부모들
출처: CNN

필 자료로 자신의 미혼 자녀를 소개하기 바쁘다. 자녀들의 짝을 찾기 위해 나선 '대리 맞선'이기 때문이다. 긴 노동시간, 높은 생활비, 불안정한 경제 상황 등으로 결혼과 출산을 하는 사람들이 줄어들고 있는 가운데, 이에 손주를 볼 가능성이 낮아진다는 불안감을 느낀 부모들이 직접 맞선에 나서고 있는 것으로 보인다.[37] 오미아이에 참석한 부모들은 직장에서 너무 많은 시간을 보내 연애에 관심이 없는 아들, 대학 친구와 자유롭게 놀고 싶어 데이트를 하지 않는 딸에 대한 걱정을 내비치기도 했다.[38] 일본의 저출생·고령화 문제가 점차 심각해지자 '부모 대리 맞선'은 부모가 자녀의 결혼을 도와주는 방식 중 하나로 여겨지고 있는 추세지만 성인이 된 이후에도 부모에게서 독립하지 못하는 청년들이 많아지고 있다는 점에서 우려가 되는 부분이다.

지극정성일까, 과잉보호일까?
'몬스터 페어런츠', 사라져가는 어른의 모습 >>>

일본에서는 자녀에 대한 과잉보호로 학교에 무리한 요구를 하거나 불평불만을 하는 학부모를 '몬스터 페어런츠'라고 일컫는다. 흔히 진학, 학업 문제로 자녀에게 과하게 집착하며 학교나 교사에게 갑질을 일삼는

부모를 지칭하는 말인데, 최근 일본 내 교사의 인기 하락과 교권 추락의 이유로 '몬스터 페어런츠'가 언급되며 사회문제로 대두되고 있다. "아이의 자리를 복도나 창가 쪽으로 하지 말라", "아침에 못 일어나서 학교에 늦으니 데리러 와달라"는 등의 무리한 요구로 교사들이 학부모들 대응에 더 많은 시간을 들이며 정신적 고통을 받고 있기 때문이다. 이에 일본 정부는 '몬스터 페어런츠 대응 매뉴얼'을 만드는 등 교사의 정신 건강 및 자기 관리를 위한 대책 마련에 나서고 있는 모습이다.[39]

바야카족의 공동육아가 주목받는 이유 >>>

온 마을 구성원이 육아에 참여하는 바야카족의 방식을 현대사회에서 주목해야 한다는 분석이 제기되고 있다. 부모의 부담을 줄이고, 아이들의 사회성을 높일 수 있다는 이유에서다. 영국 케임브리지대학교 연구진에 따르면, 대체로 25~70명으로 이루어진 바야카족 공동체는 이들의 아이들을 '공동육아' 형태로 키우는 것으로 나타났다. 아이 입장에서 보면 자신의 부모가 아닌 이웃에게서 돌봄을 받는 경우가 많았던 것이다. 주목할 만한 점은 이웃에게서 돌봄을 받

아프리카 콩고의 바야카족 마을 모습
출처: 케임브리지대 연구진, 경향신문

은 아이들이 또 다른 아이들을 돌보는 모습이었다. 바야카족의 아이들은 하루 중 많은 시간을 함께 보냈는데, 부모가 없을 때에도 함께 노는 과정에서 '나무를 타는 방법' 등 상호 간에 지식을 전수하고 얻으며 삶에 필요한 기술들을 익혔다. 연구진은 바야카족의 육아 방식이 현대 국가와 크게 다르다고 전하며, 지역공동체가 육아 부담을 나눠 갖는 가치에 주목할 필요가 있음을 강조했다.[40]

해외도 '노 키즈 존' 논란, 그 안에 도사리는 어덜티즘 >>>

최근 독일 함부르크에 있는 '모키스 구디즈Moki's Goodies'라는 이름의 작은 브런치 카페가 소셜 미디어에서 갑자기 화제가 됐다. 이 카페가 '6세 이하 아동 출입 금지'라는 규정을 새로 만들었기 때문이다. 함부르크 주민들은 물론이고 다른 지역 사람들도 소셜 미디어에 이 카페에 대한 비난을 쏟아냈다. 이 카페가 유독 주목을 받긴 했지만,

오스트리아 국영철도(ÖBB)의 '루에초네' 칸
출처: ÖBB 웹사이트

사실 유럽에도 아동 출입이 금지된 장소들이 적지 않다. 오스트리아의 경우, 주요 교통수단인 기차에도 루에초네 칸, 즉 아이들, 또 아이를 동반한 성인들은 이 칸을 이용할 수 없고, 건물 전체에 아동 출입을 금지

기내 노 키즈 존을 도입한 튀르키예 항공사 '코렌돈' 항공
출처: 코렌돈항공 웹사이트

하는 호텔도 많다. 아이들이 떠드는 소리로 방해받기를 원치 않는 사람들을 겨냥한 업소들인데 심지어 '아이 없는 여행'이라는 이름의 독일어로 된 웹 사이트 urlaub-ohne-kinder.info 는 아동 출입이 금지된 전 세계 호텔 목록을 제공하기도 한다. 튀르키예 코렌돈항공의 경우 '성인 전용 구역'을 도입했으며 추가 비용을 내면 조용하게 여행을 할 수 있다. 글로벌하게 노 키즈 존 등에 대한 사회적 논의가 본격화됨에 따라 성인에 의해 아동의 권리가 제한되는 현상에 대한 논쟁이 더욱 화두가 될 가능성이 높아 보인다.

평균 회귀, 어중간함의 확장

반반(半半) 문화 현상 · 선택적 폐쇄성
· 기준축의 전환

상반된 소비 공존, 　”
'거지방'과 '디브'

1990년대 드라마, 영화에서나 나왔음 직한 '전당포'가 2030 청년층
의 소액 대출 창구로 전례 없는 호황기를 누리고 있다.[1] 달라진 점
이 있다면 금붙이나 명품 대신 노트북, 스마트폰 등 IT 기기를 맡기
고 소액 급전을 마련한다는 정도? 불황의 여파가 젊은 청년층에게
직격탄을 날리고 있는 것으로, 최근 우후죽순 생겨나는 '거지방'의
등장도 이와 무관하지 않다. 익명의 사람들이 지출 내역을 공유하
며 극강의 절약을 유도하기 위해 만들어진 '거지방'은, 고물가·고금
리로 어려워진 경제 상황을 극단적 소비 자제로 극복하려는 2030세

대들의 모습을 여실히 보여주
고 있다.[2]

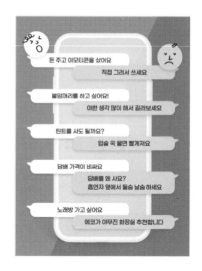

가난을 조롱하는 것 아니냐
는 비판의 목소리도 있지만,
전문가들은 '파이어FIRE족',
'욜로YOLO' 라이프를 지향했던
과거 소비 태도와는 완전히
상반된 이 같은 소비 현상에
주시할 필요가 있다고 조언
한다. '디지털 폐지 줍기', '무
지출 챌린지'에 이은 제3의 짠테크 문화가 '거지방'으로 확산되고 있
기 때문이다. 물론 과소비에 무자비한(?) 철퇴를 가하는 거지방에도
분명한 예외는 존재했다. '반려동물'과 '효도' 등에 쓰이는 비용,[3] 즉
강아지·고양이 간식값과 부모님 생신 선물로 지출한 금액은 이른
바 '사치'와 '낭비', '과소비' 대상에서 제외하는 과감함을 보여준다.
지출 비용의 당위성과 소비·비非소비 경계의 명확한 기준을 탑재한
2030 젊은 층의 경제관념을 잘 들여다볼 수 있는 대목이다.

분명하고 확실한 이 같은 소비 태도는, 아이러니하게도 그들을 무
작정 짠내 나는 일상에만 머물게 하지는 않는 듯 보인다. 극강의 절
약을 통해 불려놓은(?) 소소한 목돈 등으로 나름 '명분 있는' 명품 소
비문화를 '지속적으로' 양산해내고 있기 때문이다. 물론 그 명품이
이른바 없어서 못 산다는 '에루샤(에르메스, 루이비통, 샤넬)'급은 아니
다. 줄을 서서 명품을 구매하는 오픈 런 소식이 간간이 들려오긴 하

지만, 지금 2030 젊은 층이 소비하는 명품은 과거의 그것과는 약간 다른 양상을 보인다.

클래식 명품보다 가격은 조금 저렴하지만 나름대로 헤리티지(과거의 유산)가 있는 프리미엄 브랜드, 즉 '해외 컨템포러리' 제품과 '럭셔리 뷰티(화장품·향수)' 제품이 그들의 최애 소비 대상이 되고 있다. 특히 패션업계에서는 디브(디자이너 브랜드)의 인기가 주목할 만한다. 이름만 들어도 누구나 다 아는 유명 명품이 아닌 연예인이나 모델, 인플루언서들의 입소문을 통해 알음알음으로 알려져 있는 희소한 신新명품에 2030세대가 기꺼이 지갑을 열고 있다. 중장년층에게는 매우 낯선(스펠링은 참 쉬운데 뭔가 발음을 함부로 하면 안 될 것 같은 생경함이 있다) 마뗑킴Martin Kim이 서울 매장 입점 첫날, 오픈 런은 물론 당일 해당 백화점의 패션 부문 1일 최고 매출 신기록을 세운 것이 대표적 사례다.[4] 백화점들이 앞다퉈 신진 브랜드들로 채운 2030 전문관을 만들고, 신예 디자이너 브랜드를 론칭하기 위해 분주한 움직임을 보이는 건 어찌 보면 당연한 수순일 것이다. 럭셔리 뷰티 제품도 상황은 마찬가지. 2023년 7월 롯데백화점 실적 발표에 따르면 럭셔리 뷰티 제품의 매출은 이미 2022년 같은 기간 대비 10%가량 증가했

고, 현대백화점의 해당 제품 매출 신장률은 무려 20.1%로 집계될 정도로 선풍적인 인기를 끌고 있다.[5] (구)명품 매출 성장액이 모두 한 자릿수를 전전할 때 이들 제품군

에선 두 자릿수의 유의미한 성장세를 기록한 것이다. 실제로 마크로밀 엠브레인 조사에서도 유사한 방향의 결과가 나타났다. 꼭 고가의 명품이 아니더라도 플렉스할 만한 자기만의 소비 기준이 있다고 응답하는 등 명품에 대한 인식이 소비 태도에 적지 않은 영향을 끼치고 있었던 것이다.[6] 핵심은, 그 명품이 확실한 플렉스(과시 소비) 소구용이라기보다 '마치 플렉스한 것 같은' 느낌이 들게 만드는, 딱 그 정도의 제품으로 소비 행위가 이뤄지고 있다는 것이다. 한쪽에선 극강의 절약 실천을 추구하는 거지방의 확산, 또 다른 한쪽에선 대단한 고가 명품은 아니지만 '나름' 프리미엄급의 명품을 좇는 소비 열풍. 왠지 극단적이고 아이러니해 보이지만, 자세히 들여다보면 소비의 '기준'과 '대상' 그리고 '방향'이 점점 하향화되는 듯한 흐름을 감지할 수 있다.

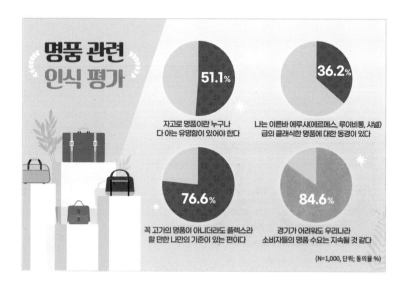

명품 관련 인식 평가

51.1%
자고로 명품이란 누구나 다 아는 유명함이 있어야 한다

36.2%
나는 이른바 에루샤(에르메스, 루이비통, 샤넬)급의 클래식한 명품에 대한 동경이 있다

76.6%
꼭 고가의 명품이 아니더라도 플렉스라 할 만한 나만의 기준이 있는 편이다

84.6%
경기가 어려워도 우리나라 소비자들의 명품 수요는 지속될 것 같다

(N=1,000, 단위: 동의율 %)

'BORN TO BE가 아닌 이상…' 🙰
비로소 현실 자각

명품이라는 것은, 사실 '과
시성'과 '차별성'을 얼마나
내포하고 있는지 여부에 따
라 그 위상과 가치가 달라
진다. 때문에 예전에는 누

구나 아는 전통 클래식 명품, 즉 일반 대중들은 몇 년간 적금을 들
거나 혼수 제품으로나마 겨우 장만할 수 있었던 명품들만을 '찐'명
품으로 인정하는 경우가 많았다. 여전히 샤넬 백 가격 인상 뉴스가
수시로 기사화되는 이유도 이 때문이다. 그런데 최근 이 흐름이 바
뀌기 시작했다. 심각한 경기 침체 상황에도 불구하고, '클래식 명품'
이 아닐 뿐 '명품에 준하는' 제품에 대한 소비가 대규모 오픈 런이란
진풍경을 만들어낼 만큼 거세다. 패션업계 관계자는 정통 명품에
식상함을 느낀 소비자들이 '아는 사람들만 찾는' 희소성과 특별함이
있는 브랜드를 찾기 때문이라고 설명한다.[7] 명품사₦들이 희소성을
이유로 지난 시즌 재고 상품을 비밀리에 소각하거나 매립하는 이유
와 같은 논리다. 분명 일리가 있다. 그런데 정말 이 이유가 다일까?
'특별함'이나 '희소성 추구'라는 그럴듯한 명분보다, 좀 더 현실
적인 이유로의 접근이 필요해 보인다. 가령 '본투비'Born to be[8] 가 아
닌 이상 찐명품 소비의 길로 직진하기엔 현실적으로 한계가 있다는
것을 자각한 '차순위 소비 전략' 같은 것 등이다. 이런 가정을 하게

된 데에는, 가히 '투자 사회'라 불릴 만큼 한국 사회에 만연했던 투자 맹목주의 분위기가 완전히 뒤바뀌어버린 시대 흐름의 영향이 크다. 불과 2~3년 전만 하더라도 스스로가 학습을 통해 얼마든지 부자가 될 수 있다는 믿음이 견고했고(공부를 열심히 하면 투자수익률을 높일 수 있다고 생각한다─20대 63.2%, 30대 56.0%, 40대 56.4%, 50대 44.8%),[9] 주식은 물론 가상 화폐 투자가 국회 전체 회의의 주요 안건으로 오를 만큼 광풍인 적이 있었으며,[10] 부동산, 주식 등의 자산 가격 급상승으로 누구나 '벼락부자'가 될 수 있을 것 같은 꿈에 사로잡혔던 때가 있었다.[11] 하지만 경기 불확실성이 심화되면서 과열된 분위기는 빠르게 가라앉았다. 고수익의 꿈은 일장춘몽이 되어버렸고, 사실상 지금은 '거지방'을 운운해야 할 만큼 소비 여력이 부족하다. 마크로밀 엠브레인 조사를 보더라도 경제적으로 여유로운 삶을 살게 될 것이란 기대감(41.6%, 동의율)[12]보다 고물가로 인해 앞으로의 생활비

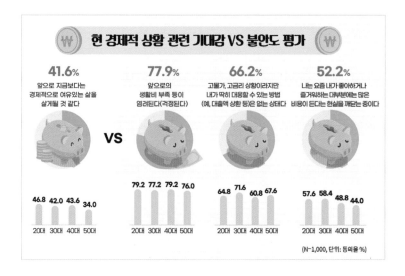

부담을 염려하는 응답(77.9%)[13]이 훨씬 더 많았다. 심지어 내가 원하는 대부분에서 이제는 생각보다 많은 비용이 든다는 현실을 깨닫는 모습까지 보이고 있는 중이다(52.2%).[14]

이렇게 되면, 일단은 내가 가지고 있는 현재 나의 자원과 자본을 면밀히 따져볼 수밖에 없다. 그리고 '할 수 있는 것'과 '할 수 없는 것'의 명확한 분배, 그로 인한 '선택적 포기'를 겸허히 수용하는 과정이 필요하게 된다. 경제적 이유로 내가 하고 싶은 것을 하지 못한다는 답답함(나는 요즘 경제적인 이유로 내가 하고 싶은 경험을 해보지 못하는 답답함이 있다 – 50.6%)[15]이 있지만, 더 이상 내가 갖고 싶은 것을 전부 다 가지면서 살 수 없다는 것을 깨닫는 상황이 되어버렸기 때문이다(나는 현재 내가 갖고 싶은 것은 전부 가지면서 살고 싶다 – 35.5%).[16] 그래서일까? 이제는 돈이 있어도 명품 구매에 돈을 쓰고야 말겠다(?)는 강력한 의지는, 과감히 삭제되고 있는 중이다.[17]

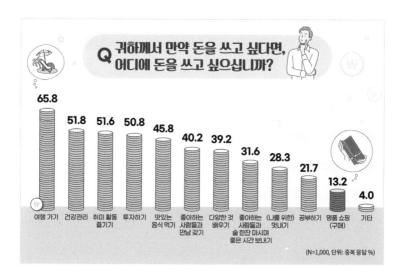

또 발목을 잡는 "
SNS

그런데 이런 명품 욕망을 그냥 삭제할 수 없는 많은 문제가 있다.
바로 SNS다. 여전히 많은 대중들은 실체 없이 퍼져 있는 SNS에서
의 관계에 집착하고 있다. 과다한 정보 공유에 따른 피로도, 자기
과시성 게시물로 인한 상대적 박탈감과 우울감 문제에 수년째 강도
높은 비판이 제기되고 있지만, 사회적 본능을 인증하듯 SNS를 쉬
이 끊지 못하고 있다. 오히려 SNS에서 다른 이들과 스스로를 끊임
없이 비교하고, 타인의 모습에 맞춰 자신의 모습을 '교정'하거나 '다
듬는' 방식을 선택하고 있다. 비교의 기준은 이른바 동경의 대상들
이 갖는 일련의 지표들이다.

전문성 그 자체를 알아내는 것은 정말 어려운 일이다. 그래서 우리
는 전문성과 관련 있어 보이는 것에 의존한다. 이런 것들을 '특권 편
향Prestige Bias'이라고 부르는데, 그 주문에 걸린 우리는 부, 직업, 외모,
옷, 소유물처럼 특권을 나타내는 지표들을 전문성의 지표와 착각한
다. 많은 경우 그런 것들이 서로 무관하다는 것은 신경 쓰지 않는다.
그래서 우리는 기네스 펠트로처럼 되고 싶다는 생각에 그가 만든 브
랜드인 '구프Goop'의 충성스러운 고객이 되는 길을 택하곤 한다.

토드 로즈, 《집단 착각: 인간 본능이 빚어낸
집단사고의 오류와 광기에 대하여》, p.40

마크로밀 엠브레인 조사를 보면 일단 SNS에서 또래의 타인과 스스로의 삶을 비교하는 경우는 젊은 세대일수록 좀 더 많은 편이었다.[18] 그래서 이들은 다른 연령층에 비해 SNS에 일상을 올리더라도 '내가 잘 살고 있는 모습' 혹은 이왕이면 '남들이 부러워할 만한 일'들을 공유하는 경우가 더 많았다.[19] 과거에 비해 명품을 처음 접하는 연령대로 젊은 층이 많이 언급되는 것도 이와 무관하지 않아 보인다(명품을 처음 접하는 연령대(중복 응답) – 미취학 4.8%, 초등생 11.7%, 중학생 17.6%, 고등학생 26.0%, 대학생 35.8%, 20대 직장인 45.6%, 30대 22.9%).[20] 이러한 젊은 세대의 과시적 SNS 이용에는 무슨 이유가 있는 것일까? 다양한 해석이 있겠지만 핵심은, 자신을 둘러싼 다수의 관찰자에게 스스로의 유능함과 우월함을 인식시키고 싶은 바람이 컸기 때문으로 보인다.[21] 그래서 지금 당장의 SNS에서 끝없는 동료 압력Peer Pressure [22]에 시달리게 되는 문제는, 상대적으로 이들 세대에

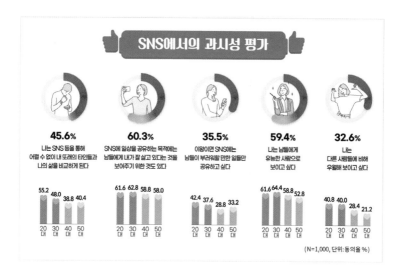

게 좀 더 직접적이고 고통스럽게 다가오는 이슈일 가능성이 높다.

　이유는 하나다. 지불 능력을 과시하며 유능함과 우월감, 재력을 '지속적으로' 입증해내야 하는데, 심적으로나 물적으로나 그럴 수 있는 여유가 이제는 없다. 앞서 언급했던 2~3년 전의 투자 붐이 폭삭 사그라진 이후에는, 오히려 노력해도 가질 수 없는 것들(이를테면 가정환경이나 부, 외모 등)의 존재를 현실적으로 인정해야 하는 일이 더욱더 빈번해지고 있다. 스스로의 능력이나 스펙이 남들보다 뛰어난 것 같지 않은 현 상황에서 아무리 노력해도 얻기 힘든 부분이 있다는 뼈아픈 경험은, 급기야 흙수저 성공 서사에 대한 비호감으로도 이어지고 있었다.[23] 흙수저의 성공도 노력을 보상받을 수 있는 충분한 기회가 있을 때나 가능한 신화인 것이지, 기회 자체가 전제되지 않는 사회에서의 노력은 무책임한 희생을 강요하는 것과 다르지 않다고 여길 가능성이 크기 때문이다.

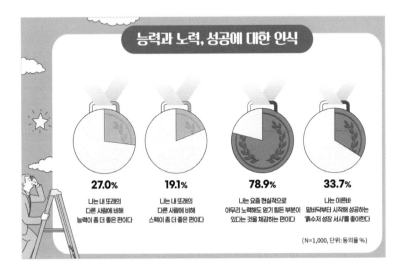

능력과 노력, 성공에 대한 인식

27.0%
나는 내 또래의
다른 사람에 비해
능력이 좀 더 좋은 편이다

19.1%
나는 내 또래의
다른 사람에 비해
스펙이 좀 더 좋은 편이다

78.9%
나는 요즘 현실적으로
아무리 노력해도 얻기 힘든 부분이
있다는 것을 체감하는 편이다

33.7%
나는 이른바
밑바닥부터 시작해 성공하는
'흙수저 성장 서사'를 좋아한다

(N=1,000, 단위: 동의율 %)

스스로에게 키가 쥐어져 있지 않는 이상 이 같은 상황은, 지금도 그리고 앞으로도 크게 달라질 것 같진 않다. 일단, 현실은 그렇다. 하지만 그렇다고 내면의 열등감, 절망감까지 쿨하게 인정하고 넘겨버리기엔 문제가 그리 간단치 않아 보인다. 마크로밀 엠브레인의 조사 결과를 보면 이미 SNS가 스스로의 자존감 하락에 영향을 준 것 같다는 의견이 젊은 층을 중심으로 높게 평가되고 있었고(SNS가 자존감 하락에 끼치는 영향이 큰 것 같다-20대 54.0%, 30대 50.0%, 40대 41.6%, 50대 28.0%),[24] 최근 핫했던 '바퀴벌레 질문 놀이(바퀴벌레로 변하면 어떡할 거야?)'도 낮아진 존재감을 확인하고 싶은 그들의 열망이 고스란히 담긴 하나의 현상이라는 분석이 많다.[25] 물론, 그렇다고 삶의 태도까지 낮아지진 않은 모습이다. '일상을 열심히 살아야 하고', '의미 있고 가치 있게' 살기 위해 '최선을 다해야 한다'는 의지는, 매우 강력했다. 다만 낮아진 자존감 때문인지 스스로의 불안감과 두려움을 탈출할 수 있을 만큼의 에너지가, 다른 연령대에 비해 상대적으로 약하다는 게 문제라면 문제다(70쪽 그래프는 참조).[26]

단군 이래 가장 높은 스펙을 지녔다는 우리의 청년 세대가 바퀴벌레로의 변신을 가정해서까지 자기 존재감을 확인하는 지경에 이르렀다. 단순히 경제적 문제, 즉 돈이 없어서 누구나 다 누리는 경제적 풍요로움을 경험하지 못한 것이 자존감 하락이나 열등감, 절망감, 우울감 등의 내면의 문제를 만들어낸 것 같진 않다. 뭔가 중요한 것을 놓친 듯한 느낌이다. 제2, 제3의 바퀴벌레 밈 등장을 멈추게 할 해법이, 이제는 필요해 보인다.

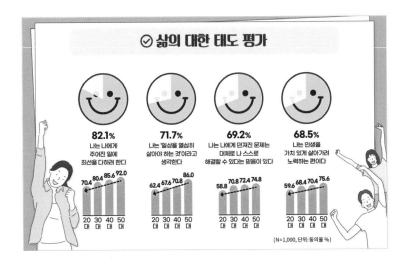

알게 된 만큼 보인다, 🙶
지금 문제는 '기준'이다

자본주의 사회를 사는 이상 많은 사람들이 원하는 것은 '희소한 자원(또는 능력)'을 얻는 것이다. 그래서 이 희소한 자원은 '필연적으로 경쟁'을 부른다. 문제는 '사람들이 원하는 것', 그것의 기준이 점차 상향화되다 못해 '상향 평준화'되어 있다는 것. '일종의 특별함', '극단의 희소성', '(분야를 막론한) 출중한 능력과 재능'을 당연시하고, '무난함'을 대표하는 기본값(대체로 우리는 이것을 '평균'이라 부른다)이 우리에게 주는 '심리적 안정감'은 이미 잊힌 지 오래다. 오히려 기본값 이상을 해야 존재의 가치를 인정받게 되면서 기본값은 어느 순간 최소한의 기준만을 '겨우' 채웠다는 '낙오감/이탈감'을 갖게 하는 커트라인이 되어버렸다. 그야말로 평균의 사회적 의미가 변질된 셈이다.

'평균'에 대해선 이미 《트렌드 코리아 2023》, 《2023 트렌드 모니터》에서 한 차례 언급한 바 있다. 《트렌드 코리아 2023》에서는 경제적 양극화, 취향의 N극화로 평균을 내는 것 자체가 의미가 없어지는 '평균 실종'을, 《2023 트렌드 모니터》에서는 평균적인 소비의 부재를 의미하는 '평균의 종말'을 2023년 한 해의 주요 트렌드로 소개했다. 두 가지 관점 모두 맥락이 유사하고, 만약 경기 침체나 불황 등의 영향이 크지 않았더라면 이러한 전망은 더욱 뾰족한 사회적 현상으로 드러났을 가능성이 높다.

그런데 예상치 못한 변수가 생겼다. 지속된 경기 침체, 불황으로 인해 대중 소비자들의 태도에 특이점이 온 것이다. 실제로 마크로밀 엠브레인의 조사 결과를 보더라도 평균 이상의 기준을 제시하는 사회 분위기에 극도의 피로감을 호소하는 경우가 많아졌다. '잘한다'의 기준이 지나치게 높고,[27] 능력도 사연도 특별하지 않으면 안 되는 사회에 적대감까지 보이는 중이다.[28] 남들보다 우월해야 하고, 남들과는 뭔가 특출하고 다른 게 있어야 한다는 통념에 대한 자발적 반감으로 보인다. 그 결과, 지금 대중 소비자들은 기준의 하향을 원하고 있다. 남들보다 내가 갖춘 조건이 좀 더 낫기를 바라는 비교 우위, 남들보다 조금이라도 우위에 있어야 한다는 경쟁 우위 사고에서 벗어나 꼭 최고가 아니더라도 괜찮은 삶을 살 수 있고, 중간만 해도 괜찮은 것이라는 사고의 전환을 보이고 있다.[29] 소비든, 경험이든, 능력이든, 재능이든 어떤 영역에서도 다르지 않다. 오버 페이스가 아닌 평소 페이스로 살아가는 태도, 그것이 꼭 평균을 의미하는 것은 아니지만, 대중들은 또다시 중간 지점으로의 복귀를 원하고 있다.

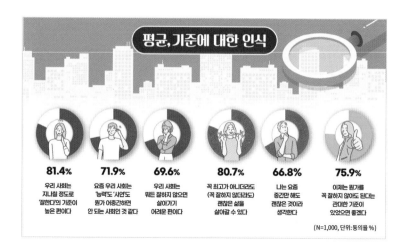

평균, 기준에 대한 인식

81.4%
우리 사회는 지나칠 정도로 '잘한다'의 기준이 높은 편이다

71.9%
요즘 우리 사회는 '능력도' '사안도 뭔가 어중간하면 안 되는 사회인 것 같다

69.6%
우리 사회는 뭐든 잘하지 않으면 살아가기 어려운 편이다

80.7%
꼭 최고가 아니더라도 (꼭 잘하지 않더라도) 괜찮은 삶을 살아갈 수 있다

66.8%
나는 요즘 중간만 해도 괜찮은 것이라 생각한다

75.9%
이제는 뭔가를 꼭 잘하지 않아도 된다는 관대한 기준이 있었으면 좋겠다

(N=1,000, 단위: 동의율 %)

우리 사회는 제일 돈 많은 사람, 제일 똑똑한 사람, 제일 예쁜 사람, 제일 옷 잘 입는 사람, 제일 웃긴 사람, 제일 강한 사람이라면 사족을 못 쓰는 문화를 만들었다. 그러다 보니 우리는 그냥 나 자신일 수 있는 능력을 잃어버렸다. 그리고 사회나 가족이 기대하는 사항들을 짐처럼 짊어지고 살아간다. 심지어 많은 사람들이 지금 추구하고 있는 그것을 애당초 왜 추구하게 됐는지조차 잊고 산다. 우리는 내가 갖지 못한 것에만 초점을 맞추는 경우가 너무 많다. 깊이 생각해보면 꼭 필요한 것도 아니고 심지어 원치 않는 것일 수도 있는데 말이다. 그러니 다음번엔 당신이 근사한 자동차를 봤을 때 '나는 왜 저걸 가질 수 없을까?'라고 생각하지만 않으면 된다. 혹은 잡지 표지를 보며 '나는 왜 저렇게 생길 수 없을까?', '나는 왜 저렇게 좋은 옷을 입을 수 없을까?'라고 생각하지만 않으면 된다. 내가 얻으려고 애쓰는 게 정말로 내가 원하는 것이 맞는지, 우리는 끊임없이 확인해봐야 한다.

개리 비숍, 《시작의 기술》, p.28

So what? 🎧
시사점 및 전망

유수의 경제 전문가들은 2023년 국내 경기가 최악의 국면을 맞이하게 될 것이며, 이 같은 경기 침체가 2025년까지 이어질 것이라 경고하고 있다. 어렵고 암울한 경기 지표는 소비자들의 불안도를 높이기 마련이고, 그래서 현재 소비자들의 구매력은 그 어느 해보다 가파른 감소세를 보이는 중이다. '짠테크'와 '거지방' 같은 극강의 절약 문화가 확산되고 있는 것이 그 한 예다. 하지만 아이러니하게도 극강의 절약 모드에 상반되는 고가의 제품 구매 태도도, 여전하다. '초절약 소비 태도'와 '초고가 명품 시장'이 함께 크는 불황기 흐름과 매우 흡사하다. 하지만 분명 이전과 다른 점이 있다. 바로 '브랜드 희소성', '소소한 아이템이지만 그래도 명품'으로 중무장한 제품을 집중적으로 소구하고 있다는 사실이다. 정통 명품까지는 아니지만 준명품급의 '희소한 브랜드', 명품급이지만 '소소한 아이템'을 선택하는 나름 '최선의 대안'으로, 현재 대중 소비자들은 '최고의 만족'을 이끌어내는 중이다. 소비뿐만 아니라 삶의 태도에서도 유사한 맥락을 짚어볼 수 있다. 극단의 취향과 라이프 스타일로 차별화를 증명해내는 데에 피로도가 쌓인 소비자들이 이제는 N극화(개인의 취향이 N개의 빈도로 극단적으로 다양하게 분포하는 현상)[30]를 지향하는 사회적 분위기에 높은 저항감을 보이고 있다. 그동안 N극화로의 '방황'이 마치 새로운 '방향'을 설정해준 듯한 느낌이다. 다채로운 극단의 값들은 결국 평균으로 수렴하는 성질이 있다. 이를 감안해보면, 대중 소비자들의 태도는 향후 몇 가지 중요한 방향으로 전개될 가능성이 높아 보인다.

첫 번째는, 라이프 스타일 전 영역에서 N극화 지양 현상이 뾰족해지고 중간 지점으로의 하향화가 진행될수록 '공정'과 '공평'의 기준, 그리고 해당 기준으로 성립된 '반반## 문화'를 요구하는 사회적 흐름이 거세질 수 있다는 점이다. 다시 말해 소비의 양극화, 개인 취향화의 사적私的·질적質的 특징보다 양적인 기준, 즉 좀 더 가시적인 것을 중요시하는 흐름이 나타날 가능성이 있다. 실제로 최근 한 온라인 커뮤니티에 "결혼한 분들, 반반 결혼은 대체 어디까지인가요?"라는 제목의 글이 게재되며 누리꾼들 사이에서 '반반 결혼'의 정의와 범위에 대한 갑론을박이 벌어진 사례가 있다.[31] 경제적·사회적 양극화가 확대될수록 사회

곳곳에서 평등하지 않은 세상에 강한 불만을 갖고, 불공평한 문제를 제기하는 움직임이 많아진다. 때문에 한정된 자원을 어떻게 잘 나누느냐는 사회 전체적으로 굉장히 중요한 이슈가 될 수밖에 없다. 그런데 이 한정된 자원을 어떻게 나눌지에 대한 의견이 분분하다. 모든 사람에게 평등하게 나눠 줄지, 아니면 개개인의 타고난 능력과 의지, 처해진 상황 등에 따라 나눌지 분배 기준의 합리성에 대해 저마다의 판단이 다르기 때문이다. 각각의 형평성을 고려하지 않은 전자는 사실상 '공평'의 관점, 형평성을 고려한 후자는 '공정'의

관점에 해당한다고 볼 수 있는데, 현재 한국 사회는 이념적으로는 '공정'의 중요성을 따지지만 현실적으론 (양적量的인 관점에서) '공평'의 기준을 따지는 경우가 좀 더 뚜렷하다. 모든 사람이 다 같은 자원을 똑같이 나눠 가져야 한다는 생각이 강하다 보니, 타인과 자신을 끊임없이 비교하는 경향이 더욱 도드라지고 있는 것이다.

마크로밀 엠브레인 조사에서도 부모의 직업과 관계없이 자녀는 모두 평등한 기회를 가져야 한다(일용직 노동자의 자녀나 전문직 종사자의 자녀 모두가 평등한 기회를 가져야 한다―20대 77.6%, 30대 71.6%, 40대 85.6%, 50대 89.6%)[32]는 '공평'의 관점이 두드러지고, 앞서 언급한 반반 결혼 또한 칼같이 나눠 절대로 손해 보지 않겠다는 마음이 반영된 하나의 현상으로 이해해볼 수 있다. 하지만 조심스럽게 낙관적으로 전망할 수 있는 부분은 대중 소비자들의 태도에서 극단화 지향성이 엷어지고 있다는 사실이다. 이렇게 되면 타인과 자신을 끊임없이 비교하는 경향 역시 느슨해질 가능성이 있고, 오히려 그 역으로 모든 영역에서 자원을 똑같이 분배해야 한다는 인식보다 좀 더 개개인의 상대적 입장과 상황을 고려하는 심리적 여유로움을 기대해볼 수 있다. 물론 '공정'에 대한 폭넓은 사회적 합의가 필요하다. 하지만 양극단화로의 속도가 지연되고 기준의 하향화 등의 관점이 제기되면, 보다 넉넉한 의미의 공정, 공평, 반반## 문화에 대한 문제 제기 및 이해의 접점이 마련될 수 있다는 점에서 긍정적 전망이 가능해 보인다.

두 번째 시사점은 기존의 개방형 SNS 이탈 및 폐쇄적 SNS로의 대거 이동 가능성이다. 앞서 설명한 것처럼 사람들은 현대사회에서 SNS를 사용하지 않고는 살아갈 수 없다고 생각하면서도 SNS 세상에서 벌어지는 끊임없는 사회적 비교를 통해 스스로의 자존감에 계속해서 생채기를 내고 있다. 그래서 현재 대중 소비자들은 자기과시성 게시물로 인해 극도의 피로감을 호소하는 중이다. 그 결과, 보여주기식 SNS에 지친 사람들을 겨냥한 다양한 서비스에 소비자들의 관심이 집중되고 있다. 대표적인 예가 메타버스 소셜 앱 '본디Bondee'다. 본디는 2000년대 중반 큰 인기를 끌었던 싸이월드와 비슷한 포맷으로, 다양하고 편리한 기능을 내세워 인스타그램과 틱톡을 대체하는 SNS로 주목받았다. 여러 기능 중 단연 돋보이는 기능은 친구 수를 50명으로 제한한 '폐쇄성'인데, 전문가들은 이 폐쇄성이 수년간 개방형 SNS에 지친 2030세대들에게 '인맥 다이어트'의 기회를 제공하면서 흥행에 결정적인 역할을 했다고 분석한다.[33] 실제 마크로밀 엠브레인 조사에서도 관계가 깊거나 가깝지 않은 '넓은 인간관계'(31.4%, 동의율)보다는 관계가 다양하거나 넓지 않아도 '깊은 인간관계'(68.6%, 동의율)를 원하는 경향이 뚜렷했고, 심지어 친한 친구 사이라도 어느 정도의 적절한 거리를 유지하고 싶은 '적당한 폐쇄성'(69.8%, 동의율)을 원하는 경우가 많은 모습을 보였다.[34] 비록 개인 정보 유출 이슈로 본디 가입자의 대거 이탈 현상이 빚어지긴 했지만, '초단기 최대 가입자 확보'라는 쾌거를 올린 폐쇄형 SNS의 인기는 그 자체만으로 개방형 SNS에서 받은 피로를 최소화하고 싶은 대중 소비자들의 욕구가 얼마나 상당한지, 그리고 추후 등장하게 될 유사 SNS의 인기에 얼마나 막대한 영향을 끼치게 될지를 가늠케 한다. 앞으로 SNS 흥행 성공의 중요한 관건은 '선택적 폐쇄'와

'적당한 소통', 이 두 가지의 차별화일 것으로 보인다.

한편 폐쇄적 SNS에 대한 대중적 관심도가 높아짐에 따라 자연스럽게 동기화되는 주제가 있다. 바로 '자존감'이다. 그동안 많은 연구 논문들에선 SNS 이용으로 타인과의 비교가 발생하고, 그것이 현실의 자신에 대한 부정적 이미지를 만들어 자아 존중감을 낮아지게 한다는 결과를 발표해온 바 있다. 본인 스스로의 경제적 상황, 능력, 재능이 부족하지 않음에도 SNS를 이용하다 보면 사회적 비교에서 오는 상대적 박탈감으로 자존감 하락 문제가 커질 수밖에 없다는 것이다. 그런데 폐쇄적 SNS에 대한 관심 혹은 실제 개방형 SNS의 탈퇴 등의 고려도가 높아지면, 얘기는 달라진다. 상황이 이쯤 되면 이미 스스로의 내적 결핍의 민낯을 마주했을 가능성이 높고, 그래서 오히려 타인의 자기과시형 게시물로 인한 피로도를 '의도적으로' 감소시키려는 노력을 시도할 가능성이 있기 때문이다. 실제로 대중 소비자들은 SNS 게시물들로 알게 모르게 상처받고 개인 스스로의 자존감이 낮아지고 무너지는 과정을 수없이 반복한 경험이 있다. 하지만 이제 타인과 스스로를 비교할 수밖에 없는 비자발적 상황을 최소화하려 노력 중이다. 그리고 이 과정에서 자기 비하적·냉소적 태도에서 벗어나 스스로의 자존감을 세울 수 있는 다양한 방법들을 모색 중이다. 지금 대중 소비자들은 자존감이 높은 사람에 대한 동경(나는 자존감이 높은 사람들을 보면 닮고 싶다는 생각이 든다-20대 70.4%, 30대 72.8%, 40대 67.6%, 50대 66.4%), 자존감을 높일 수 있는 방법에 대한 관심이 그 어느 때보다 높기 때문이다(나는 '자존감을 높일 수 있는 방법'에 대해 관심이 많다-20대 54.4%, 30대 49.6%, 40대 50.4%,

50대 48.0%).[35] 최근 유튜브 등에서 자존감과 중꺾마(중요한 건 꺾이지 않는 마음)에 대한 콘텐츠가 많아지고 자생력이란 개념이 대중들에게 회자되고 있는 이유이기도 하다.

우리는 가치의 기준을 자신이 아닌 타인에게서 구하고 있다. 자신의 행복도 타인의 눈에 비친 자신의 모습에서 찾는다. 그런 사람은 진정한 행복을 얻기 어렵다. 타인의 견해와 생각의 노예가 되어 칭찬을 갈구하는 사람은 하찮은 일에도 기가 꺾이기 때문이다. 걸핏하면 상처받는 병적으로 민감한 자존심의 밑바닥에는, 뻐기는 태도뿐만 아니라 우리의 모든 허영과 허세의 밑바닥에도 남이 나를 어떻게 생각할까 하는 우려가 자리하고 있다. 쇼펜하우어에 의하면 행복은 꿈에 불과하지만, 고통은 현실이므로 덜 불행하게 사는 것, 즉 그럭저럭 견디며 사는 것이 필요하다. 인생이란 향락을 즐기기 위해서가 아니라 고통을 이겨내고 처리하기 위한 것이다. 그런 의미에서 보면 가장 행복한 운명을 타고난 사람은 정신적으로도, 육체적으로도 그다지

큰 고통을 겪지 않고 살아온 사람이지, 대단히 큰 기쁨이나 엄청난
쾌락을 맛본 사람이 아니다.

폴커 키츠·마누엘 투쉬, 《지금과 다른 삶이 가능하다면》, p.198

세 번째 시사점은 경험을 선택하는 기준축의 전환transition **가능성
이다.** 지금까지 대중 소비자들은 '취향'이나 자기 계발을 위한 '다양
한 경험'들을 선택할 때 타인과 구별되기 위한 보여주기식 콘텐츠를
추구하는 경우가 많았다. 그러다 보니 독보적인 특이함으로 남들보
다 차별화되고, 특색 있는 경험의 '버티컬 취향', '버티컬 라이프 스
타일'을 추구하는 경향이 강화된 움직임을 보였다.[36] 그런데 양극단
화로의 지향 속도가 주춤해지고 쇼윈도 취향과 경험에 대한 피로도
가 높아지면서 오히려 경험의 진정성을 중요하게 고려하는 모습을
보이고 있다. 몸값(가치)을 올리는 것 외에도 의미 있는 활동이 많고
(83.0%, 동의율), 남이 알아주는 스펙이 아니더라도 '나 스스로'가 인
정하는 경험을 해보고 싶다(81.9%, 동의율)[37]는 응답이 높게 나타나는
등 판단의 기준이 '타인'이 아닌 '내'가 우선이 되고 있다. 이렇게 되
면 경험을 선택하는 기준이 남보다 꼭 잘해야 한다거나 누군가에게
내세울 만한 독특함이 아닌, 남들이 잘 몰랐거나 인정받지 못했던
것들에 대한 관심으로 그 기준의 방향이 변경될 가능성이 있다. 실
제로 2023년 초 한국 예능 최초로 넷플릭스 1위를 차지한 〈피지컬:
100〉의 영향으로 그동안 비인기, 비주류로 평가받던 운동들의 매력
이 재조명된 바 있다.[38] 진입 장벽이 높거나 생소하고 낯설었던 것
들(예: 크로스 핏, 루지, 경륜, 아이스 클라이밍 등)에 대한 대중적 관심도

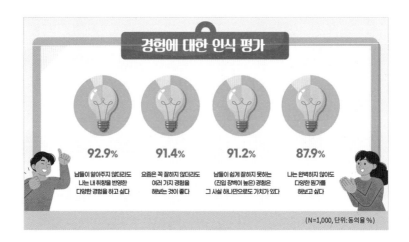

경험에 대한 인식 평가

92.9%
남들이 알아주지 않더라도
나는 내 취향을 반영한
다양한 경험을 하고 싶다

91.4%
요즘은 꼭 잘하지 않더라도
여러 가지 경험을
해보는 것이 좋다

91.2%
남들이 쉽게 잘하지 못하는
(진입 장벽이 높은) 경험은
그 사실 하나만으로도 가치가 있다

87.9%
나는 완벽하지 않아도
다양한 뭔가를
해보고 싶다

(N=1,000, 단위: 동의율 %)

가 높아진 것인데, 실제 이 같은 영향으로 2023년 5월, 레슬링 축제
가 국내 최초로 열리기도 했다.[39] 물론 '비인기', '비주류'라는 것 자
체가 '독특함'과 '차별화'라는 속성을 제공해줄 만한 무기가 될 수 있
다. 하지만 적어도 지금 대중 소비자들에게 비인기, 비주류 활동에
대한 경험은 '남들과는 달라야 한다'거나 '남들보다 잘해야 한다'는
강박은 없는 듯하다.[40]

마지막으로 살펴볼 시사점은 중간 지점으로의 '어중간함'과 '적당
함'의 의미 부여 측면이다. 현재 대중 소비자들은 극단의 경험 추구
가 결국 스스로에게 독이 될 수도 있다는 것을 조금씩 인지해가고
있는 중이다. 그 결과, 라이프 스타일 전 영역에서 N극화 지양 현
상이 뚜렷해지고 중간 지점으로의 하향화 및 회귀가 진행될 것으로
전망되고 있다. 이런 방향성은 앞선 시사점(기준축의 전환)과 관련성
이 깊다. 이렇게 되면 한 가지 가치관의 충돌이 예상된다. 바로 세
상이 가리키는 '중심', '가운데', '평균'이 어느 지점인지에 대한 의견

차이다. 사실 기준에 대한 견해차가 다르면 혼란스러움이 가중된다. 하지만 이 논의에 앞서 분명하게 짚어야 할 것이 있다. 바로, 이 혼란스러움을 가중하는 또 다른 이유에는 한국 사회에서 수용되고 있는 '가운데', 즉 '어중간함'에 대한 편향적 의미가 내포되어 있다는 점이다. 사전적 의미의 '어중간하다'의 뜻은 다음과 같다.

- 거의 중간쯤 되는 곳에 있다.
- 이것도 저것도 아니게 두루뭉술하다.
- 어떤 정도나 기준에 꼭 맞지는 아니하나 어지간히 비슷하다.

출처: 국립국어원 표준국어대사전

언뜻 보더라도, 뭔가 의미가 부정적이다. 이유는 간단하다. 사전적 정의만 고려해보면 '어중간함'이란 것 자체가 양 끝단, 즉 극단치의 특별함과 함께 있을 때에만 존재하는 상대적 개념이기 때문이다. 특별함에 도달하지 못한 상태로서 '어중간함', 그래서 '어중간함'은 현재 한국 사회에서 불완전하거나 미완성, 뭔가 애매하고 철저하지 못한 상태의 개념으로 인지되고 있다. 하지만 양극단화로의 움직임을 지양하는 사회 문화적 흐름이 뚜렷해지고, 기준의 하향화 추세도 강해질수록 오히려 이 중간 지점의 어중간함을 터부시하는 문화를 경계하거나 희석하려는 움직임이 많아질 수 있다. '평균 실종'과 '평균의 종말'과는 또 다른 차원의 중간적 움직임이다. '완전한 중간'은 아니지만 그 중간이 포함된 범위에서의 '중간값', 그리고 '어중간함'에 나름대로 괜찮은 의미가 부여되는 사회적 움직임이 확산될 수 있다는 뜻이다. 방법은 의외로 간단하다. 지금까지 (극단적으로) 달려온 삶의 패턴에서, 상처받고 주눅 들게 한 타인으로부터 아주 잠깐, 의도적으로 거리를 두는 것이다. 그렇게 되면 진짜 '중간 지점'에서의 '적당함'과 '균형'의 의미를 깨달을 기회가, 지금보다는 더 많아질 수 있다.

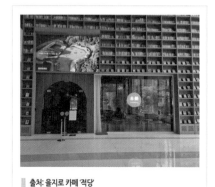

▌ 출처: 을지로 카페 '적당'

#新명품
#SNS 디톡스

처음 들어본 新명품
테스트 마켓 된 한국 〉〉〉

최근 국내에는 신생 브랜드지만 디자인과 품질이 뛰어나고, 특별한 브랜드 가치를 갖춘 신新명품 브랜드가 젊은 층을 중심으로 인기를 끌고 있다. 이 같은 트렌드로 신규 시장을 찾아 헤매던 해외 브랜드사들이 빠르게 한국으로의 시장 진출을 서두르고 있다. 대표적으로는 미국 여성 브랜드 '울라존슨', 이탈리아

ULLA JOHNSON
HIDNANDER   JACQUEMUS
GANNI   OUR LEGACY ＝
STUDIO
NICHOLSON

■ 최근 국내에 유통되고 있는 新명품 브랜드
출처: 각사 홈페이지

신발 브랜드 '히드난데' 등이 있으며,[41] 이미 프랑스 브랜드인 '자크 뮈스', 영국 브랜드인 '스튜디오 니콜슨', 덴마크 패션 브랜드 '가니', 스웨덴 브랜드 '아워레가시' 등은 국내 백화점, 온라인 쇼핑몰 등에 입점해 매출 신장을 이어가고 있다.[42] 앞으로 역대급 실적을 낳은 꼼데가르송, 메종키츠네, 아미와 같은 신新명품 브랜드를 찾기 위한 국내외 움직임들은 더욱더 분주해질 것으로 전망된다.

조금 모자라면 어때?
가장 중요한 건 내 만족감>>>

싱가포르의 한 10대 학생이 선물 받은 가방을 소개하는 영상을 두고 논쟁이 벌어졌다. 조 가브리엘(17세)은 해당 영상에서 아버지에게 선물로 받은 가방을 자랑하며 "내 첫 명품 가방"이라고 소개했는데, 그가 선물 받은 가방은 한화로 7만 원 정도의 패션 브랜드 찰스앤키스 상품이었다. 영상을 시청한 누리꾼들은 그 가방을 명품이라고 부르는 건 패스트푸드를 고급 요리라고 하는 것과 마찬가지라며 가브리엘을 조롱했다. 이에 가브리엘은 "내 형편에 이 가방은 명품이 맞다. 부유함이 당신들을 얼마나 어리석게 만들었는지 알겠다"라며 일침을 가했다.[43]

틱톡에 '첫 명품백' 영상을 올린 싱가포르 10대
출처: 틱톡

싱가포르에서는 맥도날드 매장에서 결혼식을 올린 커플이 화제였다. 이들이 장소와 식비에 사용한 총비용은 700싱가포르달러, 한화로 68만 원 정도다.[44] 자칫 장난처럼 여겨질 수 있는 결혼

맥도날드에서 결혼식을 올린 싱가포르 커플
출처: 서울신문

식이었지만, 커플은 그들의 바람처럼 편안하고 즐거운 결혼식, 무엇보다 사회적 시선을 신경 쓰지 않고 스스로 만족스러운 결혼식을 올렸다며 높은 만족감을 표했다.

단돈 160위안에 결혼식을 올린 중국 커플
출처: 연합뉴스

고액의 결혼 지참금 문화가 남아 있는 중국에서도 이와 비슷한 사례가 소개됐다. 단돈 160위안(약 3만 원)에 결혼식을 올린 중국의 젊은 신혼부부로, 그들은 "남에게 보여주는 게 중요한 게 아니라, 결혼식의 진짜 주인인 우리 두 사람의 심적 만족감이 가장 중요하다는 것을 깨달았다"며 결혼식 소감을 밝히기도 했다.[45]

7만 원짜리 가방일지라도 명품과 다름없다고 소개하는 모습, 기존의 결혼식과는 조금 다르지만 누구보다 큰 만족감을 느끼는 등 전반적으로 사회에서 정해진 기준 대신 합리적이면서, 스스로 만족감을 느낄 수 있는 '나'만의 소비 기준이 자리하는 흐름을 엿볼 수 있다.

SNS 부작용에 칼 뽑아 든 미국&
'스마트'함에 지쳐 '멍텅구리폰' 찾는 사람들>>>

출처: 디디다 컴퍼니

최근 미국 보건 당국이 소셜 미디어가 어린이, 청소년과 같은 미성년자에게 끼치는 부작용이 크다는 내용을 담은 보고서를 발간하며 SNS 규제를 강력하게 호소하고 나섰다. 해당 보고서에는 과도한 SNS 사용이 미성년자들의 감정, 충동 조절을 어렵게 만들고, 또래와의 외모나 몸매 비교로 자존감 하락 문제를 겪게 만든다고 지적했다. 당국 관계자는 이 보고서를 인용하며 1960년대 흡연, 1980년대 에이즈, 2000년대 초 비만에 대한 국민적 경각심을 환기했듯이 이제는 미성년자의 과도한 SNS 사용을 '긴급한 공중 보건 위기'로 지정해야 한다고 주장했다.[46]

미국 교육청도 SNS 규제 목소리에 힘을 보태고 있다. 소셜 미디어의 부작용이 통제 가능한 범위를 넘어섰다며, SNS 기업에 그 책임을 묻고자 나선 것. 미국 지역의 200여 개 교육청은 틱톡·메타·유튜브 등 주요 SNS 기업들이 유해 콘텐츠를 유통하고, 중독성 있는 플랫폼을 만들어 학생들에게 정신적 피해를 준 것에 대한 책임을 져야 한다며 집단소송을 제기했다.[47] 그동안 이용자가 올린 콘텐츠에 대해서는 책임을 지지 않는다는 법적 보호를 받아온 주요 SNS 기업들에게 이번 집단소송에서는 어떤 판단이 나올지 귀추가 주목되는 상황이다.

한편 최근 미국과 영국 젊은 층
사이에서는 일명 멍텅구리폰이라
는 '덤폰Dumb Phone'이 인기를 끌고
있어 화제다. '덤폰'이란 전화, 문
자, GPS, 음악 재생 등 기본 기능
만 갖춘 구형 피처 폰으로, 최근

스마트폰 시대에 주목받는 '덤폰'
출처: 노키아

이 덤폰의 글로벌 판매량이 2019년 4억 대에서 2022년 10억 대로
증가한 것으로 나타났다. 특히 SNS 사용량이 많은 젊은 세대가 자
발적으로 '디지털 디톡스(디지털 기기 사용을 자제하는 것)'를 위해 이용
하고 있다고 분석되고 있어, 소비자 스스로가 SNS 사용을 줄일 수
있을 것이란 긍정적 전망을 가능케 한다.[48]

SNS 부작용도 막지 못한
신생 소셜 미디어의 탄생 >>>

미국 정부 차원에서의 SNS 규제 필요성, 소비자 스스로의 디지털
디톡스 움직임이 이어지고 있는 상황에서도 SNS 업계에는 새로운
지각변동이 일어나는 중이다. '블루스카이', '레몬8', 'T2' 등 신생
SNS가 이용자를 끌어모으고 있는 것으로, 그중 가장 주목받는 SNS
는 단연 '스레드'다. 메타가 '트위터 대항마'로 준비한 스레드는 출시
1주일도 안 돼 가입자 1억 명을 넘어섰다. 500자 이내의 짧은 글로

2023년 7월 출시된 소셜미디어 '스레드'
출처: 동아일보

소통하는 스레드의 기능이 기존 SNS의 과시용 게시물에 피로감을 느낀 사람들에게 호감을 얻고 있는 것으로 분석된다. 최근 메타 CEO 마크 저커버그와 'X'를 소유한 일론 머스크가 종합 격투기 결투를 두고 설전을 벌인 바 있는데, 업계에서는 새로운 SNS를 출범한 저커버그와 트위터에서 'X'로 개명한 머스크가 자사의 플랫폼 홍보 효과를 누리기 위해 벌인 노이즈 마케팅의 일환이란 분석이 있다.

엠브레인 패널 빅데이터® INSIGHT I

○ 폐쇄형 SNS 본디(Bondee)앱 설치율은 출시 이후 2023년 2월 급격한 증가세를 보이다 개인정보 유출 논란 등의 영향으로 감소세를 보임.

○ 주로 1020 저연령층의 설치율이 압도적으로 높은 편이나, 폐쇄형 SNS 기능 관심도는 오히려 4050 연령대일수록 높게 평가되고 있어, 향후 폐쇄형 SNS에 대한 관심 연령대는 좀 더 확산될 가능성이 있어 보임.

👍 폐쇄형 SNS란?
트위터나 페이스북 등 누구든 접근할 수 있는 개방형 SNS가 주는 스트레스에서 벗어나 가족이나 친구, 연인 등 특정한 사람들과만 소통할 수 있는 SNS를 말한다. 직장 상사와 사원의 관계처럼 원치 않는 관계 맺기나 사생활 침해 등을 걱정하는 사용자들이 늘어나면서 등장한 SNS 트렌드로, 친한 사람끼리만 속 깊게 소통할 수 있는 점이 장점으로 꼽힌다.

출처: 네이버 트렌드 지식사전 인용 및 편집

Bondee앱 월별 설치율

Bondee 앱 출시						
22년 11월	22년 12월	23년 1월	2월	3월	4월	5월

설치자 연령별 구성비

(단위: %)

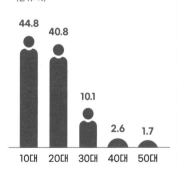

10대	20대	30대	40대	50대
44.8	40.8	10.1	2.6	1.7

폐쇄형 SNS 관심도*

(단위: %) * 트렌드모니터 조사자료 인용 (사이트참고)

■ 관심이 가는 편   ■ 관심이 가지 않는 편   ☐ 잘 모르겠다

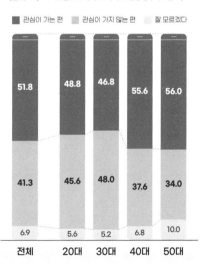

	전체	20대	30대	40대	50대
관심이 가는 편	51.8	48.8	46.8	55.6	56.0
관심이 가지 않는 편	41.3	45.6	48.0	37.6	34.0
잘 모르겠다	6.9	5.6	5.2	6.8	10.0

PART 2
WORK

피드백, 개인과 조직이
살아남는 법

세대 레이블링이 낳은 편견

피드백 부재·포용성·新슬래셔

노동계 핫이슈마다
소환되는 '그들'

2023년 한국의 노동환경은 여느 해보다 변화와 혁신, 불확실성과 혼란스러움이 혼재된 한 해였다. 팬데믹 기간에 도입된 재택과 원격 근무 등의 유연 근무제는 기업들의 사무실 복귀 요청으로 빠르게 사라졌고, 이로 인해 유연 근무제를 하나의 복지로 여겼던 직원과 사측 간에 크고 작은 마찰이 끊이지 않던 해이기도 했다.[1] 연초에는 주당 법정 근로시간을 69시간으로 늘리려는 정부 개편안으로 노동계의 거센 반발이 있었고, 이것은 오히려 주 4일 또는 주 4.5일 근무제에 대한 논의를 촉발하는 계기가 되기도 했다. 심지어 해외

유수 언론에 '과로사Kwarosa'란 용어로 소개[2]되면서 한국 노동자들의 극심한 근로 문화를 비판하는 흐름까지 만들어냈다. 이 밖에 '법정 정년 연장' 및 '계속 고용(60세인 법정 정년 이후에도 근로자들이 은퇴하지 않고 일할 수 있도록 하는 고용 제도)' 이슈, '노조 가입', '최저임금제 개선안'에 이르기까지

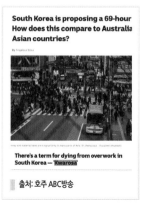

South Korea is proposing a 69-hour
How does this compare to Australia
Asian countries?
By Angelica Silva

There's a term for dying from overwork in
South Korea — Kwarosa

출처: 호주 ABC방송

국내 노동환경 및 인프라 관련 논의는, 현재도 계속 진행 중이다.

그런데 노동계 핫이슈가 터질 때마다 빠지지 않고 등장하는 단어가 있다. 바로 MZ세대(여기서는 통상 2030세대를 말한다)다. 과거부터 사회학적으로 '세대론'이 자주 사용되긴 했지만, 최근 노동계는 MZ세대를 노동문제 이슈에 끊임없이 반하는 주체이자 변화의 선봉에 서서 노동계의 급속한 변화를 이끌어내는 주체로 주목하고 있다. 실제로 이들은 2023년 초, 민주노총과 한국노총 등 기존 강성 노조의 불공정한 행보를 답습하지 않겠다는 각오로 '새로고침'이란 제3의 노조를 출범시키는 등 노조 운동에 새로운 바람을 일으키기도 했다.[3] 공정성을 가장 중요하게 고려하는 세대인 만큼 이제 노조 활동도 '공정'이라는 키워드를 중심으로 참여하도록 유도하고 있다는 것이 업계 전문가들의 설명이다. 노동환경에서 MZ세대가 주목받고 있는 또 하나의 특징은 이들이 '워라밸'을 지키는 거의 유일한 세대로 규정되고 있다는 점이다. '딜로이트 2023 글로벌 MZ 조사 보고서'를 보더라도 이들의 직업 선택의 최우선 가치는 '일과 삶의 균형'이

었고, 가장 일하고 싶은 기업 유형도 '워라밸이 보장되는 기업'이었다.[4] 때문에 기업들도 업계의 우수 인재를 확보하기 위한 경쟁 차원에서라도 '주 4일제(주 4.5일제)', '월중 휴무제', '격주 놀금제' 등 보다여유롭고 유연한 근무 형태로의 변화를 위해 분주한 움직임을 보이고 있는 중이다. 한마디로 지금 전반적인 노동시장 변화의 중심에는, MZ세대가 있다.

'MZ세대는 문제가 있어'라는 프레임

그런데 톤 앤 매너가 뭔가 불편한 방향으로 흘러가고 있다. MZ세대가 조직 문화에 적극적으로 이의를 제기하고 거침없이 이직과 퇴사를 결정하는 것이 화제가 된 것인데, 이에 대한 평가가 비판을 넘어 비난에 가까울 정도로 다소 거칠다. 잦은 이직과 퇴사로 업무 공백을 발생하게 하고, 조직 내 분위기를 침체시키거나 세대 갈등을

유발하는 존재는 물론, 힘든 경쟁을 뚫고 들어간 회사도 자신과 업무가 맞지 않으면 과감히 사표를 던지고야 마는 나약한 세대로 'MZ세대'를 평가하는 경우가 점점 더 많아지고 있다.

최근에는 일한 만큼 보상이 돌아오지 않거나 더 나은 업무 환경이 제공되지 못하는 회사라면, 굳이 애정을 갖기보다 최소한의 업무만 처리하겠다는 '조용한 퇴사Quiet Quitting' 열풍의 주역으로도 MZ세대를 지목하고 있다. 물론, 어느 정도 상황적 이해는 된다. 지금까지 회사에 고분고분했던 직원들은 온데간데없고 불청객 같은 '아주 다른 성향을 지닌 세대'가 조직 생활에 훅 치고 들어온 느낌이었을 테니, (회사나 선배, 경영 및 관리자 입장에서는) 꽤나 못마땅했을 수는 있다.

"MZ들은 끈기가 없어."
"MZ들은 바빠도 절대 야근을 안 해."
"따박따박 말대답에… 어휴….”
"아는 건 또 왜 이렇게 없는 거야?"
"MZ들은 뭔가 열정이 없어.”
"MZ들은 딱 시키는 그것만 하더라.”

자, 그런데 냉정하게 짚어보자. 뭔가 이상한 느낌적인 느낌이 들지 않는가? 지금 당신이 몸담고 있는 회사, 조직, 집단에서 일어나는 모든 일이, 정말 MZ세대 때문에 일어나는 문제라고 생각되는가? 복잡다단한 문제를 MZ세대, 그들만의 문제로 간단하게 '퉁'치는 듯한 생각은 들지 않는가? 신지어 MZ세대에 대한 크고 작은 평

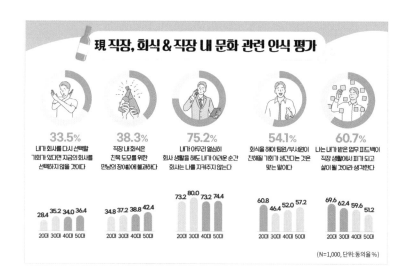

現 직장, 회식 & 직장 내 문화 관련 인식 평가

33.5%
내가 회사를 다시 선택할
기회가 있다면 지금의 회사를
선택하지 않을 것이다

28.4 / 35.2 / 34.0 / 36.4
20대 30대 40대 50대

38.3%
직장 내 회식은
친목 도모를 위한
만남의 장(場)에 불과하다

34.8 / 37.2 / 38.8 / 42.4
20대 30대 40대 50대

75.2%
내가 아무리 열심히
회사 생활을 해도 내가 어려운 순간
회사는 나를 지켜주지 않는다

73.2 / 80.0 / 73.2 / 74.4
20대 30대 40대 50대

54.1%
회식을 해야 팀원/부서원이
친해질 기회가 생긴다는 것은
맞는 말이다

60.8 / 46.4 / 52.0 / 57.2
20대 30대 40대 50대

60.7%
나는 내가 받은 업무 피드백이
직장 생활에서 피가 되고
살이 될 것이라 생각한다

69.6 / 62.4 / 59.6 / 51.2
20대 30대 40대 50대

(N=1,000, 단위: 동의율 %)

가들이 나이나 경력, 지위, 사회적 위치가 좀 있다고 하는 사람들에 의해 주도되고 있다는 생각은 안 드는가? 왜냐하면, '지금 하고 있는 일'을 비롯해서 '회식'도, '야근'도, '직장에서의 인간관계'도, '일에 대한 의미 부여'도 MZ세대만의 이렇다 할 특별한 문제가 보이지 않기 때문이다. 되레 MZ세대의 특징이라 간주했던 부분들(예: 회사에 대한 낮은 충성도)이 4050 기성세대도 크게 다르지 않다는 의외의 결과가 드러나고 있을 뿐이다.[5]

세대의 문제가 아니라 ""
입장의 문제다

'세대'는, 개인과 집단의 얽히고설킨 역동적인 관계로 규정된 사회

집단 단위다. 때문에 '세대' 개념이 매력적이고 재미있는 분석 단위이긴 하지만, 요즘 다뤄지는 방식처럼 단순하게 하나의 변수로 '세대'를 놓고 보면 사회적 실체로서 그들을 제대로 알 수 없게 만드는 오류를 범할 수 있다. 물론 특정 세대가 어떤 특성이 유난히 강하다고 말할 수는 있다. 그러나 세대를 구성하는 그 근원적 다양성과 차이가 지워지는 프레임은 지양할 필요가 있다. 그런데 현재 개개인의 계층, 성별, 세대, 나이 등 다양한 요소가 얽힌 복잡다단한 문제들이, 그냥 '세대'의 문제로 정리되고 있다.[6] 특히 MZ세대라는 레이블링labeling을 붙여 일련의 특징을 그들만의 특성으로 일반화하고 규정해, 세대에 대한 잘못된 믿음과 오해를 불러일으키고 있다. 최근 직장 생활에서 MZ세대의 모습을 희화화한 영상이 사회적으로 큰 인기를 끌면서도, 이것이 사실인지에 대한 갑론을박이 비일비재하게 벌어지고 있는 이유이기도 하다. 급기야 미디어에서 풍자하는 MZ를 실제 현실에서는 볼 수 없다는 '투명 MZ'[7]라는 신조어가 등장할 정도로, MZ세대 희화화를 비판하거나 공감하지 못하는 사례는 점점 더 많아지고 있다.

■ 출처: SNL코리아 시즌 4 'MZ오피스'

   정리하면, '세대'는 세상 모든 걸 설명할 수 있을 것 같은 변수지만, 생각보다 많은 것을 설명할 수 없는 극히 제한적인 변수라고 볼 수 있다. 그래서 특히 다양한 연령대가 얽혀 있는 회사 생활에서의 이런저런 이야기들은 사실 '세대'의 문제로 이해할 것이 아니라, 그 '연령대',[7] '직급' 구성원의 입장에서 발현된 특징임을 기억할 필요가 있다. 그렇다면 MZ세대가 아닌 우리가 살펴봐야 할 '2030 회사 구성원'의 특징은 무엇이 있을까? 그리고 우리는 그들에 대해 어떤 오해와 선입견을 가졌던 걸까? '세대'에 대한 문제로 정리됐던 몇 가지 회사 생활을 살펴보려고 한다.

'이직'과 '퇴사'에 대한 동상이몽

2023년은 유독 고액 연봉이 보장되는 '대기업', 안정적인 일자리로 유명한 '공기업'에서 과감한 퇴사를 결정한 MZ세대의 사례가 많이 다뤄졌던 해였다. 마크로밀 엠브레인 조사를 보더라도 직장 규모와 상관없이 현 직장에서의 퇴직(이직 포함) 의향은 2030 젊은 층을 중심으로 높은 편이었고(20대 75.2%, 30대 63.2%, 40대 50.8%, 50대 42.8%),[8] 실제 공무원연금공단의 자료를 보더라도 재직 기간 1년 미만의 새내기 공무원 퇴직자는 약 3,064명에 달하는 것으로 나타났다.[9] 전문가들 사이에서는 장기 불황 실업 시대에 '통찰력이 부족한' 청년 세대가 안정적인 직장을 포기하고 백수로 돌아가는 이러한 퇴직 행렬에 우려의 목소리가 많았다. 기업이나 고용주, 직장 내 연배 있는 선배들은 MZ세대의 퇴사를 충성도나 신의가 없고, 이기적이며 섣부른 판단이라는 부정적 평가를 내리기를 반복했다. 그런데 '언제든 퇴사'를 선택하는 이들의 행보를 좀 더 면밀히 들여다볼 필요가 있어 보인다. 이들이 밝힌 이직과 퇴사 사유가 표면적으로는 '연봉(82.6%, 중복 응답)'이나 '복리 후생 등의 근로조건(49.0%)', '워라밸(41.8%)'로 언급되고 있지만,[10] 속내는 회사 생활에서의 일의 의미를 생계의 문제로 연결 짓는 다소 현실적이고 냉소적인 입장을 취하고 있었기 때문이다(일은 결국 생계를 위한 것일 뿐 다른 의미는 없다 – 20대 54.8%, 30대 55.2%, 40대 43.2%, 50대 26.4%).[11] 2030 젊은이들이 일이 주는 금전적 보상에 따라 움직인다는 의미보다, 현재 이들은 적어도 '이직을 해야 임금 상승에 긍정적인 결과'를 얻을 수 있고, 그래야 '안정된 생계'가 가능하다는 논리에 순응하고 있는 것처럼 보인다(실제로 커리어 초반에는 이직을 해야 임금이 상승한다는 연구 결과가 있다[12]). 그러다 보니, 주변 동료들과 비슷비슷한 연봉을 받는다면, 혹은 아직 충분한 보상을 받지 못한다고 생각되면 굳이 더 많은 일을 해야 할 필요성이나 동기부여가 잘 되지 않는 모습을 보이고 있다.[13] 그럴 바엔 차라리 퇴근 후 추가 소득을 위한 부업에 뛰어들

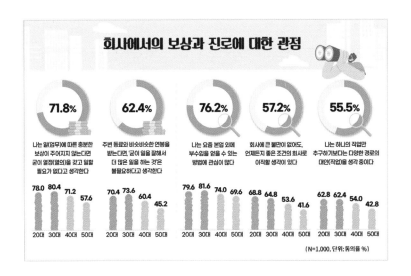

회사에서의 보상과 진로에 대한 관점

	71.8%	62.4%	76.2%	57.2%	55.5%
	나는 일(업무)에 따른 충분한 보상이 주어지지 않는다면 굳이 열정(열의)을 갖고 일할 필요가 없다고 생각한다	주변 동료와 비슷비슷한 연봉을 받는다면, 굳이 일을 잘해서 더 많은 일을 하는 것은 불필요하다고 생각한다	나는 요즘 본업 외에 부수입을 얻을 수 있는 방법에 관심이 많다	회사에 큰 불만이 없어도, 언제든지 좋은 조건의 회사로 이직할 생각이 있다	나는 하나의 직업만 추구하기보다는 다양한 경로의 대안(직업)을 생각 중이다

구분	20대	30대	40대	50대
	78.0	80.4	71.2	57.6
	70.4	73.6	60.4	45.2
	79.6	81.6	74.0	69.6
	68.8	64.8	53.6	41.6
	62.8	62.4	54.0	42.8

(N=1,000, 단위: 동의율 %)

거나, 부가 수입을 위해 시간 투자를 하거나, 좀 더 나은 일자리로의 이직을 알아보는 것을 더욱 효율적이고 합리적인 선택으로 여기는 경향이 뚜렷하다.[14]

이렇게까지 현실적인 생계 문제에 민감해하는 이유는, 지금 2030 젊은이들에게는 그동안 기성세대들이 경험한 시대 흐름처럼 나이를 먹으면 자연스레 얻을 수 있었던 부富의 정상 경로(예: 주택 구입 등의 부의 상승 곡선)라는 것을 기대하기 어려운 시절을 보내고 있기 때문이다. 소득 정체, 부채 증가, 경제 불안이란 삼중고로 적극적으로 움직이지 않으면 현재의 경제적 어려움을 벗어나기 어렵다는 두려움이 지금의 2030 젊은이들에게는 공통된 경험으로 자리 잡혀 있다. 자칫하면 한국 사회에서 미래의 내 자녀가 중산층에도 들지 못할 것 같다는 막연한 불안감도 크다(내 자녀가 중산층 이상 계급으로 올라가기가 어려울 것 같다 - 20대 44.4%, 30대 40.0%, 40대 35.6%, 50대 36.4%).[15] 그만큼 경제적인 문제는 2030 젊은이들에게 대단히 현실적이고 민감한 사안으로 받아들여지고 있는 중이고, 때문에 4050세대가 생각하는 것보다 훨씬 더 강력하게 그들의 일상과 업業에 대한 태도에 연쇄적 영향을 끼치고 있는 중이다. 핵심은, 이들 2030 젊은 세대에게서 나타나는 회사 생활에서의 다양한 이슈나 현상들을 MZ세대라는 프레임으로 단순화할 것이 아니라, 현재 그들이 어떤 공통된 경험을 함께 공유한 집단인지 코호트cohort[16]적 관점에서 고려할 필요가 있다는 것이다. 지금 젊은 세대는 '경제 불황'과 '세대가 이어질수록 한 세대의 소득이 같은 나이의 이전 세대보다 감소한다'는 가설을 몸소 체험 중에 있다. 그리고 안타깝게도 지금 이들이 버텨내고 있는 청춘은 기성세대의 그때 그 시절에 비해 훨씬 '덜' 아름다운 상황이다.

조직에 충성하지 않는 것이 아니라, "
각자의 삶에 충실한 것일 뿐

2030 청년 세대에 대해 상황적인 이해가 됐다면, 이제는 이직과 퇴사에 대한 태도를 조금 다른 관점에서 바라볼 필요가 있다. 바로 '적극적인 실행력' 측면이다. 어떻게 보면 2030 젊은 세대는 경제적인 불안도와 미래 불확실성을 최소화하기 위해 '이직'과 '퇴사'라는 적극적인 방법을 선택하는 것일 수 있다. 현실 문제(생계)의 불안도를 낮추기 위한 최선의 움직임인 셈이다. 역사상 최고의 스펙이라 불리는 세대인 만큼 (사회적 계층에 따라 차이는 있겠지만) 스펙과 능력은 다른 세대보다 뒤떨어지지 않고, 그래서 이직을 그리 어려운 일로 받아들이지 않을 가능성이 크다. 이런 관점에서 보면 오히려 기성세대의 실행력이 젊은 세대에 비해 적극적이지 않다는 것을 언급해볼 수 있다. 마크로밀 엠브레인의 조사 결과를 보면 아이러니하게도 그동안 MZ세대의 특징이라 여겨졌던 회사 생활의 많은 부분들이 사실은 4050 기성세대에게서도 찾아볼 수 있던 사실이란 점이 놀라움을 준다. 4050 기성세대 역시 회사 생활을 하면서 직장 생활을 오래 할 수 있을지 불안해했고(나는 요즘 직장에서 '오래 잘 버틸 수 있을지'가 염려된다 - 20대 56.8%, 30대 55.6%, 40대 58.8%, 50대 52.0%),[17] 바

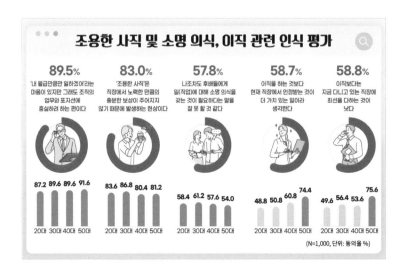

조용한 사직 및 소명 의식, 이직 관련 인식 평가

89.5%
'내 월급만큼만 일하겠어'라는 마음이 있지만 그래도 조직의 업무와 포지션에 충실하려 하는 편이다

87.2 89.6 89.6 91.6
20대 30대 40대 50대

83.0%
'조용한 사직'은 직장에서 노력한 만큼의 충분한 보상이 주어지지 않기 때문에 발생하는 현상이다

83.6 86.8 80.4 81.2
20대 30대 40대 50대

57.8%
나조차도 후배들에게 일(직업)에 대해 소명 의식을 갖는 것이 필요하다는 말을 잘 못 할 것 같다

58.4 61.2 57.6 54.0
20대 30대 40대 50대

58.7%
이직을 하는 것보다 현재 직장에서 인정받는 것이 더 가치 있는 일이라 생각한다

48.8 50.8 60.8 74.4
20대 30대 40대 50대

58.8%
이직보다는 지금 다니고 있는 직장에 최선을 다하는 것이 낫다

49.6 56.4 53.6 75.6
20대 30대 40대 50대

(N=1,000, 단위: 동의율 %)

봉에 대한 불만감도 어느 세대 못지않게 높았으며(회사는 내가 열심히 한 만큼의 경제적 보상을 주지 않는다 – 20대 64.0%, 30대 71.6%, 40대 62.4%, 50대 62.0%),[18] 때문에 월급만큼 최소한의 일을 하는 조용한 사직을 스스로도 선택하고, 또 그런 선택을 하는 타인도 잘 이해하는 모습을 보이고 있었다(위 그래프 참조).[19] 그러다 보니 후배들에게 일에 대한 소명 의식을 거론하거나 강요해야 할 필요성도 잘 못 느끼는 모습까지 보이고 있다.[20] 유일한 문제는, 기성세대에게 '이직'이 그리 쉬운 선택지가 아니라는 것이다(나는 언제든지 쉽게 이직할 수 있을 것이라 생각한다 – 20대 60.0%, 30대 58.4%, 40대 38.0%, 50대 34.0%).[21] '이직'이나 '퇴사' 등의 방법으로 지금 상황에 변화를 주기 어렵다면, 인생 기회의 격차가 더 벌어질 수 있다는 불안함을 해결할 우회적인 방안을 마련해야 한다. 그래서 지금의 4050 기성세대는 가족의 생계나 부양을 책임지고 있는 현 직장(나는 우리 가족의 수입 대부분을 지

금 다니는 직장에서 충당하고 있다(벌고 있다)—20대 29.6%, 30대 50.0%, 40대 58.8%, 50대 58.8%)[22]에서 가급적 오래 버티기 위한 전략을 선택하고 있는 것으로 보인다. 이직보다는 지금 다니고 있는 직장에서 최선을 다해 인정을 받는 것이 옳은 선택이고,[23] 그러니 이직을 자주 하는 것은 직장 생활에 잘 적응하지 못하는 사람들이나 하는 것이라며 스스로를 다독이는 모습을 보이고 있는 중이다(이직을 자주 하는 사람은 직장 생활에 잘 적응하지 못하는 사람처럼 보인다—20대 59.6%, 30대 67.6%, 40대 70.8%, 50대 76.0%).[24] 한쪽은 '이직'과 '퇴사'를 더 나은 선택지로, 다른 한쪽은 '이직'과 '퇴사'를 불편한 대안으로 받아들이고 있을 정도로, 지금 회사에서의 연령에 따른 구성원들의 생각은 상당한 차이를 보이고 있다.

'MZ세대는 사회성이 없어'라는 ❞ 프레임

회사 생활에서 2030 젊은 세대에게 가졌던 또 다른 오해로는 바로 '사회성'을 꼽을 수 있다. 일반적으로 MZ세대는 조직 내에서의 사회성이 떨어진다는 통념이 존재하고, MZ세대의 돌출 행동으로 회사 내 조직 분위기가 흐려진다는 사례들이 지금도 여전히 다양한 콘텐츠로 소개되고 있다. 하지만 2023년 1월, 이 같은 통념이 잘못된 선입견일 수 있다는 연구 결과가 발표된 적이 있다. 오히려 사회성 문제는 MZ세대보다 바로 위 세대인 X세대에게 있다는 것이 핵심 내용이었고, 결과를 뒷받침하는 사회성의 근거 지표로는 '직장 생활에서 관계를 맺는 생활 태도', '직장에서 문제가 생겼을 때의 행동 양식' 등이 사용됐다.[25] 해당 결과가 세대론의 프레임을 문제 삼을 만큼 가시적 파장이 크지 않았지만, 특정 세대에 대한 자연스러운 의식의 흐름(고정관념)에 문제를 제기했다는 점에서 의미 있는 연구 결과라 할 수 있겠다. 물론, 이 역시 짚고 넘어가야 할 부분이 있다. 바로 '사회성'의 범주와 정의에 대해 연령별 인식까지 고려했는지 여부, 그리고 해당 연구 결과 또한 사실은 세대론의 편향에서 크게 벗어나진 못한 결과일 수 있다는 점 등이다.

보통 사회성이라고 하면 우리들 머릿속에 막연하게 떠오르는 이미지들이 있다. 교우 관계나 인간관계가 좋고 상냥함이 묻어나는 사람들을 보면 대개 우리는 "사회성이 좋다"라고 평가한다. 그렇다면 회사 생활에서는 어떨까? 직장 생활에서도 '대인 관계의 원만함' 정도가 사회성이 좋고 나쁘고에 영향을 끼치는 중요한 변수가 되고 있을까? 일단 마크로밀 엠브레인 조사 결과를 보면 '대인 관계/사교성(68.7%, 중복 응답)'은 사회성 평가에 중요한 요소는 맞아 보였다. 다만, 좀 더 주목해서 살펴봐야 할 데이터가 있다면, 사회성을 평가하는 요소로 '대인 관계(사교성)' 외 '의사소통 능력(68.9%)'이 1순위로 꼽혔다는 점과 '센스/눈치(57.5%)', '공감 능력(55.1%)', '배려심(49.1%)' 등이 연령대에 따라 각기 다른 중요도를 보였다는 사실이다.[26]

106쪽 그래프를 살펴보면 사회성을 평가하는 중요한 판단 기준으로 20대, 30대는 '센스/감각(눈치)'을 응답한 비율이 높은 것을 알 수 있다. 주로 "센스가 있다"거나 "눈치가 있다"는 표현이 상황을 잘 파

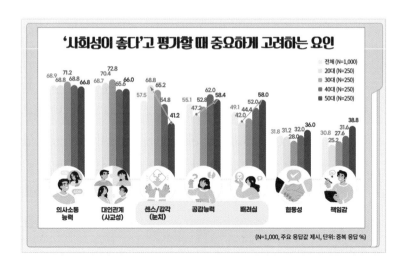

악하고 그에 맞게 적절한 판단을 취할 수 있는 능력을 의미한다고 봤을 때, 20대와 30대는 효율적인 커뮤니케이션과 원활한 문제 해결 능력을 '사회성'을 판단하는 중요한 기준으로 삼고 있음을 예상해볼 수 있다. 반면 40대와 50대는 '공감 능력'이나 '배려', '협동심', '책임감' 같은 '선함'의 기준을 사회성의 판단 기준으로 응답한 비율이 높다. 자기중심적이지 않고 타인의 입장에서 생각하고 존중하는 능력을 사회성이란 범주 안에 놓고 평가하는 것으로, 2030 연령대가 조직 생활에서 사회성을 판단하는 기준과는 분명한 차이가 있다. 그렇다면 이러한 응답값의 차이는 무엇을 의미하는 걸까? 바로, 회사 생활에서 '사회성'이 있고 없고의 문제가 결국은 '세대' 이슈가 아니라, 사회성을 판단하는 각 연령대의 '기준의 차이' 때문에 발생한 하나의 선입견일 수 있다는 것이다. 그동안 'MZ세대가 사회성이 없다'는 식의 통념들이 사실은 진짜 사회성을 평가한 것이

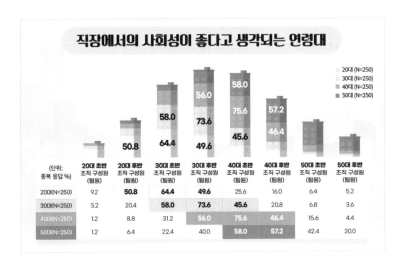

직장에서의 사회성이 좋다고 생각되는 연령대

(단위: 중복 응답 %)	20대 초반 조직 구성원 (팀원)	20대 후반 조직 구성원 (팀원)	30대 초반 조직 구성원 (팀원)	30대 후반 조직 구성원 (팀원)	40대 초반 조직 구성원 (팀원)	40대 후반 조직 구성원 (팀원)	50대 초반 조직 구성원 (팀원)	50대 후반 조직 구성원 (팀원)
20대(N=250)	9.2	**50.8**	64.4	49.6	25.6	16.0	6.4	5.2
30대(N=250)	3.2	20.4	**58.0**	73.6	45.6	20.8	6.8	3.6
40대(N=250)	1.2	8.8	31.2	56.0	75.6	46.4	15.6	4.4
50대(N=250)	1.2	6.4	22.4	40.0	58.0	57.2	42.4	20.0

아닐 수 있다는 뜻이다.

그렇다면 다시 한번 처음 질문으로 되돌아가보자. 그리고 이렇게 상이한 가치관을 가진 조직 구성원들이 평가한 '회사 생활에서 사회성이 좋은 집단'은 과연 누구였는지를 살펴보도록 하자. 마크로밀 엠브레인 조사 결과를 보면 일단 직장에서 사회성이 좋다고 평가받는 연령대는 30대 후반(54.8%, 중복 응답)과 40대 초반(51.2%)으로 회사에서 중간 관리자의 역할을 담당하는, 이른바 '끼어 있는' 연령대가 주로 언급이 되고 있었다. 다만, 이 역시 어떤 연령대의 응답자가 평가했는지에 따라 결과가 상이한 특징을 보였는데, 주로 20대, 30대의 조사 참여자가 평가한 '직장에서 사회성이 좋은 연령대'는 '30대'였고, 40대와 50대 조사 참여자는 '40대'를 사회성이 좋은 연령대로 평가하고 있었다.[27] MZ세대라고 묶어 평가하기에는 뭔가 애매한 연령대가 사회성 관련 질문에 긍정적인 평가를 받고 있음을 알 수 있다. 또 앞서 "MZ세대가 X세대보다 사회성이 좋다"라는 연구 발표와도 결과가 사뭇 다르다는 것도 확인할 수 있다. 결국, 직장 생활에서의 사회성 평가는 연령에 따른 가치관 등이 고려되지 않으면 괜한 오해의 소지를 만드는 결과가 도출될 수 있음을 알 수가 있다.

So what? 〃
시사점 및 전망

'세대'는 동일한 시대에 태어난 사람들의 그룹을 의미하기에 특정 연령대의 특성과 경향성을 파악하는 데 매우 유용한 도구로 활용된다. 그래서 세대적 관점은 꽤 강력하다. 하지만 '세대'가 모든 것을 대체할 수 있을 만큼의 강한 설명력을 지닌 것은 아니다. 오히려 요즘은 개별 세대에 담긴 과장된 주장이나 강력한 프레임을 가진 세대론적 분석을 경계해야 한다는 목소리가 많아지는 추세다. 특히, 회사 생활에선 더더욱 그렇다.

회사는 각기 다른 연령, 성별, 직급을 가진 개개인들이 모인 공동의 공간으로, 다양한 집단들이 저마다의 시대 경험을 간직하며 생활하는 다채로운 집합체다. 그런데 이 다양성으로 응집된 공간에 단일화된 의식의 흐름이 들어왔다. 바로 '공정성과 워라밸에 민감하고, 기성세대와는 다른 특이한 MZ세대'라는 프레임이다. 이 프레임은 위 세대에게 회사나 조직에서의 다양한 이슈 '발생 원인'과 '해법'을 그들과 조직의 문제가 아닌 '특이한 MZ세대'의 문제로 단순화하는 경향성을 만들어냈다. '세대 분리'와 '2030=MZ세대'라는 지적 게으름에 빠지게 만든 것이다. 하지만 지금까지 살펴본 것처럼 회사 생활에서 발현되는 이슈 중 상당 부분은 '세대'의 문제라기보다 각 연령별 조직 구성원의 '가치관'이나 '입장'의 차이 때문이었을 가능성이 매우 크다. 그리고 이런 입장 차이는 업무에서나 회사 생활 속에서의 소통이 크게 부족했기 때문에 나타난 현상일 수 있다. 소통과 피드백을 통해 서로의 가치관과 입장을 공유하고 기존에 가지고 있는 편견을 깰 수 있는 기회 자체가 줄어들었기 때문이다. 이런 관점에서 보면 '부정적 MZ세대'라는 이미지 프레임은 조직 사회 내부의 피드백feedback 부재라는 거대한 결핍의 결과일 수 있다. 이런 관점은 중요한 몇 가지 시사점과 전망을 가능하게 한다.

첫 번째 시사점은 조직 사회의 전 세대 간 피드백 부재라는 큰 결핍을 인식하고 이것을 보완하려는 방향으로의 움직임이 커질 수 있다는 점이다. 마크로밀 엠브레인의 조사에 따르면, 현재 직장 생활을 하는 20대부터 50대까지의 직장인들 중 근무 평가에 대해 구체적인 피드백을 받는 경우는 24.1%에 불과했다.[28] 대다수의 직장인들은 '간접적으로 전해 듣는' 방식(34.1%)으로 혹은 결과만 통보받는 방식(33.8%)으로 근무 평가를 받고 있었는데, 이렇게 공식적인 피드백이 매우 낮은 상황에 대해 많은 직장인들은 그 첫 번째 원인으로 '한국 사회의 경직된 조직 문화'를 꼽고 있었다. 직장 내 피드백을 '싫은 소리'나 '지적'으로 인식하는 경우가 많고(76.8%, 동의율), 한국 사회에서는 자유롭게 피드백을 주고받는 것 자체가 어렵다는 것이다(64.6%). 하지만 적절하고 명확한 업무 피드백은 업무 결과에도 크게 도움이 된다(85.8%)는 인식이 압도적으로 높았고, 이것은 직장 생활뿐 아니라 개인 차원의 자기 계발에도 도움이 된다(75.8%)[29]는 인식이 많았다. 즉, 좋은 피드백의 문제는 '있냐 없냐'의 문제가 아니라 '어떻게', 즉 방법의 문제일 수 있다. 생각보다 현재 직장인들 절대다수는 적절하고 명확한 피드백을 원하고 있었다(나는 적절하고 명확한 피드백을 주는 직장 상사(선배)와 일하고 싶다-84.1%).[30] 그리고 이러한 경향은 특히나 20대와 30대 직장인들에게 더욱 강렬하게 나타나고 있었다(근무 평가 결과의 내용에 대한 구체적인 피드백을 받고 싶다-20대 53.6%, 30대 52.4%, 40대 45.2%, 50대 33.6%).[31] 이처럼 구체적인 피드백을 원하는 조직이나 부서에서 일하고 싶은 높은 니즈(나는 피드백을 자유롭게 주고받는 분위기의 부서(팀)에서 일하고 싶다-81.8%)는 곧, 조직 사회 변화에 강력하고도 직접적인 영향을 끼칠 가능성이 있다. 때문에, 향후 얼마나 구체적이고 생산적이며 명확하게 피드백을 주고받는가 하는 것은 조직 구성원의 안정적 유지와 관리에 필수적인 과제로 보인다.

이러한 맥락에서 예상되는 두 번째 시사점은 바로 직장 내 조직 문화에 '포용성'을 요구하는 목소리가 많아질 수 있다는 점이다. 포용성은 '원활한 피드백'을 주고받을 수 있는 가장 중요한 조직 문화의 토양이기도 한데, 실제 10명 중 9명에 가까운 직장인들은 원활한 피드백을 위한 이 토양(분위기)을 강조하고 있었다(직장 내 업무 피드백이 원활하게 이뤄지기 위해서는 부서(팀) 분위기가 중요하다-89.8%).[32] 사전적 의미의 포용성은 '남을 너그럽게 감싸주거나 받아들이는 성질'의 다소 추상적인 단어로, 어떤 이에게는 회사라는 공적 공간에서는 없어도 그만인 혹은 사업상 더 중요한 어려움을 해결한 뒤에나 고려할 문제로 여겨질 수 있다. 하지만 지금처럼 세대 간 다양성이 회사 생활에 많은 이슈로 부각될 때는 얘기가 다르다. 조직의 성과와 직접적인 연관이 있기 때문이다.

회사에서의 포용성은 편안하게 진심을 내보일 수 있는 조직 문화, 즉 어떤 의견을 제시해도 부정적으로 평가하지 않을 거라는 '심리적 안정감Psychological Safety'이 담보된 것을 의미한다.[33] 편안하게 진심을 내보일 수 있는 포용성이 큰 조직일수록 구성원들 각자가 그들의 다양한 측면을 온전히 이바지할 수 있고, 그래야 조직의 높은 성과를 기대할 수 있다. 하지만 지금 한국의 대다수 회사에서는 이런 심리적 안정감을 기대하기 어려운 조직이 많다. 실제로 마크로밀 엠브레인 조사를 보더라도 본인이 재직하고 있는 회사에서 자유롭게 의견을 교환할 수 있다(47.6%, 동의율)거나, 문제점이나 불만을 표현할 수 있는 기회가 주어지는 편(39.0%)이란 응답은 낮은 수준이었다.[34] 여전히 수직적이고 경직된 조직 문화가 많다는 뜻이다. 하지만 이러한 문화가 고착화될수록 상사나 선배의 의미 없는(?) 책임감은 높아지는 데 반해 후배들은 일을 해야 하는 이유와 명분, 책임감, 프로젝트 자체에 대한 깊은 이해도를 이끌어낼 기회를 얻지 못하게 된다. 그렇다면 지금 회사의 조직 문화에 가장 필요한 것은 무엇일까? 바로, 상사나 선배 세대가 보기에는 말대꾸 같고 괜한 시간과 에너지가 소요돼서 불편하게 느껴질 수도 있는 '후배 조직 구성원들의 질문들'을 허용하는 문화다. 서슴없이 얘기하는 후배 세대는 시간이 흐를수록 회사에 들어오고, 또 들어올 것이다. 피할 수 없다면 직면한 문제를 해결할 필요가 있다. 그래서 지금 조직의 중간 관리자 리더이자 선배이고 상사라면 후배, 팀원들의 질문을 설명하고 설득하는 일이 회사 생활에서 가장 중요한 일임을 지금부터라도 기억할 필요가 있다. 그래야 '커뮤니케이션(대화)'과 '피드백 과정(설득과 이해의 과정)'이 담보된 포용적 문화가 가능해지기 때문이다. 지금 후배 조직 구성원들이 던지는 질문이 어쩌면 진짜 일을 잘하고 싶어서 던진, 나름대로 회심의 질문일 수도 있다. 물론 생각보다 이 과정이 선배도, 후배도 모두 불편하게 느껴질 수는 있을 것이다. 하지만 불편한 진실은 직면하기 불편하다는 이유로 외면되는 경우가 많고, 그러면 더 나은 단계로 진전될 수가 없다. 때문에 지금 직장 생활에서 당면하고 있는 여러 이슈들, 특히나 그 이슈가 '연령'과 '입장'의 차이에 기인한 문제라면 이제는 경험의 다름 자체를 수용하고 활용하는 것에 더 초점을 맞출 필요가 있다. 다양성이 포용성을 낳는 것이 아니라 포용성이 다양성을 낳는다는 믿음이 그 어느 때보다 필요한 시점이다.

우리가 다양성을 새로운 방식으로 생각하기 시작할 때 협업의 본질적인 의미가 바뀐다. 솔직한 반대는 파괴적이 아니라 반드시 해야 할 일이다. 서로 다른 의견은 사회적 결합에 대한 위협이 아니라 사회적 활력에 대한 기여로 간주된다. 새로운 아이디어를 위해 아웃사이더에게 손을 내미는 것은 배신하는 행동이 아니라 가장 계몽적인 결속 형태다. 재결합으로 만들어진 혁신이 없으면 어느 집단이 빠르게 변하는 세상을 따라갈 수 있을까? 다르게 설명하면, 다양성 개념을 먼저 이해했을 때에만 다양성 문화를 구축할 수 있다.

매슈 사이드, 《다이버시티 파워》, p.168

마지막으로 예상되는 변화는 직업의 다각화를 시도하는 '신新슬래셔' 문화의 본격 대두 가능성이다. 슬래셔Slasher 는 2016년에 영미권에서 처음 등장한 신조어로, 국내에서는 'N잡러'라고 불리는 다중 직업자를 의미한다. '슬래시(/)' 기호를 넣고 2개 이상의 직업을 기입하기 때문에 '슬래셔'라고 불리는데,[35] 앞으로 젊은 층을 중심으로 이러한 N잡러로의 움직임이 대세가 되거나 더욱 일상화될 것으로 예상된다. 변화가 있다면, '하고 싶은 일이 많아서'란 호기심 측면보다 한 가지 직업이나 직장에 속하는 것만으로는 안정적인 생활을 유지하기 어렵다는 '현실적인 이유'가 더 크게 작용할 수 있다는 점이다. 물론, 당분간 심각한 경기 침체로 고용 시장이 불안한 만큼 이직과 퇴사를 통한 '진짜 N잡러'보다는 후일을 위한 준비 단계의 'N잡러 예비생'들이 많아질 것으로 예상된다. 즉, 근무 시간 외에는 'N잡러'를 위한 '다양한 이력과 경력을 채우려는 시도', '부업 등을 선택하는 비율'이 많아질 수 있다는 의미다.

주목할 만한 점은 이력과 경력을 위한 경험, 혹은 세컨드 업으로서의 부업의 카테고리가 '개인의 취향'이나 '진입 장벽이 낮은 아르바이트' 수준의 경험보다는 '힘든 일'이지만 '색다르면서', '워라밸 추구가 가능한' 이색 업종들이 선택될 가능성이 있다는 점이다. 최근 들어 '화이트칼라'를 버리고 기능직에 뛰어드는 청년들이 많아지거나,[36] 장례 지도사, 야쿠르트 배달(프레시 매니저) 같은 이색 업종에 종사하는 청년 인구수가 증가하는 현상[37]이 이러한 예상을 뒷받침해준다. 실제 마크로밀 엠브레인 조사 결과를 보더라도 2030 젊은 층의 경우 '이직'은 디폴트이고, 그로 인한 경력 변화의 가능성을 점치거나 다양한 대안(직업)을 염두하고 있는 경우가 많은 모습을 보였다. 때문에 언제 올지 모르는 기회를 잡기 위한 차원에서라도 다양한 경험과 이력을 경험해보려는 니즈, 이왕이면 본인의 재능과 능력을 살린 직업을 찾기 위한 바람이 젊은 층을 중심으로 높게 평가되고 있었다.[38]

다만, 이렇게 되면 조직 내에서는 한 가지 정책 마련을 두고 고심에 빠질 수 있다. 바로 '겸업 금지'에 대한 의견 수렴이다. 아직까지 대부분의 회사는 '업무 생산성'을 이유로 겸업을 엄격하게 금지하고 있고, 근로계약의 전속성이 강해 겸업·겸직은 회사에 대한 충실 의

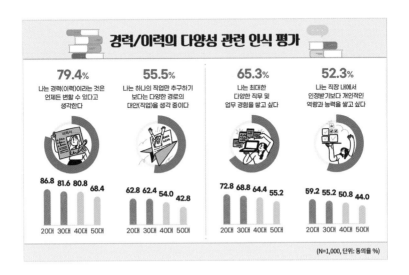

무를 반한다는 법률적 제한이 있긴 하다. 하지만 최근 청년층을 중심으로 '직업 선택의 자유'를 언급하며 이 같은 겸직 금지 의무에 문제를 제기하는 경우가 점점 더 많아지고 있다.[39] 게다가 겸업·겸직의 경우 근태가 불성실하거나 회사 이미지에 손상을 주는 정당한 사유가 있을 때만 징계나 해고를 할 수 있기 때문에, 현재와 같은 분위기가 지속될 경우 '무작정 금지'나 '강한 징계' 방침은 장기적으로 어려워질 가능성이 있다. 따라서 가장 시급한 작업은 무엇보다 겸업·겸직의 정당성을 판단할 수 있는 일정한 기준 마련일 것이다. 아직까지는 '강력한 워라밸을 요구'하면서도 동시에 '퇴근 후 겸업·겸직'을 원하는 그들의 이중적 니즈를 비난하거나 조롱하는 사내 문화가 존재하지만, 이제는 청년층의 N잡러에 대한 니즈와 그에 대한 고민을 배려하는 차원의 다양한 커뮤니케이션 루트를 마련하는 사내 분위기 조성이 필요할 것으로 보인다.

세대적 사고가 중요한 것은 불가피한 위기나 전면적 세대 전쟁이 임박해서가 아니라 젊은이들이 더 나은 삶을 살 수 있다는 믿음이 사라지고 있는 것처럼 보이기 때문이다. '믿음의 상실'은 위험한 일이며, 코로나19로 인해 여러 면에서 우리 세계가 직면한 도적을 요약하는 말이기도 하다. 이에 대응하려면 우리를 분열시키는 것은 무엇이며 우리를 뭉치게 하는 것은 무엇인지를 비롯해 세대에 대한 이해가 필수다.

바비 더피, 《세대 감각》, p.359

'특정 세대가 싫다'는 커밍아웃이 목적이 아니라면 혹은 특정 세대를 '이해 불가능한 종족'으로 구별 짓기 위함이 아니라면, 세대 레이블링 labeling에서 벗어나 그 세대의 입장과 가치관이 얼마나 우리와 다른 입장인지를 먼저 고려하는 태도가 반드시 필요하다. 공감하기 어려운 세대라고 해서 쉽게 해석해도 되는 세대는 그 어디에도 없기 때문이다. 이 점만 잘 기억하더라도, 향후 회사 생활에서 제기되는 다양한 이슈들이 세대론으로 일반화되는 경향은 약화할 수 있다. 이제 회사 생활에서의 '일'에 대한 태도, 가치관과 관련해 그간 갖고 있었던 '한결같은' 시각은 수정될 필요가 있다. 지금 우리의 회사 생활에서 필요한 것은 세대 입장을 이해할 수 있는 진짜 '세대 감각'이다.

#부업 허용
#DEI

ON&OFF 확실한
요즘 MZ 정치인 >>>

아프리카계 미국인 여성으로 최연소 하원 의원이 된 로렌 언더우드
는 최근 인터뷰에서 자기 자신의
삶이 없다면 정치인의 삶도 없다
는 자신만의 지론을 밝혀 화제다.

로렌 언더우드 하원의원
출처: 연합뉴스

그녀는 인터뷰에서 "정치도 소중
하지만, 가장 중요한 것은 나 자
신"이라며, 평소 나만의 시간을
확보하기 위해 노력하고 있다고

말했다.[40] 일을 할 때는 일에만 집중하지만, 휴가 기간에는 핸드폰을 끄고 집에서 푹 쉬는 등 일과 삶의 균형을 추구하겠다는 것이다. 그녀의 요즘 가장 큰 고민은 '좋은 남편감'을 찾는 것이라고 밝히기도 했는데, 기성 정치인들이 "정치와 결혼했다", "유권자는 나의 모든 것"이라며 사탕발림을 늘어놓는 것보다 솔직함을 앞세우는 점이 신선하다는 평가가 이어지고 있다.

한때 '세계 최연소 총리'로 주목받았던 산나 마린 핀란드 전 총리는 정치인들의 '사생활 존중' 범위에 대한 논쟁을 뜨겁게 달군 바 있다. 산나 마린은 2022년 파티에서 술을 마시고 춤을 추는 영상이 유출되면서 '파티 스캔들'에 휩싸였는데, 이 사건에 대해 "단 하루도 빠지지 않고 업무를 수행하고 있다. 여가 시간을 어떻게 즐기는지보다 총리로서 하는 일을 봐주길 바란다"며, 정치인들도 공적 업무 후 주어진 개인적인 시간을 자유롭게 즐길 권리가 있다고 강조했다.[41] 2023년 4월 총선에서 패배 후 당 대표직에서도 사퇴하면서 한 사람의 '자연인'으로 돌아갔지만, 자신과 관련된 사생활 보도가 지속되자 SNS상에 "이제 총리로서 내 업무 수행은 끝났다"며 "이제 내 사생활은 더는 공개적으로 다뤄지지 않는 것이 합리적이라고 생각한다"고 말하기도 했다.[42] 정치인도 개인 여가 시간과 사생활을 존중받아야 한다는 입장과 정치인으로서 일상에서도 품행을 조심해야 한다는 입장 사이에서 어전히 논란은 뜨거운 상황이다.

산나 마린 핀란드 前 총리
출처: 로이터 연합뉴스

영국에서 이혼 과정을 겪는 직원을 위해 맞춤형 지원책을 마련하는 기업이 등장해 화제다. 2023년 초 영국의 '긍정육아동맹'이 이혼 과정을 겪는 직원에게 이혼 휴가와 유연 근무, 심리 상담 기회를 제공할 것을 요청했는데, 이에 기업들이 변화의 움직임을 보이고 있는 것이다. 다수의 기업들은 이혼한 직원들의 양육 부담을 덜어주기 위해 유급휴가와 유연 근무 정책을 마련하고, 이혼으로 인한 좌절감 등을 상담할 수 있는 서비스 제공 의사를 밝힌 것으로 나타났다.[43] 이혼 과정에서 상당한 시간이 소요되고, 물리적·정신적 부담으로 일을 그만두는 경우도 적지 않다 보니, 이를 방지하기 위해 지원을 아끼지 않는 것으로 보인다.

1일 1칭찬하고 간식 주는
일본 상사들 >>>

일본 후생노동성의 조사에 따르면, 일본 대졸 신입 사원 3명 중 1명이 입사 3년 안에 직장을 옮긴 것으로 나타났다.[44] 평생직장 개념이 강했던 일본에서도 최근 '이직'에 대해 개방적인 젊은 직장인들이 많아지고 있는 모습이다. 이에 인력 유출 문제, 채용 부담을 낮추기 위한 일본 기업들의 적극적이고 이색적인 노력이 화제가 되고 있다. 일본의 한 기업에서는 최근 신입 사원들이 줄줄이 퇴사하는 것을 막기 위해 '하루에 한 번 젊은 사원 칭찬하기' 규칙을 만들었다. 밸런타인데이에는 "고맙다"는 말과 함께 신입들에게 초콜릿을 나눠 주기도 하는데, 현지 언론에서는 최근 신입 사원의 눈치를 보며 간식을 나눠 주는 '과자 외교'가 일본 기업에서 늘어나고 있다고 보도한 바 있다. 한 직장인은 "속으론 (근무가) 제멋대로인 신입 사원을 지적하고 싶지만, 이들이 반발할까 봐 두려워 비위를 맞추려 한다"고 전해 이전과는 확연하게 달라진 기업 문화를 엿볼 수 있었다.[45] 한편 사원들에게 '상사'를 선택할 수 있는 제도를 도입한 기업도 있어 화제다. 상사가 직접 스스로의 업무 스타일을 소개한 표를 작성하면, 직원들은 이 상사가 사장, 동료들에게 받은 평가서를 함께 참고하면서 일하고 싶은 상사의 1, 2순위 희망을 작성해 제출한다. 실제로 이 제도가 시행된 후 회사의 이직률은 크게 낮아졌다고 전했다.[46]

2019년부터 '상사 선택 제도'를 운영 중인
일본 설계회사 사쿠라 쿠조
출처: 사쿠라 쿠조 트위터

부업 허용해 '이도류 인재' 양성하는
日 기업들 >>>

일본 기업에서는 '직원 부업 허용' 바람이 거세다. 부업 활동을 금지

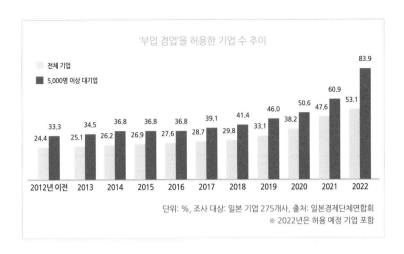

'부업 겸업'을 허용한 기업 수 추이

전체 기업
5,000명 이상 대기업

2012년 이전	2013	2014	2015	2016	2017	2018	2019	2020	2021	2022
24.4	25.1	26.2	26.9	27.6	28.7	29.8	33.1	38.2	47.6	53.1
33.3	34.5	36.8	36.8	36.8	39.1	41.4	46.0	50.6	60.9	83.9

단위: %, 조사 대상: 일본 기업 275개사, 출처: 일본경제단체연합회
※ 2022년은 허용 예정 기업 포함

하던 보수적인 조직 문화에서 벗어나 기업들이 먼저 부업 활동을 직원들에게 장려하고 있는 것으로, 일본경제단체연합회의 조사 결과에 따르면 대기업의 83.9%가 '부업·겸업을 허가하거나 허가할 예정'이라고 응답했다.[47] 최근 일본의 한 항공사는 근무시간을 개편하면서 직원들에게 '주 2일 근무'를 허용하기도 해 화제가 됐다. 근무시간 외에는 부업·겸업을 허용하기도 했는데, 항공사 측에서는 직원들이 다양한 경험을 통해 성장하게 되면 서비스 품질 향상에도 도움이 될 것이라며 이 같은 도입 취지를 설명했다.[48] NHK는 이를 "외부와의 접점을 늘려 변화에 대응할 수 있는 다양한 인재를 만들겠다는 새로운 인재 육성 전략"이라고 평가했다.[49] 본업과 부업을 겸하는 직원들은 양손에 칼을 들고 있는 무사와 같다고 해서 일명 '이도류二刀流' 인재라 불린다. 아직까지 '겸업 금지'에 보수적인 한국 기업들과 달리, 일본에서는 인재 유출도 막고 나아가 기업 생산성도 높일 수 있다는 취지로 '이도류 인재' 키우기에 집중하고 있는 모습이다.

미국 구직 정보 업체 '레쥬메빌더'가 미국 기업 관리자를 대상으로
조사한 결과, 전체의 74%가 'Z세대 직원과 함께 일하기 어렵다'고
응답한 것으로 나타났다. 이들은 Z세대가 업무 능력, 노력, 동기,
생산성 등이 부족하다는 점을 주 이유로 응답했다.[50] 한편 가장 선
호하는 직원으로 '밀레니얼 세대'가 꼽힌 점은 눈길을 끄는 결과다.
Z세대 이전에 가장 비판을 많이 받았고, 게으르고 이기적이라는 고
정관념이 강했던 밀레니얼 세대가 경력이 쌓이며 업무 능력이 높아
지자 이제는 관리자들이 선호하는 직원이 된 것이다.[51] 결국 세대의
특성보다는 신입 사원들의 '업무 능력 부족'이 더 큰 영향을 끼치는

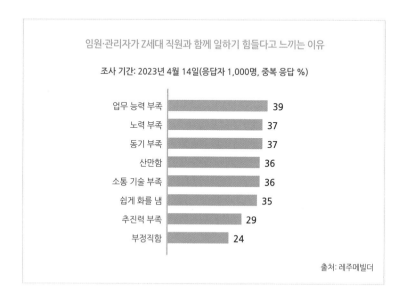

임원·관리자가 Z세대 직원과 함께 일하기 힘들다고 느끼는 이유

조사 기간: 2023년 4월 14일(응답자 1,000명, 중복 응답 %)

업무 능력 부족	39
노력 부족	37
동기 부족	37
산만함	36
소통 기술 부족	36
쉽게 화를 냄	35
추진력 부족	29
부정직함	24

출처: 레주메빌더

것으로 보인다. 이런 식이라면 앞으로 Z세대가 관리자가 됐을 때는 '알파 세대' 신입 사원과 일하기 힘들다는 조사 결과가 나올지도 모르는 대목이다.

'조용한' 퇴사 대신
'요란한' 퇴사 >>>

미국 노동시장에서 조기 퇴사의 움직임이 쉽게 가라앉지 않고 있다. 코로나19 이후 대두되었던 '조용한 퇴사Quiet Quitting'에 이어 최근 직장인들 사이에서 '요란한 퇴사Loud Quitting' 열풍이 불고 있기 때문이다. '요란한 퇴사'는 퇴사를 고려하고 있거나 준비하는 과정에서 회사의 부당함이나 불만을 SNS를 통해 퍼뜨리는 행위로, 호주에서 공무원으로 일하던 크리스티나 줌보(31세)가 사직서 전송 과정을 틱톡으로 중계하며 주목받기 시작했다.[52] 같은 맥락에서, 승진이나 연봉에 대한 불만으로 다른 회사에 지원한다는 '분노에 찬 지원Rage Apply' 역시 화제가 되고 있다. 소셜 미디어에는 해당 해시태그가 달린 게시물이 수천만 개를 넘어서며 높은

틱톡에서 퇴사 과정을 중계한
크리스티나 줌보
출처: 틱톡

조회 수를 기록하고 있다.[53] 코로나19 이후 구인난을 겪는 기업들이 많아지고, 이직에 대한 부담감이 상대적으로 줄어들자 직장인들이 퇴사 과정에서 적극적인 태도를 보이고 있는 것으로 풀이된다. 전문가들은 이러한 현상을 막기 위한 방안으로 능동적인 의사소통의 필요성을 강조하고 있다. 집 하터 갤럽 직장 관리 담당 연구원은 "관리자가 모든 직원들과 일주일에 한 번씩 의미 있는 대화를 통해 피드백을 주고받으며 직원의 가치를 인정해주는 행위를 할 필요가 있다"고 당부했다.[54]

재택근무의 상징
'줌'의 사무실 출근 >>>

코로나 팬데믹이 끝나면서 '하이브리드 근무'를 채택하는 기업들이 늘어나고 있는 가운데, 전 세계 원격 근무 활성화에 일조한 화상회의 서비스 기업 '줌Zoom'마저 최근 본사에서 약 80km 내에 사는 직원은 최소 주 2회 이상 사무실로 출근하도록 근무 방식을 변경했다. 사무실에서 동료들과 직접 소통하는 것이 업무에 효과적이라는 게 하이브리드 근무 도입의 이유였다.[55] 이처럼 재택과 원격 근무로 협업에 어려움을 겪는 기업들이 많아지면서 직장 내 '소통'의 필요성이 더욱 강조되고 있는 분위기다. 실제로 대면 소통의 감소는 퇴사율에도 영향을 끼치는 것으로 나타났다. 뉴욕연방은행 이코노미스트인 나탈리아 에마뉘엘 등이 한 회사의 소프트웨어 엔지니어들을

직원들의 사무실 출근을 지시한 줌(ZOOM)
출처: 한경DB

조사한 결과에 따르면, 입사 초기 피드백을 통해 빠르게 성장하는 16개월 미만의 '신입 엔지니어'의 경우 재택근무 이후 피드백이 절반 수준으로 줄어든 모습을 보였다. 이러한 이유로 재택근무 도입 이후 30세 미만의 젊은 엔지니어의 퇴사율이 크게 증가한 것으로 나타났다.[56] 재택근무 연구로 유명한 경제학자 니콜라스 블룸 교수는 완전한 재택근무는 생산성이 5~20%까지 떨어지고, 하이브리드 근무의 경우 생산성이 사무실 근무와 비슷하거나 약간 긍정적이라는 연구 결과를 밝히며, 피드백과 멘토링이 줄어든다는 점을 재택근무의 문제로 꼽기도 했다.[57] 하이브리드 근무제로 대면 업무를 다시 정착시키는 것만큼, 업무 지식을 나누고 활발하게 상호작용할 수 있는 '소통'과 '피드백'의 과정 또한 중요한 요소로 바라봐야 할 대목이다.

ESG 다음은 DEI?
이제는 포용적인 기업이 성공한다 >>>

몇 년 새 ESG(환경·사회·지배 구조)가 기업 경영에서 빠지지 않는 필수 요소로 자리 잡은 가운데, 최근 미국에서 ESG중 사회(S)에 초점을 맞춘 'DEI' 실천 기업들이 늘어나고 있는 것으로 나타났다. 특히 '공정'을 중요시하는 젊은 세대의 영향력이 커지면서 DEI 정책의 필요성이 더욱 부각되고 있는 모습이다. DEI는 다양성Diversity, 형평

DEI가 강조하는 형평성 개념
출처: 매일경제

성Equity, 포용성Inclusion을 뜻하는 것으로, 기업에서 인적 다양성을 추구하고, 공평과 공정성을 바탕으로 개인에게 동등한 결과를 보장하며, 구성원들이 소속감을 느낄 수 있는 환경을 만드는 것을 의미한다. 구글, 메타, 아마존, 넷플릭스 등 글로벌 기업은 물론, 미국 경제 전문지 〈포춘〉이 선정한 세계 500대 기업의 80%가 '다양성과 포용성(D&I)' 또는 'DEI'를 주요 가치로 삼고 있는 것으로 알려져 있다.[58] 맥킨지 보고서에 따르면 성별 다양성 상위 25% 기업이 평균 이상의 수익을 기록할 가능성은 하위 그룹보다 21% 더 높았으며, 〈하버드 비즈니스리뷰〉는 기업의 DEI 점수가 높을수록 재무적 성과와 직결되는 적응력 점수가 증가했다고 밝혔다.[59] 불합리하고 불공정한 기업 문화에 불만을 제기하는 경향이 강해지고 있는 상황에서 DEI 정책이 기업 경영에 어떤 변화의 흐름을 가져올지 귀추가 주목된다.

능력주의,
자본 소득 필수 사회
계층 상승 욕구·불로소득 재정의
·복합 정체성(노동자와 투자자) 지향

'목돈'을 얻게 된
희망퇴직자를 부러워하다

불황이 예상될 때 기업이 가장 먼저 취하는 방법은 무엇일까? 불황은 수요 자체가 줄어드는 상황을 의미한다. 따라서 불황기에는 사업 확장이나 신규 사업을 억제하고, 비용을 절감하고 현금을 확보하려는 경향이 강하다. 이 과정에서 필연적으로 '인력의 구조 조정'이 발생하는 경우가 잦다. 최근 실제로 이런 일이 생기고 있다. 2023년 7월 13일, 카카오Kakao의 자회사 카카오 엔터프라이즈가 희망퇴직을 받는다고 통보했다. 희망퇴직 대상

> **뒤숭숭한 카카오…노조, 희망퇴직 항의집회**
> 희망퇴직에 뿔난 카카오 크루…노조 단체행동 나선다

은 카카오 클라우드의 CIC(사내 독립 기업)를 제외한 전 구성원이다.[1] 이후 대상이 되는 카카오 엔터프라이즈, 카카오의 손자 회사인 게임 개발사 엑스엘게임즈 등이 희망퇴직 신청을 받았다.[2] 여기에 반발해 2023년 7월 26일 전국화학섬유식품산업노동조합 카카오지회(카카오 노조) 조합원들은 카카오 판교아지트 앞에 모여, '고용불안 해소'를 외치며 카카오 경영진의 공식 사과를 촉구했다.[3] 이런 단체 행동은 직원들의 불안감을 직접적으로 반영한 것이다. 그런데 같은 희망퇴직이지만, 전혀 다른 반응이 나오는 기업도 있다. 은행권의 구조 조정이다.

2023년 8월 17일, 신한은행은 8월 18일부터 부지점장급 이하 직원 중 근속 연수 15년 이상, 만 40세 이상인 1983년 이전 출생 직원을 대상으로 희망퇴직을 실시한다고 밝혔다.[4] 신한은행 이외에도 하나은행은 이미 유사한 과정을 통해 '특별퇴직'을 시행했고, 다른 주요 은행들도 2023년 초에 희망퇴직을 실시한 데 이어, 2023년 내내 구조 조정을 진행할 예정이라고 전했다.[5]

> "5억 준대" 30대 은행원도 떠난다…연령 확 낮춘 희망퇴직
> 은행 희망퇴직 나이 계속 낮아져…신한은행, 만 39세도 대상
> "두둑이 줄 때 나가자"…11억 받고 희망퇴직한 은행 직원도

눈에 띄는 것은 앞선 IT 기업의 구조 조정과 은행의 구조 조정에 대한 대중의 반응 차이다. 은행권 구조 조정은 연차와 직급에 따라 9~36개월 치 월급을 특별퇴직금으로 지급하는 것으로 알려져 있고, 구체적인 금액은 나오지 않았지만 (2022년 한 해 동안 은행권에서 지급한 평균 희망퇴직금을 계산해보면) 대략 '5억 4,000만 원(기본 퇴직금 포함)' 정도[6]가 될 것으로 추정되고 있다. 그래서일까? 구조 조정이

라는 유사한 형태를 취하고 있지만, 사람들의 반응은 전혀 다르다. 은행권에서 공표하는 희망퇴직에 대해 대중들은 대체로 '부럽다'는 반응을 보인다. 물론 이 '희망퇴직'이라는 단어의 이면에서, 1997년 외환 위기나 2008년 글로벌 금융 위기 시기의 어두운 그림자를 느낀 사람들도 있겠지만, 지금 사람들은 '5억이라는 목돈'에 관심을 집중하고 있다. IT 업계나 은행이나 중단기적 불황에 대한 사전 대비 차원에서의 방법은 유사하지만, 이 두 종류의 구조 조정 중 '5억 원의 목돈'에서 '부러움'과 동시에 '자신의 능력 부족'을 꼽는 사람들도 많았다는 점이 특히나 눈에 띈다. 그리고 대다수가 전제한 여기에서의 '능력'은 실제로 일을 잘하거나 문제를 해결할 수 있는 능력이 아니라 단순히 '목돈'과 연결된 능력이었다.

'거지방' 유행의 사회적 의미 "
: "우리는 거지다"라고 부르는 것을 받아들인다

'경제적 부'를 직접적으로 '능력'과 연결하는 현상은, 반대로 경제적 부를 갖지 못한 자신을 스스로 비하하는 표현을 수용하는 형태로

표출되기도 한다. 이런 현상은 최근 유행하는 '거지방' 확산 현상과도 관련이 깊다. '거지방'은 2023년 4월경부터 2030세대를 중심으로 급속하게 퍼진 카카오톡 단체 채팅방의 이름으로, '짠테크'라는 동일한 목표를 가지고 생활하는 사람들과 라이프 스타일을 공유하는 것이 목표다. 이 거지방이라는 카카

오톡 단체 채팅방에는 독특한 의례Ritual가 있는데, 하루 동안의 '짠테크' 실천 내역을 상호 교류한 이후, 다 같이 독특한 구호를 외치고 하루를 마무리한다는 점이다. 구호는, "우리는 거지다"이다.

어쩐지 우스꽝스러우면서도 어딘가 불편한 이 의례Ritual적 표현의 가장 중요한 특징은 여기서 스스로를 '거지'라는 단어로 지칭하고 있다는 것이다. 우리말에서 '거지'라는 말은 비속어에 속한다. 대부분 '거지 같다', '거지같이 행동하다', '거지 같은 날씨' 등과 같이 사용되어, 어떤 사람이나 상황을 비하하거나 비난할 때 주로 나타나는 부정적인 뉘앙스를 풍기기 때문이다. 그래서 공식적인 상황에서는 사용하지 않도록 권고받기도 한다. 그런데 이 거지라는 단어를 스스로의 정체성을 규정하는 단어로 사용하고 있는 것이다.

이 거지라는 멸칭의 자기 수용은 경제적 부를 가지지 못하는 상황을 자신의 노력 혹은 자신의 능력 부족으로 받아들이는 결과다. 청년층의 일자리 부족이나 경제 상황, 혹은 정책적 문제, 사회적 문제일 수도 있는 현재의 경제 형편의 문제를 온전히 '자신의 능력 부족'으로 정의하고 있는 것이다. 사람들은 이 '능력'이라는 것을 무엇이라고 생각하고 있을까?

사회적 배경, 자원, 인간관계를 ""
총동원해서 만든 성과가 곧 '능력'

사람들이 가장 많이 떠올리는 '능력'의 실체가 무엇인지 궁금했다. 마크로밀 엠브레인 조사 결과를 보면 '능력이 있다'라고 할 때 사람들은 그 사람의 실제적인 능력(외국어 실력 - 57.7%(5순위), 지식 수준 - 57.5%(6순위))이나 '문제 해결 능력'(69.4%, 2순위)을 떠올리기도 했지만, 가장 많은 사람들이 '능력'의 의미로 떠올리는 것은 '그 사람이 이룬 경제적 부(수입)'(71.1%, 1순위)였다.[7]

'능력주의能力主義, meritocracy'라는 용어를 구체적으로 재정의한 영국의 사회학자 마이클 영Michael Dunlop Young은 부富나 권력과 같은 희소한 자원을 분배할 때 사람의 재능, 노력 및 성취도를 평가하는 기준을 마련하고 그 기준에 따라 차등적으로 대우하는 것을 전제하는 개념으로 이 용어를 설명했다.[8] 즉, 원래 능력은 개인의 재능, 노력(정도), 성취도를 평가하는 기준이었지, '결과로서의 부富'를 의미한 것은 전

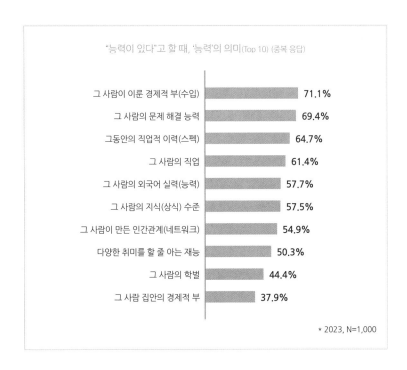

"능력이 있다"고 할 때, '능력'의 의미(Top 10) (중복 응답)

그 사람이 이룬 경제적 부(수입)	71.1%
그 사람의 문제 해결 능력	69.4%
그동안의 직업적 이력(스펙)	64.7%
그 사람의 직업	61.4%
그 사람의 외국어 실력(능력)	57.7%
그 사람의 지식(상식) 수준	57.5%
그 사람이 만든 인간관계(네트워크)	54.9%
다양한 취미를 할 줄 아는 재능	50.3%
그 사람의 학벌	44.4%
그 사람 집안의 경제적 부	37.9%

* 2023, N=1,000

혀 아니었다.

한국 사회의 대중들도 이런 본래적인 '능력주의' 의미에 원칙적으로는 동의하는 듯 보인다. 보상의 크기를 그 사람의 '배경'이 아니라 '개인의 순수한 능력'에 따라 받아야 한다고 생각하고 있었기 때문

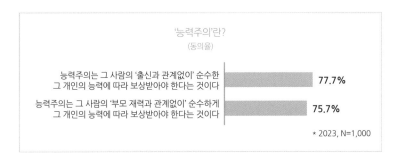

'능력주의'란?
(동의율)

| 능력주의는 그 사람의 '출신과 관계없이' 순수한 그 개인의 능력에 따라 보상받아야 한다는 것이다 | 77.7% |
| 능력주의는 그 사람의 '부모 재력과 관계없이' 순수하게 그 개인의 능력에 따라 보상받아야 한다는 것이다 | 75.7% |

* 2023, N=1,000

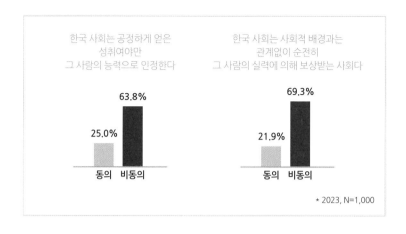

이다(능력주의는 그 사람의 출신과 관계없이 순수한 그 개인의 능력에 따라 보상받아야 한다는 것이다–77.7%, 능력주의는 그 사람의 부모 재력과 관계없이 순수하게 그 개인의 능력에 따라 보상받아야 한다는 것이다–75.7%).[9] 다만, 이 '본질적인 의미의 능력주의'가 한국 사회에는 적용되지 않는다는 인식은 매우 강한 듯했다. 많은 사람들이 현재의 한국 사회가 그 사람이 공정하게 얻은 성취와 사회적 배경과 관계없이 순전히 실력으로만 보상받는 것은 아니라고 인식하고 있었기 때문이다(한국 사회는 공정하게 얻은 성취여야만 그 사람의 능력으로 인정한다 – 동의 25.0% vs. 비동의 63.8%, 한국 사회는 사회적 배경과는 관계없이 순전히 그 사람의 실력에 의해 보상받는 사회다 – 동의 21.9% vs. 비동의 69.3%).[10]

그래서 10명 중 8명에 가까운 응답자들은 능력이 있다고 할 때의 '그' 능력이란 단순히 '어떤 일을 할 수 있는 (실질적인) 능력만을 의미하지 않는다'는 데 동의하고 있었다(77.4%).[11] 또한 한국 사회에서는 부모의 재력 없이 사회적으로 성공하기는 어렵고(71.7%), 따

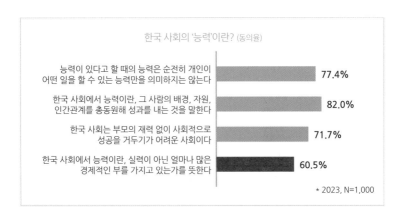

라서 내가 가진 사회적 배경, 자원, 인간관계를 총동원해서 성과를 만드는 것을 능력(82.0%)[12]이라고 생각하고 있었다. 즉, 이 성과의 결과를 부의 크기, 곧 능력이라고 받아들이고 있었던 것이다(한국 사회에서 능력이란, 실력이 아닌 얼마나 많은 경제적인 부를 가지고 있는가를 뜻한다 - 60.5%).[13] 현재 한국 사회에서는 경제적 부가 곧 능력의 척도였다.

노동 소득만으로는 충족할 수 없는 〞
계층 상승 욕구, '불로소득'을 재정의하다

내가 가진 인맥, 가정환경, 사회적 배경 등을 총동원해서 경제적 부를 일구는 것이 한국적 맥락에서의 능력주의라면, 이것 중 하나라도 부족한 사람이 한국적 능력주의 시스템에서 경제적 성취를 얻는 것이 과연 가능하기는 할까? 많은 사람들은 일단 한계선을 긋고 있

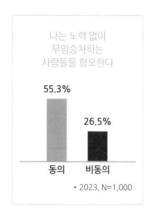

나는 노력 없이
무임승차하는
사람들을 혐오한다

55.3%

26.5%

동의　비동의

* 2023, N=1,000

었다. 개인의 능력과 관계없이 부모의 재력에 따라 양극화가 이미 결정되어 있다고 생각하는 경향이 강했고(80.6%), 부모의 재력 없이는 사회적 성공이 어렵다고 생각하고 있기 때문에, 절반이 넘는 55%의 응답자들은 부모가 경제적으로 부유하면 실패조차 하기 어렵다 (부모가 돈 많은 부자라면 실패하려고 해도 실패하기가 힘들다 - 55.7%)[14]는 생각까지 갖고 있었다.

부모의 경제적 배경을 자신의 성공에 활용하는 것에도 다소 이중적인 태도를 보였는데, 사람들은 노력 없이 무임승차하는 사람들을 싫어하면서도(나는 노력 없이 무임승차하는 사람들을 혐오한다 - 55.3%), 또한 그 부모의 배경을 이용해서 사회적 성공을 거두는 것을 무임승차의 일부로 생각하면서도(53.2%), 부모의 배경을 성공의 발판으로 삼는 것은 나쁘지 않다고 생각하는 듯했다(부모의 배경이 있다면 나는 최대한 그 배경을 이용하여 성공하는 것도 나쁘지 않다고 생각한다-77.6%).[15] 그냥 지금의 현실을 그대로 받아들이고 있었던 것이다.

그렇다면 많은 사람들이 이런 한국적 현실을 받아들이고 자신

부모의 경제적 배경에 대한 평가 (동의율)

부모의 배경이 있다면 나는 최대한 그 배경을
이용하여 성공하는 것도 나쁘지 않다고 생각한다　　77.6%

* 2023, N=1,000

의 계층 상승 욕망을 낮추고 있을까? 조사 결과로 보면, 한국 사회의 빈부 격차에 대한 어두운 전망(앞으로 우리 사회의 빈부 격차는 더욱더 커질 것 같다-80.5%)과 계층 상승에 대한 부정적 전망(우리나라에서는 앞으로 현재보다 나은 상태로의 계층 이동이 불가능하다-51.3%)에도 불구하고 대중들의 계층 상승 욕망은 강했다. 많은 사람들이 중산층(55.2%)보다 상류층(63.5%)으로 살고 싶어 했고, 이 상류층으로 살고자 하는 욕망은 쉽게 사그라지지 않는 모습이었다(나는 우리나라에서 상류층으로 살고 싶다 - 62.0%(2017)→61.3%(2021)→63.5%(2023)).[16]

다만, 사람들은 이렇게 강한 계층 상승 욕구를 충족하는 방법으로 노동 소득을 올리는 것만이 정답은 아니라고 생각하는 듯하다. 지금과 같은 한국 사회에서는 노동 소득만으로는 충분히 만족스러운 삶을 영위할 수 없고(73.3%), 일만 열심히 한다고 해서 부자가 될 수는 없다고 생각하기 때문이다(72.2%).[17] 20대부터 50대까지의 직장인들은 아무리 열심히 해도 노동 소득이 증가하는 것은 한계가 있

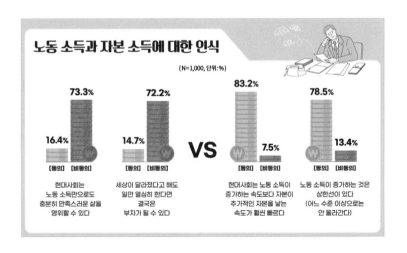

노동 소득과 자본 소득에 대한 인식

(N=1,000, 단위:%)

	73.3%		72.2%			83.2%		78.5%	
16.4%		14.7%		VS		7.5%		13.4%	
[동의]	[비동의]	[동의]	[비동의]		[동의]	[비동의]	[동의]	[비동의]

현대사회는
노동 소득만으로도
충분히 만족스러운 삶을
영위할 수 있다

세상이 달라졌다고 해도
일만 열심히 한다면
결국은
부자가 될 수 있다

현대사회는 노동 소득이
증가하는 속도보다 자본이
추가적인 자본을 낳는
속도가 훨씬 빠르다

노동 소득이 증가하는 것은
상한선이 있다
(어느 수준 이상으로는
안 올라간다)

다(78.5%)[18]고 느낀다. 현대사회는 노동 소득보다 자본 소득이 증가하는 속도가 훨씬 빠르다(83.2%)[19]고 생각하고 있었기 때문이다.

그래서 수많은 직장인들은 노동 소득 이외에 투자를 병행해야 하고(현대사회는 노동 소득 이외에 투자를 통해 부가 소득을 얻는 것이 필수적이다 - 74.5%), 투자를 하지 않으면 경제적으로 어려워질 수도 있다는 판단까지 하고 있는 듯하다(현대사회에서는 투자 활동을 병행하지 않으면 평생 경제적으로 어려운 생활을 하게 된다 - 66.3%).[20] 그래서 직장 생활 이외에 벌어들인 가외 소득(가상 화폐, 부동산, 주식 투자 등)을 모두 '불로 소득'이라고 정의하는 것에 상당수의 직장인들이 반대했다(64.1%).[21] 자신의 '노력과 수고'를 들인 것이라면 분야와 관계없이 노동 소득이라고 생각하고 있는 것이다(내가 열심히 수고해서/노력해서 벌어들인 소득이라면 분야와 관계없이 노동 소득이라고 할 수 있다 - 동의 51.5% vs. 비

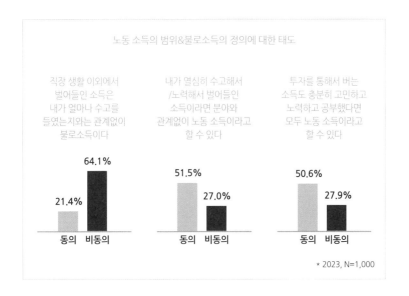

노동 소득의 범위&불로소득의 정의에 대한 태도

직장 생활 이외에서 벌어들인 소득은 내가 얼마나 수고를 들였는지와는 관계없이 불로소득이다

내가 열심히 수고해서 /노력해서 벌어들인 소득이라면 분야와 관계없이 노동 소득이라고 할 수 있다

투자를 통해서 버는 소득도 충분히 고민하고 노력하고 공부했다면 모두 노동 소득이라고 할 수 있다

64.1%
21.4%
동의 비동의

51.5%
27.0%
동의 비동의

50.6%
27.9%
동의 비동의

* 2023, N=1,000

동의 27.0%, 투자를 통해서 버는 소득도 충분히 고민하고 노력하고 공부했다면 모두 노동 소득이라고 할 수 있다 – 동의 50.6% vs. 비동의 27.9%).[22] 지금 직장인들이 생각하는 '노동 소득'이란, 어떤 분야든 자신의 시간과 비용을 재투자해서 만들어낸 성과를 의미하는 것이지, 단순히 몸을 움직여서 소득을 만들어내는지 여부만은 아니었다.

So what? ”
시사점 및 전망

현재 한국 사회의 맥락에서 보는 능력주의에 대한 태도, 가치관, 그리고 노동 소득과 자본 소득을 바라보는 대중적 인식의 차원에서 몇 가지 중요한 시사점이 있다.

첫 번째 시사점은, 노동 소득 이외에 다양한 형태의 자본 소득을 추구하는 경향이 매우 견고해졌고, 이것은 이후에도 지속적이고 강력한 경향으로 자리 잡을 가능성이 크다는 점이다. 현재 이러한 흐름은 '노동이 없는(혹은 노동이 최소화된) 소득', 즉 불로소득에 대한 정의도 바꾸고 있다. 많은 직장인들은 '자신의 수고(시간과 비용과 관심)'를 들인 모든 투자 활동을 지금 '노동 소득'에 포함하고 있다(137쪽 그래프 참조).

당분간 사회 전체적으로 부동산, 주식, 가상 화폐 등의 투자시장은 위축될 가능성이 크고, 경기 침체 장기화에 대한 우려의 목소리도 많다. 하지만 많은 사람들은 이 투자시장 안에서 계속 머무르면서 '반등의 기회(?)'를 들여다보고 있을 가능성이 매우 크다. 예전처럼 한두 번의 큰 투자 실패로 트라우마를 경험하고 뒤도 안 돌아보는 것이 아니라 지속적으로 시장을 들여다보고 기회를 찾을 것이다. 이렇게 되면, 다양한 형태의 투자 관련 교육이나 투자 컨설팅과 같은 분야는 불경기가 와도 지속적으로 관심을 유지할 가능성이 크다. 최근《세이노의 가르침》과 같은 책이 베스트셀러가 되는 진짜 이유이기도 하다. 그리고 이러한 전망은 다음의 예상도 가능케 한다. 바로 직장인들에게 기존까지는 불로소득으로 규정되던 많은 자본 소득 추구 활동들이 근로소득의 일환으로 인지되는 엄청난 변화가 일어나고 있다면, 직장 생활에서도 이를 반영한 태도가 보다 뾰족하게 드러날 수 있다는 점이다.

예를 들면, 아직까지 노동자의 권리를 대변하는 노동조합에 대해 수동적 관여 태도가 일상적이지만, 가외 소득이나 근로소득의 이익 증가를 가능케 하는 제도적 개선, 방안 마련 등의 방향으로 노조 움직임을 촉구하는 직장인들의 요구가 수면 위로 드러날 가능성이 있다. 심지어, '직장인들의 이익 추구(예: 겸업 금지 해제 조치 등)'를 가능하게 하는 활동에 대해선 적극적으로 지지하는 새로운 노조 움직임이 일어날 수도 있을 것으로 보인다.

두 번째는, 앞선 전망과 직접적인 관계가 있는 현상으로, 일에서의 소명 의식은 크게 낮아질 수 있다는 점이다. 이것은 많은 직장 생활, 사회생활의 목적이 '돈의 추구'라는 압도적 경향성과 정확히 반비례한다. 이 트렌드는 온전히 하나의 일로는 생활이 어려워지고, N개의 일자리를 수용해야 하는 지금의 경제적 환경에서는 당연

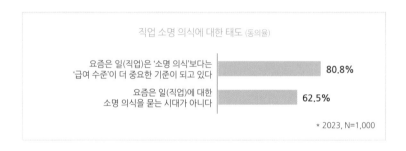

직업 소명 의식에 대한 태도 (동의율)

요즘은 일(직업)은 '소명 의식'보다는
'급여 수준'이 더 중요한 기준이 되고 있다 — 80.8%

요즘은 일(직업)에 대한
소명 의식을 묻는 시대가 아니다 — 62.5%

* 2023, N=1,000

한 흐름일 수 있다. 많은 직장인들에게 회사는 그저 돈을 벌기 위해 다니는 곳이지(회사는 그저 돈을 벌기 위해서 다니는 곳이다 45.3%(2020)→48.4%(2021)→51.4%(2023)),[23] 자아실현을 꿈꾸는 곳은 아니다(나는 직장 생활을 통해서 자아실현을 이룰 수 있다고 생각한다 46.2%(2020)→40.4%(2021)→39.5%(2023)).[24] 더불어 지금은 일(직업)에서 소명 의식을 묻는 시대가 아니며(62.5%), 급여 수준이 중요한 기준이 되고 있다는 데 압도

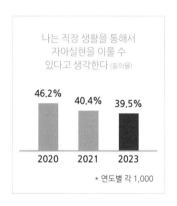

나는 직장 생활을 통해서
자아실현을 이룰 수
있다고 생각한다 (동의율)

46.2% 40.4% 39.5%
2020 2021 2023

* 연도별 각 1,000

적인 공감을 드러내고 있다(요즘은 일(직업)은 '소명 의식'보다는 '급여 수준'이 더 중요한 기준이 되고 있다 – 80.8%).[25] 같은 맥락에서 직장 생활에서 '연봉'이 가장 중요하다는 데 많은 직장인들의 이견은 거의 없었고, 이 경향도 계속해서 증가하고 있는 중이다(연봉만큼 직장인들에게 중요한 것은 없다 – 65.3%(2021)→78.5%(2022)→80.7%(2023)).[26]

다만, 이런 주류적 현상Main Stream에 대한 부분적인 반발도 있다. 일이나 직업을 통해 개인적으로나 사회적으로 '의미'를 얻는 경향성이

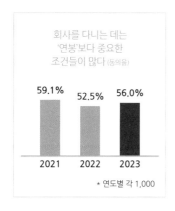

회사를 다니는 데는
'연봉'보다 중요한
조건들이 많다 (동의율)

59.1% **52.5%** **56.0%**

2021 2022 2023

* 연도별 각 1,000

세대별·개인별로 분화되고 있었던 것이다. 즉, 연봉보다 더 중요한 조건이 있을 수 있다는 인식도 늘어나고 있었고(52.5%(2022)→56.0%(2023)), 이런 판단은 개인이 주관적으로 하는 것에 동의하고 있었다(80.6%(2022)→85.5%(2023)).[27] 지금 많은 직장인들은 자신이 하는 일이 생계유지를 넘어 사회나 공동체에 도움이 되는 일이라고 믿고 있는 듯하고(내가 하는 일은 생계유지 의미를 넘어 사회(와) 공동체에 도움이 되는 일이라고 생각한다 - 55.0%), 월급이 많지 않더라도 자신의 일에 사회적인 의미를 나름대로 부여하고 있는 모습도 보이고 있었다(월급이 많지 않더라도 내가 하는 일은 사회적으로 의미가 있다 - 52.3%).[28] 자신이 지금 하는 일이 단지 돈만을 버는 데 있는 것은 아니라고 생각하는 것으로(나는 돈을 버는 목적 이외에는 일의 의미가 없다고 생각한다 - 동의 26.1% vs. 비동의 62.7%),[29] 이런 경향은 특히나 40대와 50대에서 보다 뚜렷했다(비동의 비율 - 50대 77.2%, 40대 63.2%, 30대 51.6%, 20대 58.8%).[30] 물론, 이

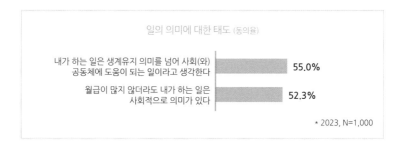

일의 의미에 대한 태도 (동의율)

내가 하는 일은 생계유지 의미를 넘어 사회(와)
공동체에 도움이 되는 일이라고 생각한다 **55.0%**

월급이 많지 않더라도 내가 하는 일은
사회적으로 의미가 있다 **52.3%**

* 2023, N=1,000

런 세대별 인식의 차이에 대한 비판이 있을 수는 있다. 현재의 2030세대에 비해서 4050세대가 평균적으로 일의 경험이나 지식, 혹은 경제적으로 좀 더 여유가 있을 가능성이 높고, 그런 심리적인 배경에서 가능한 선택일 수 있기 때문이다. 이런 부분은 실제로 타당하고 충분히 가능한 해석이다. 다만, 연봉 이외의 의미를 찾는 일정한 비율의 직장인들은 앞으로도 꾸준히 존재할 가능성이 크고, 이런 경향성은 4050세대에 의해 주도될 가능성이 커 보인다.

세 번째 시사점은, 능력주의의 상징이 되어버린 '전문직'에 대한 다양한 쟁점이 촉발될 가능성이다. 과거 능력주의의 본래적 관점에서 보면 전문직(예: 의사나 변호사)이라는 것은 개인의 능력과 성취 결과에 따라 얻을 수 있는 최상의 결과물, 즉 능력주의의 최고 상징이었다. 하지만 이제는 오히려 전문직이 되는 것은 개인의 능력과 재능보다 집안의 배경과 경제력 등이 전제되지 않으면 불가능한 사회가 되어버렸다는 대중적 인식이 커졌다(한국 사회에서 능력이란, 그 사람의 배경, 자원, 인간관계를 총동원해 성과를 내는 것을 말한다 - 82.0%, 부모의 배경이 있다면 나는 최대한 그 배경을 이용하여 성공하는 것도 나쁘지 않다고 생각한다-77.6%).[31]

과거엔 노력만 하면 얼마든지 전문직이라는 직업을 통해 계층 상승의 꿈도 가능하다는 인식이 있었지만, 이제는 노력을 해도 계층 상승을 할 수 있는 사다리가 부재한 사회가 되어버렸다는 인식이 짙다(앞으로 우리나라에서는 현재보다 나은 상태로의 계층 이동이 불가능하다 - 48.4%(2017)→44.0%(2021)→51.3%(2023)).[32] 개인의 능력보다 제반 조건을 통해 전문직이 된 만큼 이들에게 '직업 소명 의식'을 묻는 것도 어느새 사치스러운 질문이 되고 있다. 이렇게 되면 전문직에 종사하는 사람에게조차 소명 의식을 묻지 못하는 사회에서 일반 직장인에게 과연 소명 의식을 묻는 게 맞는 것인지를 되묻게 되는 논쟁을 촉발할 수 있다.

또 한 가지 중요한 전망은, 선거와 관련한 정치적인 이벤트에 관한 것이다. 이 이슈는 도덕적인 문제일 수도 있고 윤리적 문제일 수도 있지만, 철학적이고 원론적인 문제를 떠나 현재의 대중들의 인식의 흐름상에서만 분석해보면 다음과 같은 결론이 나온다.

지금의 많은 직장인들은 노동 소득만을 추구하는 노동자로서의 정체성을 부정하거나 최소한 선호하지는 않는다. 그리고 자신의 시간과 수고를 들인 건전한 투자의 결과를 모두 '불로소득'이라고 정의하지 않는다. 현재 많은 직장인들은 '노동자'로서의 정체성과 자본 소득을 추구하는 '투자자'로서의 정체성을 함께 가지고 싶어 한다. 그리고 결정적으로 자신이 가진 모든 자원을 적극적으로 투자해서 만들어낸 경제적 성과를 '능력'이라고 정의한다. 이런 흐름이라면, '노동자'로서의 정체성만을 강조한 정치적 슬로건(혹은 노동자를 대변하는 정당), 혹은 불로소득에 대한 '무차별적인 도덕적 비난'과 공격을 하는 정치적 슬로건은 다양한 분야에서 경제활동을 하는 대중들에게 큰 선택을 받지 못할 가능성이 크다. 오히려, 경제활동을 하는 시민사회의 대중들을 움직이기 위해서는 보다 투명하고 건전한 투자시장에 대한 감시, 교육, 합리적인 과세 정책 등을 강조한 정책적 제안이 지금의 대중에게는 더 설득력 있는 전략일 수 있다.

많은 사람들이 지금은 직장 생활에 올인all-in하는 것보다는 효율적으로 시간을 분배하여 투자 공부와 실전 투자를 병행해야 하는 시대라고 정의한다. 하지만 지금 당장 투자 밑천이 전혀 없고 공부라는 지루한 과정만을 견뎌야 하는 시간이 기다리고 있다면, 그것을 의미 있게 만들어주는 다음 두 가지 조언을 참고해봤으면 한다.

하나는 그 시간을 '직접적인 투자(와 마찬가지)'로 의미 있게 전환해주는 조언이다. 《세이노의 가르침》의 저자가 제시하는 가장 현실적인 조언은 '몸값'을 올리는 것이다. 먼저 자기 투자를 열심히 하고, 몸값을 올려 연봉 500만 원을 더 증가시켰다면, 연리 5%로 단순 계산할 때 당신은 이미 '1억 원'을 추가적인 금융자산으로 굴리고 있다는 뜻이라고 설명한다. 실제 1억 원 투자와 다른 점은 그 돈은 잘못 투자하면 이자는커녕 원금을 날릴 수도 있지만 자신의 몸값은 오히려 매년 더 큰 가치를 가지게 된다는 것이다.[33]

또 하나의 조언은 '다양한 직장 생활'에서 의미를 찾는 방법이다. 'N잡'이 대세인 최근, 혹시라도 한 곳에서의 직장 생활이 불안하거나 만족스럽지 않은 사람이 있다면 이 조언은 다양한 경험 속에서도 방황하지 않고, 자신의 '품위'를 잃지 않게 해줄 것이다.

"30년 가까이 광고 일을 하다가 전혀 다른 업종인 책방을 하는데 할 만하신가요?" 책방을 열고 나서 가장 많이 받는 질문입니다. 이 질문의 요지는 이전과 전혀 다른 일을 하는데 괜찮은가, 혹은 나이 오십에 어떻게 전혀 새로운 일을 해볼 생각을 했는가일 겁니다. 그럴 때마다 저는 책방 일은 광고와 그게 다르지 않다고 답합니다. 이건 무

슨 소리일까요? (중략)

광고와 책방은 세상이 분류하는 업의 기준으로 보자면 전혀 다른 업입니다. 하지만, 그 일을 하는 동안 제가 어떤 역할을 하고 어떤 역량을 발휘하며 어떤 가치를 발생시키는가의 관점으로 보면 저는 광고쟁이 시절이나 책방 주인인 지금이나 매우 연속적인 일을 하고 있는 겁니다. 생각하는 힘으로 창의적인 해법을 내놓는. (중략)

자신의 일을 붙들고 조금이라도 더 잘하고 나아지기 위해 어제의 자신을 부정하며 고민을 거듭하다 보면 겉에선 잘 보이지 않던 것들이 서서히 보이기 시작합니다. 자기만의 관점, 시선이 생기는 겁니다. 이건 고민을 하는 사람들에게만 주어지는 귀한 선물이에요.

최인아, 《내가 가진 것을 세상이 원하게 하라》, p.52~55

낮아지는 소명 의식
네포 베이비

'스파이'도
재택근무하겠습니다 >>>

독일 첩보 기관이 신규 인력 채
용 과정에서 '재택근무'를 요구
하는 청년 지원자가 많아져 인
력 보충에 어려움을 겪고 있는
것으로 나타났다. 업무 특성상
보안 이슈로 재택근무가 어렵
고 일터로 휴대전화를 가지고

독일 첩보 기관 연방정보부(BND)
출처: AP, 연합뉴스

가는 것도 불가능한데, 최근 워라밸을 중시하는 흐름이 강해지면서 이를 허용해달라는 요구가 많아지고 있는 것. [34] 인력 충원 문제가 심각해지자 재택근무를 검토 중인 정보기관도 생겨나고 있는 것으로 전해졌다. 영국 해외정보국 SIS MI6 은 최근 채용 사이트에 '유연한 근무 제도'를 홍보하고 있으며, 미국 중앙정보국 CIA 역시 최근 재택근무를 검토 중이라고 밝혔다. [35]

연봉 1억에 보너스까지 줘도
'워라밸' 없으면 안 해요 >>>

미국 경찰이 최근 인력 이탈과 구인난에 시달리고 있는 모습이다. 경찰행정연구 포럼 PERF 에 따르면 2021년 사직 및 퇴직자 비율이 크게 증가했지만, 코로나19 이후 워라밸을 요구하는 사람들이 늘어나고 공무원 선호가 줄어들면서 신규 인력 채용에 어려움을 겪고 있는 것으로 나타났다. [36] 조지 플로이드 사건의 영향으로 경찰에 대한 인식이 악화된 점도 있지만, 직업 특성상 위험한 일이 많고 워라밸을 지키기 어려워 경찰 직업을 기피하는 성향이 강해지고 있다는 것이다. 시애틀의 경우 신임 경찰관에게 8만 3,000달러(약 1억 원)의 연봉과 7,500달러(약 1,000만 원)의 보너스를 지급하고, 다른 지역에서도 채용 규

미국 필라델피아 학교에서 열린 경찰 채용 설명회
출처: 워싱턴포스트

정을 완화하거나 응시자들에게 항공료와 숙박비를 제공하는 등 다양한 공을 들이고 있지만 여전히 인력 채용에 어려움을 겪고 있다고 전한다.[37] 한 관계자는 "지금은 지원자들이 줄을 섰던 과거와 다르다. 채용 과정에 대한 생각을 다르게 할 수밖에 없다"고 밝히며, "젊은 사람들이 이 힘든 일을 하고 싶어 하도록 영감을 줄 수 있는 방법을 찾아야 한다"고 강조했다.[38]

"젊어 고생은 사서도 한다"고요? 중국 청년들의 냉소 >>>

중국 공산당 기관지 〈인민일보〉가 '올바른 직업관을 수립하자'라는 제목의 시평을 통해 "밑바닥부터 시작하자"는 내용의 청년 실업 관련 기사를 보도하자, 중국 누리꾼들이 현실과 동떨어진 조언

2023년 4월 중국에서 열린 취업 박람회
출처: 연합뉴스

이라는 냉담한 반응을 내놓고 있다. 신문은 "청춘은 이상을 갖고 분투해야 한다. 농촌 진흥, 녹색 개발, 사회 서비스, 군 복무 등 다양한 분야에서 청춘의 가치를 실현할 수 있다"며 "조국과 인민이 가장 필요로 하는 곳에 가서 열과 성을 다해 일하면 후회 없는 청춘의 기억과 평생의 정신적 부를 얻을 수 있나"고 주장했다. 이 기사를 읽

은 중국 누리꾼들은 현실과 동떨어진 '잔소리'라는 반응을 내놨다. 중국판 트위터인 웨이보에서 한 누리꾼은 "왜 이 기사를 사람들이 외면할까? 중국은 이미 계층이 고착화됐고 노력으로 돌파하기 힘든 시대가 됐다"며 "불공정이 있는 곳에 혁명이 있다"고 적었다. 중국은 2023년 5월, 16~24세 청년 실업률이 20.8%로 사상 최대치를 찍는 등 청년 실업 문제가 매우 심각한 상태다. 2023년 대학 졸업자는 무려 1,158만 명으로 역대 최대 수준이지만, 이들의 눈높이에 맞는 양질의 일자리가 턱없이 부족하다. 그 때문에 일본의 '사토리 세대', 한국의 'N포 세대'처럼 집에 누워 아무것도 하지 않으려는 젊은이를 뜻하는 '탕핑躺平'이라는 말이 생겨났다.[39]

용병들의 '쩐'쟁
그들에겐 오직 수표만 있을 뿐 >>>

바그너그룹의 무장 반란 사태 이후 단순히 '전쟁 청부업자'로만 여겨졌던 PMC에 대한 관심이 커지고 있다. 수장 예브게니 프리고진이 루카셴코의 중재로 철수를 명령하면서 '일일 천하'로 끝났지만 미국 다음가는 군사 강국으로 여겨졌던 러시아가 PMC에 전복될 뻔한 이 사건은 국제사회에 큰 충격을 안

러시아 민간군사기업(PMC) '바그너'
출처: 로이터, 연합뉴스

졌다. PMC는 아프리카나 중동 등 분쟁 지역에서 막대한 영향력을 발휘한다. 정치적 혼란과 국가 분열로 정규군이 제 기능을 하지 못하는 곳들은 모두 PMC의 무대가 된다. 일부 국가는 정부까지 나서서 정권 전복과 테러 행위 등을 보호해달라며 PMC를 찾는다. 바그너그룹 역시 이런 방식으로 아프리카, 중앙아시아, 남미까지 세력을 확장했다. 미 싱크탱크인 브루킹스연구소 산하 안보·전략기술센터의 페데리카 사이니 파사노티 연구원은 "분쟁국 지도자들은 용병을 필요로 한다"고 했다. 하지만 전쟁과 테러를 비즈니스로 삼아왔던 용병은 동서고금을 막론하고 강한 비난을 받아왔다. 사명감과 소명의식이 배제된 야만 행위로 받아들여졌기 때문이다. 미국 탐험가 로버트 영 펠튼은 자신의 저서에서 PMC를 "이데올로기도 조국도 깃발도 신도 나라도 없다. 오직 수표만 있을 뿐"이라고 비난했다.[40]

문신이 '내 신앙'이라는 성직자 >>>

최근 영국의 한 성당에서 새로 부임한 사제를 소개하는 사진을 SNS에 올리면서 논쟁이 일어났다. 이유는 바로 해당 사제의 두 팔을 뒤덮고 있는 타투(문신) 때문이다. 해당 게시글에는 1,000개가 넘는 댓글이 달렸는데, "성직자에게 타투는 부적질하다"는 주장과 "개인의 사

잉글랜드 성공회 캔터베리 대성당 부임 예정인 웬디 달림플 사제
출처 : 트위터, 중앙일보

유"라며 사제를 지지하는 의견이 맞섰다.[41] 논란이 커지자 사제가 직접 나서 이 타투는 "나의 소명과 신앙을 표현한 것"이라고 설명했으며, 성당 측에서도 "외모에 대한 모욕은 용납할 수 없다"고 옹호했다. 그러나 여전히 그의 타투(문신)가 보기 거북하다면서 "사제직을 박탈해야 한다"는 의견이 나오며 논란이 지속되고 있다.

노조 찾아
첫 대선 유세한 바이든 >>>

2024년 차기 대선에 출마한 조 바이든 미국 대통령이 첫 유세에서 "미국을 건국한 건 월스트리트가 아닌 노동자"라며 노조 표심에 호소했다. 바이든 대통령은 "내일 투자은행이 파업해도 아무도 모르겠지만 여기 있는 여러분이 출근하지 않으면 전국이 마비될 것"이라고 밝히면서 "여러분은 오랫동안 이 나라를 짊어졌다. 이제는 부자와 대기업이 공정한 부담을 해야 할 때"라며 "이 싸움에서 나와 함께하자"라고 목소리를 높였다. 바이든 대통령은 2023년 8월 영화·방송 작가들로 구성된 미국작가조합이 총파업에 돌입하자 공정한 처우를 촉구했고, 카멀라 해리스 부통

대선 유세 연설을 하는 조 바이든 대통령
출처: 연합뉴스

령은 MTV 행사 참석을 취소하는 등 노조 친화적인 행보를 이어왔다. 트럼프 전 대통령이 "중국으로 공장이 나가고 일자리를 빼앗겼다"며 민주당의 텃밭으로 통했던 노동자 표심을 얻었던 전례를 원천 봉쇄하겠다는 의지를 보인 셈이다. 다만, 전미자동차노조UAW는 바이든 대통령이 전기 차에 집중한다고 우려하며 지지를 일단 보류했다. 이처럼 노조의 입장이 분화되고 청년 세대와 유색인종 노동자가 증가하고 있어, 과거처럼 노동 계층이 한목소리로 진보 후보를 지지하는 시대는 지났다는 지적도 나온다.[42]

명문대 석사가 행정 직원?
무의미해진 '계층 상승' 사다리 >>>

중국판 수능인 '가오카오高考'는 중국인들에게 계층 상승을 이룰 수 있는 유일한 수단으로 여겨진다. 중국에서는 명문대에 진학하면 사회적 지위를 높일 수 있을 것이란 믿음이 강하기 때문이다. 그만큼 입시 경쟁도 치열하다. 2023년 6월 치러진 가오카오만 해도 사상 최대 규모인 1,291만 명이 응시했지만, 실제로 중국 최고 대학으로 평가받는 베이징대학교와 칭화대학교에 기기 위해서는

2023년 6월 중국 난징의 가오카오 고사장
출처: 연합뉴스

성[※] 내에서 최소 10등 이내에 들어야 한다.[43] 그러나 이렇게 힘들게 명문대에 진학해도 졸업 후 제대로 된 일자리조차 구하기 어려운 것이 요즘 중국 청년층의 현실이다. 중국의 취업난이 심각해지면서 명문대 고스펙자도 취업을 하지 못하고 있는 것. 일례로 최근 중국 국유 기업 행정 직원을 뽑는 데 세계 각국 명문대 석·박사생들이 몰리는가 하면, 대학 기숙사 관리직에 해외 유학 석사생과 중국 명문대 석사생이 채용돼 논란이 일기도 했다.[44] 중국 누리꾼들은 "명문대생이 저 정도면 일반 학생들은 도대체 어딜 가야 하나", "취업 문이 얼마나 좁은지 실감 난다"는 반응을 보였다.[45] 가오카오의 '계층 사다리'로서의 역할이 사실상 사라지고 있다는 분석이다.

'명문대 출신 자녀' 우대
vs. '부모 찬스 없는 자녀' 우대 >>>

성적, 봉사 활동 점수 등 다른 조건이 같다면 부유층 자녀가 일반 지원자보다 명문대 합격 가능성이 높다는 연구 결과가 나왔다. 하버드 대학교 '교육기회연구' 그룹이 아이비리그, 스탠퍼드, MIT 등의 명문대에서 1995~2015년 재학한 학생을 분석한 결과에 따르면, 조건이 같은 지원자의 경우 부모의 연 소득이 상위 1%인 자녀의 합격 가능성이 일반 지원자보다 34% 높은 것으로 나타났다.[46] 특히 대학들은 같은 조건이라면 부모가 대학 동문인 자녀를 선호했으며, 사립 고등학교 출신 학생에게 더 높은 '비학문 점수'를 부여했다. 성적

이 비슷함에도 불구하고 부모의
학력이나 소득수준에 따라 합격
여부가 갈리게 된 것이다.

다양한 인종의 의사·의대생이 있는
UC 데이비스 의대
출처: UC 데이비스 홈페이지

이처럼 대부분 미국 대학교가
동문 자녀를 우대하는 제도를
운영하고 있는 데 반해, 동문
의료인의 자녀에게 '0점'을 준 대학이 있어 화제다. 미국의 UC데이
비스 의대는 지원자가 살아오면서 경험했던 사회 경제적 불이익을
점수로 환산해 가점을 주는 독특한 입시 제도를 시행하고 있다.[47]
가구 소득, 출신 지역, 가족 부양 여부, 부모의 대학 졸업 여부 등을
고려해 얼마나 많은 역경을 겪고 여기까지 왔는지를 평가에 반영한
다. 이 과정에서 명문대, 동문 부모의 자녀가 아닌 가난한 가정이나
소외된 지역 출신이 유리한 평가를 받게 된다. 이 같은 입시 제도의
목적은 사회적 다양성 확보에 있다. 제스 에렌펠드 미국의학협회장
은 "환자들이 비슷한 배경을 가진 의사들한테 치료를 받았을 때 더
만족도가 높았고, 상태도 호전됐다"고 강조했다.[48]

무능력 금수저,
네포 베이비 >>>

일본에서는 아베 전 총리의 조카이자 기시 노부오 전 방위상의 아
들 '기시 노부치요'가 국회의원 출마를 발표하면서 자신의 홈페이지

기시 노부치요가 공개한
집안 가계도
출처 : 트위터

프로필에 가계도를 내걸어 논란이 됐다.

일본의 명문 정치가 출신으로 이른바 '정치 금수저'라는 점을 마치 자신의 주요 경력처럼 내세웠다는 것이다.[49] 논란이 커지자 그는 홈페이지를 폐쇄했지만, 여전히 유권자들은 부정적이다. 비교적 '세습 정치'에 우호적인 일본임에도 기시 후보의 자질과 콘텐츠가 부족하다는 지적이 많다. 실제 유세 현장에서도 "연설에 내용이 없다", "지역 유지 얼굴도 모른다", "상상 이상의 도련님"이라는 비난을 듣기도 했다.[50] 이러한 논란에도 그는 2023년 4월 국회의원 보궐선거에 당선됐지만, 앞으로도 '세습 정치' 비난을 피하기는 어려울 것으로 보인다.

최근 미국에서는 유명인을 부모로 둔 아이들을 비꼬는 단어인 '네포 베이비'가 회자되고 있다. 족벌주의를 뜻하는 네포티즘nepotism과 아기baby의 합성어로 미국판 금수저 아기를 가리킨다. 최근 SNS상에서 부모의 후광을 업고 유명인이 됐지만, 별다른 재능이 없는 2세들을 비난할 때 자주 사용된다.[51] 대표적인 사례는 영국 축구 선수 데

데이비드 베컴의 장남, 브루클린 베컴의
요리 콘텐츠 장면
출처 : 브루클린 베컴 유튜브

이비드 베컴의 아들 브루클린 베컴이다. 그는 최근 부모의 지원으로 사진작가가 돼 책을 출판하거나, 셰프 타이틀을 걸고 요리 콘텐츠를 운영하고 있다. 그러나 자신의 요리 콘텐츠에서 해시브라운이나 생선을 튀기는 방법조차 몰라 "감자튀김도 못 하면서 셰프라고 할 수 있냐"는 조롱을 받기도 했다.[52]

일본에서도 옛말이 되어버린
'평생직장' >>>

일본의 '평생직장(종신고용)' 개념이 점차 사라질 조짐을 보이고 있다. 한 회사에서 오랫동안 일한 사람과 이직자 간의 임금격차가 좁아지면서 장기근속의 매력이 줄어들고 있기 때문이다. 특히 중장년층의 이직 희망율이 5년 전인 2018년 대비 30% 넘게 늘어나 전체 세대의 이직 희망 증가율인 16%보다 훨씬 높게 나타났다. 이는 정년 이후의 삶을 위해 자신의 경력을 재검토하고 이직을 서두르려는 사람들이 늘어나고 있는 것으로 분석된다.[53] 한편, 젊은 직장인을 중심으로 이직이나 퇴직을 고민하는 사람들이 많아지면서 근로자 대신 변호사나 대행업체 직원 등 제3자가 퇴직 의사를 전달해주는 '퇴사 대행 서비스'가 떠오르고 있다. 일본에서는 '퇴직' 자체를 불명예스러운 일로 간주하거나, 기업에 대한 높은 충성심을 강요하는 경우가 많은 것으로 알려져 있다. 이에 퇴사 사실을 알리는 것에 두려움을 느끼고 불편함을 피하고 싶은 사람들이 상당 금액을 지불하며 해당 서비스를 이용하고 있는 것으로 나타났다.[54] 높은 연봉을 위해 이직 및 퇴사를 고려하는 사람들이 많아지고 있는 만큼, 퇴사 대행 서비스의 인기도 지속될 가능성이 높아 보인다.

일본 퇴사 대행 업체 'SARABA'의 광고
출처: SARABA 홈페이지

청년 세대가 이끄는 노조는 어떤 모습일까? >>>

영국의 청년 근로자를 중심으로 기성 노조를 외면한 채 새로운 노동조합을 창설하려는 움직임이 나타나고 있어 기존 공공서비스 노조들의 고민이 깊어지고 있다. 영국노동조합총연맹[TUC]에 따르면 2022년 공공 부문 근로자의 노조 가입률은 50.1%였지만 기업 등 민간 부문 가입률은 12.8%에 불과했다. 나아가 코로나 팬데믹 이후 보건·의료 등 공공 부문 고용이 늘어나면서 근로자와 노조원이 증가한 것과는 대조적으로 음식·숙박업 등의 민간 부분에서는 크게 감소해 공공, 민간 노조 간의 양극화가 점차 심화되고 있는 모습을 확인할 수 있었다. TCU 관계자는 "민간 기업일수록 저임금 근로자들에게 노조의 지원이 필요하다. 하지만 중간 소득 이하의 30대 미만 근로자 대다수가 민간 부분에서 일하고 있음에도 노조 가입 비

율은 10%에 불과하다"고 전하며 청년 근로자를 끌어들이려는 이유를 설명했다.[55]

미국의 아마존에는 래퍼 출신의 노조 위원장이 있다. 자녀 부양을 위해 생계 전선에 뛰어든 크리스 스몰스(32세)다. 코로나19 당시 아마존 물류 창고 중간 관리자로 일하고 있던 스몰스는 창고 소독 요청이 묵살된 것을 계기로 노동환경 개선을 위한 노동조합 설립에 나섰고, 결국 30년 가까이 무노조였던 아마존에 노조 설립을 이뤄낸 것으로 알려졌다. 아마존 노조는 아마존에서 수년간 일했던 현장 노동자들을 중심으로 조직되었다는 점이 기존의 기성 노조와의 큰 차이점이다. 스몰스는 노조를 만들기까지 300일이 넘는 시간 동안 노동자들과 음식을 나눠 먹고 대화를 나누며 신뢰를 쌓았던 시간들이 노조 승인 투표를 승리로 이끈 요인이라고 밝히며 사람의 힘Power of People을 강조했다. 또한 틱톡, 인스타그램 등 소셜 미디어를 통해 노동자들과 소통하며 Z세대와 X세대를 연결하는 다리 역할을 하고 있기도 하다. 기존의 전통적인 방식과 달리 젊은 세대의 반향으로 설립된 아마존 노조는 노조 조직화를 '쿨'한 일로 만들어나가며 젊은 노동자의 이목을 끌고 있는 모습이다.[56] 아마존 노조의 행보가 젊은 세대가 노조를 긍정적으로 인식하는 발판을 마련할 수 있을지 귀추가 주목된다.

노조 설립을 위해 서명을 받고 있는 래퍼 출신의 크리스 스몰스
출처: 아마존 노조

엠브레인 패널 빅데이터® INSIGHT II

- 직장인 소득수준별 주 이용앱 분석 결과, 소득 수준이 높을수록 '골프', '생활편의(예약, 새벽배송)', '주식투자' 관련 App의 상대적 구성비가 높은 특징을 확인할 수 있었음.

- 반면 소득수준이 낮을수록 '데이팅', '앱테크' 관련 App의 상대적 구성비가 높게 평가된 점이 특징적임.

- 한편 '소득수준 3천 미만' 그룹에서 '명품' 관련 App의 상대적 구성비가 '소득수준 3~5천' 그룹 대비 고평가된 점은 주목할만한 결과임.

소득수준 별 구성비 GAP

GAP이 0보다 크면, 실제 구성비보다 높은 카테고리

■ ~3천   ■ 3천~5천   ■ 5천~7천   ■ 7천~

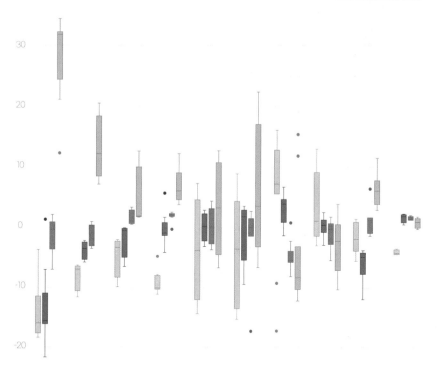

| 골프 | 생활편의
(예약) | 생활편의
(새벽배송) | 주식투자 | 부동산 | 생산성
(이직, 직무) | 데이팅 | 앱테크
(캐시적립) | 명품 | 가상화폐 |

앱 별 구성비 - 실제 프로파일 구성비

PART 3
LIFE

시(時)성비,
시간이 곧 돈이다

'나' 중심으로의 선택적 경험들

고(考)사양 1인분 라이프 · 타인 부재화 · 옥석 가리기 소비 전략 · 과(過)평가 대상의 재조명

新멤버십 대전 **"**

호텔&리조트, 골프장, 항공사, 통신사, 유통사, 백화점, 카드사, 자동차, 명품, 화장품, 정수기, OTT, 커피숍…. 교집합 하나 없어 보이는 이 모든 것들에, 단 하나 공통점이 있다. 바로, 매달 일정한 금액(또는 연회비)을 내는 대가로 소비자가 좋아할 만한 혜택을 제공하는 '멤버십 서비스Membership Service'가 있다는 것이다. 멤버십 서비스 원조는 '아마존 프라임'으로, 현재까지 이 유료 멤버십 서비스에만 약 2억 명이 넘는 회원이 가입되어 있다고 전해진다.[1] 1인당 연회비가 119달러니 최대 238억 달러, 우리나라 돈으로 약 31조 원(2023년 8월 11일 환율 기준)이라는 어마 무시한 금액이 연회비로만 충당되고

구분	네이버	쿠팡	신세계	롯데	11번가
서비스	네이버플러스 멤버십	와우 멤버십	신세계 유니버스 클럽	엘페이 프리미엄 멤버십	우주패스
가격	월 4,900원	월 4,990원	연 3만 원	월 3,000원 (3개월 7,200원)	월 4,999원 · 9,900원
주요 특징	네이버페이 최대 5% 적립	로켓배송 무료 배송 · 반품	쓱머니 3만 원, 매월 할인 쿠폰	20만 원까지 5% 추가 적립	아마존 해외직구 무료 배송

출처: 비즈워치

있다. 그래서일까? 국내외를 막론하고 많은 기업들은 안정적이고 지속적인 수익 원천 확보 차원에서 이 같은 멤버십 서비스를 아주 오래전부터 다양한 방법으로 운영해왔다. 그런데 잘 아는 사람은 없어도 모르는 사람은 없는 '지극히 전략적'이고 '전혀 신선하지 않은' 이 정책이, 2023년 현재 이상하리만큼 그 열기가 뜨겁다. 생겨도 너무 많이 생기는 것 같고, 쏟아져도 너무 우후죽순 쏟아지고 있다. 마치 '이렇게 하면 멤버십인가봉가' 하는 느낌만 전달하는 식의 서비스까지 난무할 정도로, 그야말로 '신新멤버십 대전大戰'이 한창이다. 흐름의 핵심은, 단연 유통사들이다.

최근 유통업계 전반에 유료 멤버십 열풍이 불고 있다. 유통 공룡 대기업들이 계열사와 자회사까지 동원해 통합 멤버십 출시로 고객 확충에 열을 올리고 있을 정도다.[2] 이유는 단 하나. 소비자들이 자사의 생태계 안에서 더 많은 시간을 보내게 만들려는 '록 인Lock-In' 효과의 최대치를 이끌어내기 위함이다. 하지만 쏟아지는 신규 멤버십 서비스만큼이나 이미 경쟁에서 이탈한 기업들이 속속 생겨나기 시작했다. 아예 멤버십을 없애거나 혜택을 줄이는 방향으로 선회히는 것인데, 우리가 오픈마켓, 소셜 커머스 최대 강자로 떠올리곤 했던 티몬과 위메프, 11번가 등이 대표적인 이탈 사례라는 점이 그저 놀라울 따름이다.[3]

지금은 옥석 가리기 "
전쟁 중

유료 멤버십은 초기 소비자들이 가입하는 가입비 이상의 혜택을 되돌려주는 것이 일반적이기에, 월 3,000~5,000원 정도의 소액이라면 주‡ 소비 영역에 따라 높은 가성비 효과를 노릴 만하다. 정책 자체가 동급 이상의 서비스를 제공하는 것이 핵심 전략이라, 적어도 소비자 입장에서는 손해를 보는 장사가 아니다. 하지만 그럼에도 불구하고 굳이 가입했던 멤버십을 정리하거나, 어차피 고만고만한 혜택이라면 가장 좋은 혜택을 제공하는 멤버십 1~2개만을 꼼꼼히 따져 이용하려는 소비자들이 많아지고 있다. 생각보다 대중 소비자들의 안목이 느슨하거나 유하지 않다는 뜻이다. 실제 마크로밀 엠브레인 조사를 보더라도 고물가 시대 알짜 혜택을 제공하는 멤버십 가입이 필요하긴 하지만(요즘 같은 고물가 시대에 알짜배기 유료 멤버십 하나쯤은 가입할 필요가 있다−20대 52.8%, 30대 58.4%, 40대 68.4%, 50대 69.2%), 종류가 너무 다양하다면 좋은 혜택을 가진 멤버십 몇 개를 추려 이용하거나(좋은 혜택을 가진 몇 가지 멤버십만 추려서 이용할 생각이다−20대 80.4%, 30대 80.0%, 40대 79.6%, 50대 82.4%), 이왕 가입했다면 가입비 이상의 멤버십 혜택을 누릴 것(고물가 시대인 만큼 유료 멤버십을 활용해 가입비 이상의 혜택을 누려볼 계획이다−20대 64.8%, 30대 62.0%, 40대 63.6%, 50대 64.0%)이라는 전략적인 소비 패턴을 보이는 경우가 많았다.[4] 앞으로 유료 멤버십을 이용한다면 어떤 서비스/혜택이 최선인지를 꼼꼼하게 따질 것이며(유료 멤버십에 가입한다면 가입 혜택을 꼼꼼하게 따져본 뒤 가입할 생각이다−20대 86.0%, 30대 85.6%, 40대 87.6%, 50대 89.2%), 혹여 중도에 서비스나 혜택이 변경된다면 가입·탈퇴를 반복할 생각도 갖고 있을 만큼 의지도 강력했다(멤버십 이용 조건에 따라 혜택이 달라지는 경우가 발생하면 귀찮더라도 가입과 탈퇴를 반복할 의향이 있다−20대 59.2%, 30대 62.0%, 40대 61.6%, 50대 52.8%).[5]

그런데 이 같은 소비 태도, 멤버십뿐만이 아닌 듯하다. 돈을 쓰는 전 영역에 걸쳐 소비자들의 움직임이 매우 분주하다. 통신비 절감을 위해 그간 60대 이상 시니어 고객들의 전유물로 통했던 알뜰

2023 유료 멤버십 관련 소비자 인식 평가

(N=1,000, 단위: 동의율 %)

80.6%
유료 멤버십 종류가 다양하다면 좋은 혜택을 가진 몇 가지 멤버십만 추려서 이용할 생각이다

63.6%
고물가 시대인 만큼 유료 멤버십을 활용해 가입비 이상의 혜택을 누려볼 계획이다

62.2%
요즘 같은 고물가 시대에 알짜배기 유료 멤버십 하나쯤은 가입할 필요가 있다

87.1%
만약 유료 멤버십에 가입한다면 가입 혜택을 꼼꼼하게 따져본 뒤 가입할 생각이다

58.9%
멤버십 이용 조건에 따라 혜택이 달라지는 경우가 발생하면 귀찮더라도 가입과 탈퇴를 반복할 의향이 있다

폰으로의 환승 비중은 전통적인 이동통신 시장에 격변이 일고 있을 만큼 압도적이고[6](단, 향후의 알뜰폰 인기 지속 여부는 판매 보조금 혜택에 달려 있다), 작은 흠집으로 상품성은 떨어지지만 가격이 저렴한 '못난이 농산물'은 농가들의 새로운 판로로 주목을 받고 있을 정도로 인기다.[7] 요식업 종사자들만 찾던 대용량 식자재 마트도 어느새 알뜰 장보기 명소로 거듭나고 있고,[8] 봄·여름 재고를 정리하는 '클리어런스Clearance'나 가을·겨울 상품을 앞당겨 할인 판매하는 '역시즌' 상품의 소비 속도 역시 매우 빠르게 전개되고 있다.[9] 적잖은 멤버십 이용 습관 때문인지 통신사 멤버십을 활용한 알뜰 소비도 만만치 않다. 특히, 할인 혜택을 적용받던 소비 범위가 '베이커리'나 '영화', '커피', '편의점'에서 '생필품', '식재료'까지 확대된 것이 가장 눈에 띄는 변화라 할 수 있다.[10] 알뜰 교통카드 이용자 수 급증 현상도 눈여겨볼 만한 흐름이다. 정부와 지자체가 마일리지 형태로 전 국민에게 대중교통 지원금을 제공하는 알뜰 교통카드는 혜택에 대한 소문이 퍼지면서 이용자 수가 48만 7,000명(2022년 12월 기준)에서 총 67만 3,000명(2023년 6월 말 기준)으로 약 38.2%p 증가한 것으로 집계됐다.[11] 언뜻 보더라도 높아지는 물가에 어떻게든 '가격 절감'을 하기 위한 소비자들의 다양한 전략들이 쏟아지고 있음을 느낄 수 있다. 마치 '돈을 쓰는' 이 구역에서만큼은 절대 호갱(호구+고객으로, 어수룩한 손님을 낮잡는 말)이 되지 않겠다는 굳은 다짐이 느껴질 정

도다. 그야말로, 지금 대중 소비자들은 한정된 자원에서 '선택과 집중'으로 '더 나은 대안'을 찾기 위해 고군분투 중이다.

'쩐의 문제'가 낳은 "
감정의 소용돌이

고물가에 합리적 소비가 대세가 된 만큼 비효율적인 비용 지출을 최소화하는 전략들이 점점 더 뾰족해지고 있다. 이유는? 경기가 너무 좋지 않아서다. 연초 전망되던 각종 시장 지표들은 점점 더 심각한 수준으로 치닫고 있고, 아예 경제성장률이 1% 초반대에 그칠 것이란 어두운 전망까지 나오고 있는 실정이다. 경기 지표가 부정적일수록 소비자들의 불안도는 더욱 높아질 수밖에 없고, 때문에 돈을 쓰는 전 영역에서 '더 나은 대안'을 찾기 위해 애쓰는 상황이 계속되고 있다. 고물가 속 경기회복 지연이 예상되는 만큼 이러한 옥석 가리기 소비 전략은 일단 장기전으로 굳어질 가능성이 매우 높다.

하지만 이렇게 애를 쓰는 노력에도 여전히 변하지 않는 사실이 있다. '소득은 한정적'이고 '자원의 잉여까지는 기대할 수 없는 상황'이란 점이다. 이제는, 내가 원하는 대부분에서 생각보다 많은 비용이 든다는 현실과(나는 요즘 내가 좋아하는 대부분에는 많은 비용이 든다는 현실을 깨닫는 중이다-52.2%, 동의율)[12] '인생 한 방'이란 꿈이 얼마나 헛된 것인지를 깨닫고(나는 요즘 '인생 한 방'을 꿈꾸지만 쉽지 않다는 걸 느낀다—76.3%),[13] 돈 때문에 원하는 경험을 못 하게 될까 봐 전전긍긍하는 상황에 놓였음을 인정하는 일만 남았다(요즘 나는 '돈'의 부족으로 내가 원하는 경험을 못 하게 될까 봐 걱정이 된다—77.0%).[14] 어차피 나의 사회적 위치도 내 능력과 관계없이 이미 벌어질 대로 벌어진 상황이란 사실을 체감했기 때문이다(내 능력과 관계없이 부모의 재력이 있고 없고가 이미 양극화의 차이가 난 셈이다 – 80.6%).[15] 경기 침체에 따른 불안, 소득 증가에 대한 낮은 기대감, 부의 양극화로 인한 상대적 박탈감까지, 지금 현재 대중 소비자들의 마음에는 어느 때보다 '걱정'과 '무기력함', '답답함', '불안'과 같은 부정적 정서가 가득하다.[16]

이렇게 되면 에너지나 의욕이 생길 때까지 상황을 마냥 기다리려 하거나 정체된 상태로 유지하고 싶은 심리가 강해질 수밖에 없다. 애써 외면하고 가려져 있던 현실을 알게 된 것만으로도 주어진 인생의 과제를 회피하고 싶은 마음이 들 수 있기 때문이다. 더불어 이 같은 상황에 왜 미리 대비를 하지 않았는지, 좀 더 승산 있는 것들

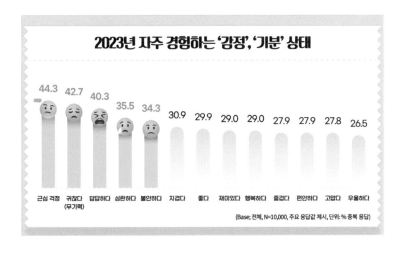

에 시간과 돈을 투자하지 않았는지를 후회하는 경험을 할 수도 있다. 가령 팬데믹 기간 동안의 '영끌(영혼까지 끌어모으다)', '빚투(빚을 내서 하는 투자)' 같은 것 등이다.

하지만 뭔가 계획했던 것과 다르다는 것을 깨닫게 되면 세상에 대해 어느 정도 객관적인 거리를 두고 싶어 하는 마음이 생기기 마련이다. '불안'이란 감정도 사실은 피해 갈 수 없는 인생의 과제에서 벗어나기 위해 만들어지는 감정[17]이고, '후회' 역시 미래학자 다니엘 핑크의 조언처럼 잘만 관리해도 성공적인 미래를 만들 수 있는 감정 중 하나다. 더 많은 정보를 수집하게 되고, 더 넓게 선택지를 고려하게 되고, 결론에 도달하는 데 더 많은 시간을 할애하게 만들어 지금보다 더 나은 사람으로 만들어줄 수 있기 때문이다.[18] 그래서일까? 경기 불황이란 불확실성, 경기 침체의 장기화가 분명한 지금의 상황에서 대중 소비자들은 이 '불안'이라는 감정과 '후회 경험' 같은 부정적 요인들을 제대로 잘 처리하기 위한 나름의 방향을 설정하는 듯한 모습을 보이고 있다. 어느 정도 경험치가 쌓인 소비생활의 옥석 가리기 전략이 이제는 라이프 스타일 전 영역에까지 확대되고 있는 것이다. 방향은 딱 두 가지다.

'현재'에서 나아지기 위한 두 가지 전략

일단, 모든 기본 전략에 전제되는 조건이 한 가지 있다. 바로, '타인'

을 '부재^{不在}'시키는 것. 방향을 설정함에 있어 일단 '타인의 시선(기대)'과 '남과 경쟁하는 행동'은 기본적으로 열외다. 누구든 시험 전에는 크고 작은 긴장감을 타기 마련이지만, 다른 사람과 경쟁에서 이겨야 한다는 생각이 드는 순간 좋은 결과를 낼 자신이 없으면 불안감에 빠지기 쉽기 때문이다. 어떤 일을 하든지, '타인'의 개입은 일단 불안감을 일으키는 방해 요소가 될 뿐이다. 그래서 대중 소비자들은 무언가를 함에 있어 '타인'은 우선적으로 배제하는 듯한 모습을 보이고 있다(남들이 알아주지 않더라도 나는 내 취향을 반영한 다양한 경험을 하고 싶다 - 92.9%, 동의율).[19] (남들이 인정해주는 스펙이 아니더라도 '나 스스로'가 인정하는 경험들을 해보고 싶다 - 81.9%).[20] 이 같은 전제 조건이 충족됐을 때 대중 소비자들이 시도하는 디테일한 전략은, 바로 '적절한 과제의 선정', 그리고 '(자발성을 담보한) 일상생활의 의도적 변화'다.

대중 소비자들은 자신에게 '사소한 과제'를 부여하고 그 과제를 하기 위해 노력하면 스스로의 문제들이 개선될 수 있다고 여기는 모습을 보이고 있다. 실현 가능한 목표 설정으로 처음의 '작은 한 걸음'의 시도를 중요하게 생각하고 있는 것이다(요즘은 꼭 잘하지 않더라도 여러 가지 경험을 해보는 것이 좋다 - 91.4%), (나는 완벽하지 않아도 다양한 뭔가를 해보고 싶다 - 87.9%).[21] 그래서 당연히 과제의 결과(목표치)는, 생각보다는 낮다(꼭 최고가 아니더라도 괜찮은 삶을 살아갈 수 있다 - 80.7%),[22] (나는 남들에게 평범한 사람으로 보이고 싶다 - 71.3%).[23] 하지만 결괏값이 낮은 이 전략, 사실 인생 설계에 있어 꽤나 긍정적인 인사이트가 될 수 있다. 미국 코넬대학교의 빅토리아 메드백^{Victoria}

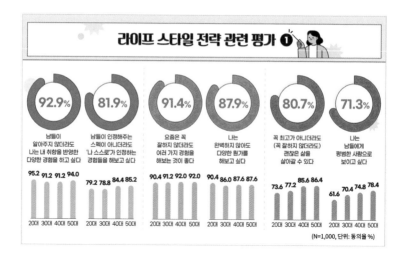

라이프 스타일 전략 관련 평가 ❶

92.9%	81.9%	91.4%	87.9%	80.7%	71.3%
남들이 알아주지 않더라도 나는 내 취향을 반영한 다양한 경험을 하고 싶다	남들이 인정해주는 스펙이 아니더라도 '나 스스로'가 인정하는 경험들을 해보고 싶다	요즘은 꼭 잘하지 않더라도 여러 가지 경험을 해보는 것이 좋다	나는 완벽하지 않아도 다양한 뭔가를 해보고 싶다	꼭 최고가 아니더라도 (꼭 잘하지 않더라도) 괜찮은 삶을 살아갈 수 있다	나는 남들에게 평범한 사람으로 보이고 싶다

(N=1,000, 단위: 동의율 %)

H. Medvec의 연구만 봐도 그렇다. 그는 1992년 바르셀로나 올림픽에서 각 종목 메달리스트를 대상으로 '시상대에 올라갔을 때 가장 기쁜 표정을 지은 사람'은 누구인지에 대해 실험을 한 적이 있다. 단연 1등은 금메달리스트. 하지만 그다음은 2위가 아닌 3위인 동메달리스트였다. 2위는 결승에서 패해 분한 마음이 더 크지만 3위는 3, 4위 결정전에서 이기고 올라왔기 때문에 기쁜 마음이 더 컸다는 것. 이 연구 결과를 참고하면, 치열한 1위 다툼에 휘말리지 않고 중간보다 조금 위에 있는 것이 오히려 심적으로 편하다는 걸 알 수 있다. 적어도 꼴찌는 아니어서 다행이라고 느낄 수 있기 때문이다.[24] 그래서 경험이나 과제의 목표 선정은 꼭 높을 필요 없이, 3위, 4위, 5위(6위, 7위, 8위…) 정도면 딱 적당하다. 그리고 이 전략은, 현재 대중 소비자들이 선택하고 있는 디테일한 전략 중 하나가 되고 있다.

또 하나의 전략은 '일상생활의 (자발성을 담보한) 의도적 변화'를 시도하는 것이다. 범위, 경계와 상관없이 지금 대중 소비자들의 일상에는 의도성이 담긴 소소한 변화가 일어나고 있는 중이다. 다른 일상적인 대안alternative들이 있는 상황에서, '일부러', '굳이' 의식적으로 그 대상을 선택하고 있는 것이다. 건강관리를 위해서라면 웬만하면 로스펙 식음료(예: 제로 음료 등)를 선택하는 경향이 많아졌고(같은 맛을 낸다면 웬만하면 '제로 칼로리', '제로 슈거' 식음료를 선택할 것 같다 - 73.0%, 동의율),[25] 뉴스를 보더라도 일부러 모르는 단어를 찾아보거나(뉴스를 읽을 때 모르는 단어가 나오면 그 단어의 뜻을 찾아본다 - 72.0%),[26] 내가 원하는 정보를 얻기 위해 최대한 다양한 정보 채널을 이용하려는 노력을 기울이고 있다(내가 원하는 정보를 얻기 위해 최대한 다양한 경로에서 정보를 탐색하는 편이다 - 83.6%).[27] 제공되는 정보가 진실된 정보인지를 일단 확인하려 하고(정보를 찾을 때 정말 '진실된 정보'인지 의심부터 하는 편이다 - 63.0%),[28] 자극적인 OTT 콘텐츠보다 소소하고 힐링이 되는 OTT 콘텐츠를 일부러 찾아 보는 노력도 시도하고 있다(나는 요즘 소소하고 힐링을 주는 콘텐츠를 일부러 찾아 보는 편이다 - 58.9%).[29] 보다 넓은 반경에서는 스스로가 관여하고 있는 일(업무)이 사소한 영역일지라도 이 일(업무)이 전체적으로 어떻게 돌아가는지를 알아야 한다고 생각하고 있었고(나는 내가 하는 일이 전체적으로 어떻게 돌아가는지는 알아야 한다고 생각한다 - 89.7%),[30] 우리 사회의 성 소수자에 대한 부정적 인식이 바뀔 가능성은 낮지만(우리 사회는 성 소수자에 대한 부정적 인식이 바뀔 가능성이 낮다 - 57.8%),[31] 그럼에도 성 소수자들의 이야기를 쉬쉬하지 않고 드러내는 것은 그들에 대한 인식 개선에 도움이 된다고 생각할 만큼(동성애, 트랜스젠더 등의 이야

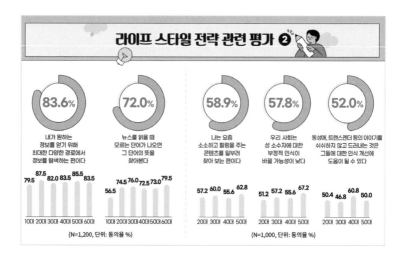

라이프 스타일 전략 관련 평가 ❷

83.6%
내가 원하는
정보를 얻기 위해
최대한 다양한 경로에서
정보를 탐색하는 편이다

87.5
79.5   82.0 83.5 85.5 83.5

10대 20대 30대 40대 50대 60대

72.0%
뉴스를 읽을 때
모르는 단어가 나오면
그 단어의 뜻을
찾아본다

74.5 76.0 72.5 73.0 79.5
56.5

10대 20대 30대 40대 50대 60대

(N=1,200, 단위: 동의율 %)

58.9%
나는 요즘
소소하고 힐링을 주는
콘텐츠를 일부러
찾아 보는 편이다

57.2 60.0 55.6 62.8

20대 30대 40대 50대

57.8%
우리 사회는
성 소수자에 대한
부정적 인식이
바뀔 가능성이 낮다

51.2 57.2 55.6 67.2

20대 30대 40대 50대

52.0%
동성애, 트랜스젠더 등의 이야기를
쉬쉬하지 않고 드러내는 것은
그들에 대한 인식 개선에
도움이 될 수 있다

50.4 46.8 60.8 50.0

20대 30대 40대 50대

(N=1,000, 단위: 동의율 %)

기를 쉬쉬하지 않고 드러내는 것은 그들에 대한 인식 개선에 도움이 될 수 있다 - 52.0%)[32] 이전보다는 유연해진 가치관의 변화도 살펴볼 수 있었다. 사소한 습관부터 넓게는 개인의 가치관까지, 대중 소비자들의 일상에는 현재 자발성에 근거한 의도적인 작은 변화들이 일어나고 있다.

그렇다면, 우리가 이러한 소소한 변화에까지 집중을 해야 하는 이유는 무엇일까? 바로 이러한 변화의 경험들이 사실상 개인의 내면 상태를 역동적으로 움직이게 하는 동력이 되기 때문이다. 현재 대중 소비자들을 짓누르고 있는 내면 상태는 앞서 그래프에서 살펴본 것처럼 '근심, 걱정'과 같은 부정적 감정들이 대부분이다. 애초 사람들의 걱정 중 거의 99% 이상이 스스로 해결할 수 없거나, 애초에 해결할 방법이 없는 것들, 즉 쓸모없는 것들이 대부분[33]이지만 이 사실을 직시하지 못하면 그 감정에 압도되거나 매몰될 수밖에 없다.

하지만 다행스럽게도, 현재 대중 소비자들은 이 곤혹스러운 감정들을 직시하고, 지금 당장 내가 해결할 수 있는 일들을 처리하기 위한 나름의 노력을 기울이고 있는 듯 보인다. 개인적 결함이 적극적으로 변화를 추구하는 진짜 이유가 된다는 점에서, 현재 이들이 추구하는 일상의 '소소한 변화'는 그 자체로 의미 있고 눈여겨볼 만한 흐름이라 할 수 있겠다. 지금 대중 소비자들은 '쩐의 전쟁'이 야기한 무수한 감정의 소용돌이에서, 의미 지향적인 삶을 추구하는 디테일한 전략들을 취사선택 중이다.

불안을 느끼는 것은 '행운'이다. 불안을 해결하기 위해서 두뇌가 계속 움직이기 때문이다. 분노가 끓어오르면 '환영'한다. 끈기 있게 행동할 수 있는 의욕이 생기기 때문이다. 죄책감이 솟아나면 '고맙게' 생각한다. 남에게 민폐를 끼치지 않고 행동하는 자조 정신이 자라기 때문이다. 비관적인 생각이 든다면 '다행'이다. 어떤 상황에서든지 현재에 안주하지 않고 미래를 철저히 대비할 수 있기 때문이다. 나쁜 감정을 인정하고 받아들이는 순간, 마음속의 안개가 걷히고 가벼워질 것이다. 나쁜 감정은 위기를 기회로 만들 수 있는 힘이 있다.

나이토 요시히토, 《나쁜 감정을 삶의 무기로 바꾸는 기술》, p.27

So what? 〃
시사점 및 전망

아직까지 우리 사회는 최대한의 능력치를 가진 개인을 선호하는 경향이 매우 뚜렷하다. 때문에, 일단 개인이 이뤄내야 하는 '경험의 양적 측면'은 간과할 수 없는 문제다. 그래서 일단 대중 소비자들은 학습된 '옥석 가리기' 소비 전략으로 라이프 스타일 전 영역에서 경험하는 모든 것들에 '최소 비용'으로 '최대 효과'는 물론 '최대 잉여'를 얻으려 노력 중이다(나는 요즘 뭔가를 결정할 때 좀 더 나은 대안을 찾기 위해 노력을 기울이는 편이다 - 90.5%, 동의율).[34] 이 과정에서 현재의 대중 소비자들이 '타인'을 '부재不在'시키는 기준은 매우 강력하다. 일단, 내가 뒤지는 비교라면 하지 않는 게 정답이라 생각하기 때문이다. 이 기준을 중심으로, 스스로에게 보다 긍정적 영향을 주는 방향으로 의도적인 '과제 설정'과 '소소한 변화'를 시도하고 있다. 그렇다면 이러한 전략들을 통해 궁극적으로 추구하는 것은 무엇일까? 바로, 개인적으로 최상의 만족도를 제공하는 '경험들의 누적 효과'를 누리기 위함일 것이다. 현재 대중 소비자들은 타인의 기준이 아닌 오롯이 '나' 중심으로 선택된 경험을 중시하고, 그 경험 자체에 자기만의 의미를 부여하는 태도가 뾰족해지고 있다. 그것이 스스로의 습관, 취향일 수도 있고, 자기 계발의 한 차원이나 가치관일 수도 있다. 중요한 것은 자신의 가치를 무언가를 '달성'하는 데서 찾는 것이 아니라, 무언가를 '경험'하는 그 자체에서 찾고 있다는 것이 핵심이다(요즘은 뭐든 잘하는 것보다 이것저것 다양한 경험을 하는 것이 더 중요하다 - 69.6%),[35] (나의 가치나 몸값을 올리는 것 외에도 의미 있는 자기 계발이 많다 - 83.0%),[36] (나는 완벽하지 않아도 다양한 뭔가를 해보고 싶다 - 87.9%).[37] 즉, 지금 대중 소비자들은 크고 작은 다양한 경험들이 누적되는 가치를 통해, 부족히지만 스스로가 만족하는 나름의 정체성을 형성해가는 중이다. 그리고 이 같은 흐름이 견고해질 경우 라이프 스타일 전반에는 다음과 같은 몇 가지 변화의 흐름이 예상된다.

가장 첫 번째로 예상되는 변화는 그동안 과소평가되거나 과대평가된 활동들에 대한 재조명 가능성이다. 장기 침체 상황이 전망되는 현재, 대중 소비자들은 경험의 반경을 한정된 자원에서 선택과 집중을 통해 이뤄내야 하는 입장에 있다. 그 결과, 이제는 타인의 존재나 가치관에 휘둘리지 않고, 스스로의 내적 니즈를 캐치하려는 노력이 그 어느 때보다 뚜렷하다(나는 요즘 나에 대해 정확히 알고 싶다는 생각이 있다 - 20대 73.2%, 30대 68.8%, 40대 54.8%, 50대 66.8%),[38] (지금 내가 하고 싶은 것을 하며 살아가야 후회가 없다고 생각한다 - 20대 60.8%, 30대 54.8%, 40대 46.8%, 50대 55.2%).[39] 이렇게 되면 그동안 사회적으로 (의도치 않게) 저평가되거나 고평가됐던 일련의 경험들이 새삼 주목을 끌 가능성이 있다. 이의 근거는 전 구글데이터 과학자 출신이자 경제학자인 세스Seth가 그의 책《데이터는 어떻게 인생의 무기가 되는가》에서 밝힌 행복 활동표의 내용과도 깊은 관련이 있다. 그는 이 책에서 조지 매케론Geroge MacKerron과 수재나 모라토Susana Mourato 교수진이 진행한 '매피니스Mappiness' 프로젝트를 소개한다. 해당 프로젝트는 수만 명의 스마트폰 사용자에게 지금 무엇을 누구와 함께 하며, 얼마나 행복한지를 묻고 그 답변을 토대로 '인간에게 행복을 전달하는 활동들'을 리스트 업 하는 작업이다. 연구 결과는 매우 흥미롭다. 술을 마셔서 행복이 증진되는 효과는 친구들과 어울릴 때보다 의외로 집안일을 할 때 더 많이 나타났고, 영화 감상처럼 가만히 앉아서 하는 활동이 엄청난 행복감을 줄 것 같지만 생각보다 행

과소평가되는 활동
이 활동은 우리가 생각하는 것보다 **큰 행복♥**을 준다

전시회/박물관/도서관　　스포츠/달리기/운동

음주　　원예　　장보기/볼일 보기

과대평가되는 활동
이 활동은 우리가 생각하는 것보다 **작은 행복♥**을 준다

수면/휴식/긴장 풀기　　컴퓨터/스마트폰 게임

TV 시청/영화 감상　　식사/간식　　인터넷 서핑

출처:《데이터는 어떻게 인생의 무기가 되는가》, 289p

복도는 낮은 반면 스포츠, 운동, 장보기 등의 활동이 예상보다 큰 행복을 주더라는 것이다.[40] 일련의 경험에 대한 만족에는 늘 그렇듯 상대적 개념이 존재한다는 것이다(위 도표 참조).

이렇게 되면 경험이나 활동을 선택하는 데 있어 성취감보다는 개인의 '주관적 만족'과 '재미' 등을 고려하는 경우가 많아질 수 있고(나는 '잘 사는 것'보다 '즐겁게' 살고 싶다 - 20대 56.8%, 30대 62.8%, 40대 58.4%, 50대 71.6%),[41] 타인이 아닌 '스스로의 기준'과 '관심사'가 선택에 영향을 끼치는 주요 변수가 될 가능성이 높다(다른 사람들이 내 취향(관심사, 기호 등)을 어떻게 생각하는지는 그다지 중요하지 않다 - 20대 62.4%, 30대 59.2%, 40대 59.6%, 50대 58.0%).[42] 지금 대중 소비자들은 딱히 누군가에게 특별히 잘 보이고 싶다거나, 뭔가 다른 사람보다 우월하거나 뛰어난 사람으로 보여지고 싶은 니즈가 그다지 높지 않기 때문이다.[43] 때문에, 자신이 원하는 경험과 활동들을 추려 내려는 '의도적'인 노력은 일상생활 곳곳에서 그 존재감을 드러낼 가능성이 매우 높아 보인다.

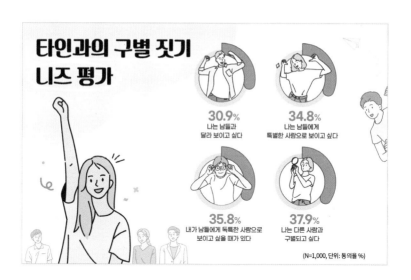

타인과의 구별 짓기 니즈 평가

30.9%
나는 남들과
달라 보이고 싶다

34.8%
나는 남들에게
특별한 사람으로 보이고 싶다

35.8%
내가 남들에게 독특한 사람으로
보이고 싶을 때가 있다

37.9%
나는 다른 사람과
구별되고 싶다

(N=1,000, 단위: 동의율 %)

　이러한 흐름은 경험·활동뿐만 아니라 유튜브나 OTT, TV 프로그램 등의 콘텐츠를 소비하는 태도에도 적잖은 영향을 끼칠 것으로 추정된다. 최근 마크로밀 엠브레인이 실시한 OTT 시청 관련 조사를 살펴보면 TV 본방송 시청 비중을 감소시킬 만큼 OTT 영향력은 상당한 수준(OTT 시청 후 본방송 시청 비중은 감소한 편이다-73.1%)[44]이었지만, 이와 동시에 지나치게 수위가 높은 콘텐츠의 빈번한 노출, 그래서 높은 수위에 무뎌지는 현상을 염려하는 의견도 적지 않은 모습을 보였다(OTT에서 다루는 콘텐츠는 폭력성, 선정성 등 지나치게 자극적인 소재/연출이 많은 것 같다-72.3%), (OTT 콘텐츠를 보다 보면 높은 수위에도 무뎌지는 듯한 느낌이 든다-56.3%).[45] 때문에 일부러 자극적이지 않은 콘텐츠를 보려 한다거나(59.6%),[46] 소소하고 힐링을 주는 콘텐츠를 의도적으로 찾아 보려는 노력을 시도(58.9%)[47]하는 경우도 적지 않은 모습을 보이고 있었다.

유튜브에서도 '시청 기록 일시 정지' 기능을 활용, 자동 추천 시스템이나 검색한 내용 중심의 광고 등이 제공되는 알고리즘을 경계하고 스스로 영상을 찾아 보려는 시청 습관의 변화도 속속 감지되고 있다.[48] 이 같은 흐름은 앞서 언급한 경험·활동들을 추려 내는 의도적인 노력이 확대될 경우, 개별 콘텐츠 선택에서도 이전과는 다른 양상을 보일 가능성이 있음을 시사해준다. 모두에게 인기 있는 콘텐츠보다 각자에게 상대적 만족도가 높은 콘텐츠를 소비하려는 경향이 보다 커질 수 있기 때문이다. 따라서 지금까지 콘텐츠 선택에 영향을 끼치는 주요 요인이 주변인의 추천, 리뷰(후기), 입소문 등에 의한 대중성이었다면 앞으로는 희소하거나 비인기의 콘텐츠 혹은 지적 유희를 유발하는지 여부 등이 콘텐츠 선택에 영향을 끼치는 중요한 변수가 될 가능성이 높다. 최근 세계 유명 악단의 콘서트와 오페라, 발레 등을 감상할 수 있는 클래식 전용 OTT가 등장[49]한 것도 이 같은 흐름과 무관하지 않아 보인다.

두 번째로 예상되는 변화는 '시간 관리' 니즈의 발현 가능성이다. 다양한 경험들의 누적 효과를 위해서는 일단 '시간', 엄밀히 말하면 '시간의 양'을 확보하는 작업이 절대적으로 필요하다. 실제 마크로밀 엠브레인 조사에서도 이미 대중 소비자들은 남들보다 좀 더 많은 시간을 갖는 것이 하나의 경쟁력(남들보다 여유로운 '시간'을 가지는 것도 현대사회에서는 경쟁력이다-92.8%, 동의율)[50]이며, 지금보다 좀 더 발전하기 위해서는 좀 더 많은 시간이 필요하다(지금보다 더 나은 '나'를 만들기 위해서는 남들보다 좀 더 많은 시간이 필요하다-86.4%)[51]고 생각힐 민큼 '시간'의 중요성을 높이 평가하고 있었다. 이렇게 되면 일단 대중 소비자들에게 '시간 관리'는 라이프 스타일 전반의 질質을 높이기 위한 핵심 지침이 될 가능성이 높다. '시간이 나서 하는 경험'과 '시간을 내서 하는 경험'은 질적으로 다른 경험의 차이를 제공하기 때문이다. 따라서 Timeblocking(해야 할 일, 소요 시간을 미리 계획하는 시간 관리법)이나 Timeboxing(해야 할 일의 소요 시간을 미리 계산해놓고 정해진 시간에 완료하는 방법) 등의 방법을 통해 시간 통제권을 갖기 위한 움직임이 이전보다 더 분주해질 가능성이 높다. 그리고 이 과정에서 '의무 활동에 대한 시간적 제어' 노력이 그 어느 때보다 좀 더 뾰족하게 투영될 것으로 예상된다.

24시간 하루는 총 3개의 시간으로 구성되어 있다. 생존하는 데 꼭 필요한 '필수 시간(밥 먹고, 잠자는 시간 등)'과 개인이 자유롭게 사용이 가능한 '여가 시간', 그리고 일/학습 등의 의무가 부여되는 '의무 시간'이다. '의무 시간'에는 '가사 노동', '(출퇴근·등하교)이동 시간' 등이 포함되는데 사실상 이 같은 시간들은 실제 일·학습 같은 생산적인 의무 시간을 방해하는 경우가 적지 않다. 따라서 의무 시간 내 이뤄지는 활동 중 생산성을 방해하는 활동들에 대한 시간 제어 노력이 이뤄질 가능성이 높다. 개인 스스로의 노력 여부에 따라 확보되는 나머지 시간, 즉 필수 시간과 여가 시간의 양과 질 모두가 달라질 수 있기 때문이다. 최근 집 청소를 대신해주는 가사 대행 서비스에 300억이 넘는 누적 투자액[52]이 몰려든 것도, 실제 마크로밀 엠브레인 조사에서 가사 대행 서비스 이용 의향이 높게 평가된 점(보다 생산적인 일을 할 수 있다면 나는 가사 대행 서비스를 이용할 의향이 있다-62.8%)[53]도 이에 대한 잠재수요가 상당한 수준임을 알 수 있게 해준다. 그만큼 대중 소비자들은 가사 노동에 들이는 비용이 부담이 될 수 있지만('시간'을 아껴주는 서비스라도 비용을 지불하는 것은 부담이 될 것 같다–88.1%)[54] 시간이 곧 돈이다(나는 '시간이 곧 돈'이라고 생각한다–77.7%)[55]란 생각을 갖고 있을 만큼 시간 절약에 대한 니즈가 꽤 높은 상황이다.

이 같은 흐름은 비단 가사 노동뿐만 아니라 향후 일상생활 전반에 시간을 아껴주는 서비스에 대한 수요로도 연결될 것으로 예상된다. 직접 줄을 서지 않고 사전에 예약한 시간에 맞춰 방문할 수 있도록 돕는 '캐치테이블', '테이블링' 같은 웨이팅 앱이 대표적인 예다. 마크로밀 엠브레인 조사에서도 소비자들은 이러한 웨이팅 앱이 시간을 절약해주는 좋은 서비스(웨이팅(대기) 앱은 소비자의 시간을 절약해주는 좋은 서비스인 것 같다–86.8%)[56] 라는 인식과 함께 현대인에게는 거의 필수에 가까운 앱(요즘같이 바쁜 시대에 웨이팅(대기) 앱은 소비자들에게 필수에 가까운 앱이다–70.4%)[57]으로 평가할 만큼 비생산적인 활동들에 대한 시간 관리 니즈가 높은 모습을 보이고 있었다. 어느 순간 일상에 훅 들어온 챗GPT 역시 사실상 '효율성의 극대화'를 추구한 소비자 니즈에 맞는 정보를 제공했기에 성장한 서비스 중 하나로 꼽힌다. 챗GPT가 업무·일·학습에 들어가는 개인의 공수를 줄여주는데 확실한 역할을 했다는 평가가 지배적일 만큼 대중 소비자들에게 새로운 차원의 효율성·정확성을 담보한 정보를 제공해줬다는 평가가 많았기 때문이다(챗GPT는 과제/업무에 들이는 공수를 확실히 줄여주는 효과가 있었다–72.5%).[58] 개인에게 좀 더 중요한 '일'과 '경험'에 에너지를 집중하려는 심리가 높아지고, 시간 확보의 니즈와 효율성의 극대화 추구가 높아질수록, 이 같은 시간 절약 서비스에 대한 대중 소비자들의 관심과 주목도는 지금보다 더 높아질 것으로 전망된다.

'시간에 대한 통제권'을 갖는다는 것은, 시간의 잉여를 발생시켜 힘들이지 않고도 다양한 경험을 수행할 수 있는 가능성이 생김을 의미한다. 그리고 이같이 수많은 경험들로 채워지는 과정은 나름대로 경험의 한계가 존재하고, 경험의 내용이 완벽하지 않더라도 '개인적으로 좋은 삶'이라 평가할 수 있다. 일상의 중요한 것과 중요하지 않은 것들의 구분은 물론 스스로가 원하는 경험에 집중할 수 있는 시간을 주체적으로 확보한다는 사실 그 자체가 자신이 삶을 주도한다는 자신감을 갖게 해주기 때문이다. 그래서 현재 대중 소비자들은 나름의 디테일한 전략들을 세워 스스로의 경험치를 끌어 올리거나, (본인의 기준에서) 남다를 수 있는 영리한 결정들을 '좋은 선택'의 기준으로 평가하고 있다. 인생과 성공은 높이 올라가는 게 아니라 깊이 들어가는 것이라는 누군가의 말처럼, 지금 대중 소비자

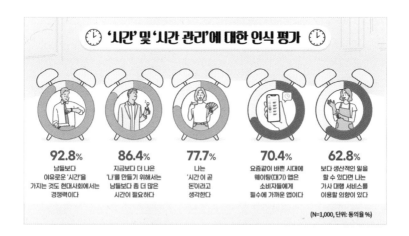

🕐 '시간' 및 '시간 관리'에 대한 인식 평가 🕐

92.8%
남들보다
여유로운 '시간'을
가지는 것도 현대사회에서는
경쟁력이다

86.4%
지금보다 더 나은
'나'를 만들기 위해서는
남들보다 좀 더 많은
시간이 필요하다

77.7%
나는
'시간'이 곧
돈이라고
생각한다

70.4%
요즘같이 바쁜 시대에
웨이팅(대기) 앱은
소비자들에게
필수에 가까운 앱이다

62.8%
보다 생산적인 일을
할 수 있다면 나는
가사 대행 서비스를
이용할 의향이 있다

(N=1,000, 단위: 동의율 %)

들은 '높이'는 아니지만 깊은 '나'로의 여행을 향해 중이다. 이제 대중 소비자들은 사양을 높이는 것이 아니라(고高사양) 어떤 유니크함으로 나만의 사양을 갖춰야 하는지를 생각(고考사양)하는 삶을 지향하기 시작했다. 지금 우리가 대중 소비자들의 소소한 변화에 주목해야 하는 이유다.

새로운 경험을 쌓을 때마다 계속 업데이트되는데, 의외로 이 사실을 깨닫고 사는 사람이 적다. 가장 큰 이유로는 하루하루 쌓이는 경험을 자신의 자원으로 보지 않기 때문이다. 자원은커녕 아예 의미를 두지 않거나 심한 경우 낭비라고 생각하는 경우도 있다. 하지만 인생에서 일어나는 모든 일에는 의미가 있으며 쓸모없는 경험은 단 하나도 없다. 어떤 경험이라도 그 사람에게 있어 훌륭한 자원이 된다.

에노모토 히데티케,《비로소, 진정한 나를 살다》, p.213

시(時)성비
실속 소비

시체처럼 무기력하게 늘어진
중국 대학생들 >>>

최근 중국 대학생들 사이에서는 졸업식에서 마치 시체처럼 축 늘어진 사진을 찍는 것이 유행이다.[59] 이러한 현상의 이유는 중국의 높은 청년 실업 문제와 관련이 있는데, 대학 졸업 후 취업을 하고 싶어도 할 수 없는 자신들의 처지가 '시체', '좀비'나 다름없음을 표현한 일종의 '행위 예술'로 볼 수 있다. 중국의 젊은 층은 이렇게 무기력하게 살아갈 수밖에 없는 자신들의 삶을 '45도 인생[45度人生]'이라 부른다.[60] 0과 90, 그 중간에 위치해 열심히 살아도 앞으로 나아가기 어렵고, 그렇다고 포기하자니 미래가 불안해 무엇이라도 할 수밖에

없는 어정쩡한 삶이라는 것이다. 불안한 미래와 현실적인 장벽 앞에서 자포자기할 수밖에 없는 청년들의 비애가 담긴 안타까운 신조어라 할 수 있다.

사찰 찾고 금콩 모으며
불안을 달래는 중국 청년들 〉〉〉

최근 중국에서 화두가 되는 키워드는 바로 '안정'이다. 특히 중국의 젊은 세대를 중심으로 정서적·경제적 안정을 추구하고자 하는 흐름이 강해지고 있는데 일례로 최근에는 '사찰'을 방문해 마음의 평온을 얻는 여행이 유행하고 있다. 사찰은 주로 '나이 많은 사람들'이 가는 곳이라는 고정관념을 깨고 젊은 청년들이 전국 각지의 유명 절을 찾고 있는 것이다.[61] 이러한 '불안 심리'는 중국인들의 소비와 재테크에도 큰 영향을 주고 있는 중이다. 코로나19 봉쇄를 푼 중국에서 리오프닝(경제활동 재개) 이후 폭발적인 소비 증가가 일어날 것이라 예상했지만, 실제 사람들이 안정 추구 성향이 강해지면서 소비를 늘리기보다 저축액을 늘리는 선택을 취했기 때문이다. 중국 중앙인민은행이 공개한 자료에

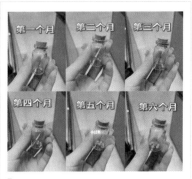

중국의 '금콩 모으기' 재테크
출처: 샤오홍슈

따르면, 지난 2022년 위안화 예금액은 26조 26억 위안으로 사상 최대의 액수였다고 한다.[62] 또한 SNS를 통해 각종 '저축법'이 유행하는 등 이전에는 소비 심리가 강했던 젊은 세대를 중심으로 선저축, 후지출 선호도가 높아지고 있는 점이 특징적이다.

중국인들의 '안정 추구 성향'은 이색적인 재테크 방식으로도 이어지고 있다. 1그램에 약 450~500위안(약 8만~8만 7,000원) 정도인 작은 '금콩'을 모으는 일명 '금콩 투자'인데, 최근 중국 젊은 층을 중심으로 비싸지 않은 가격에 접근성이 좋고, 쌓이는 재미와 만족감을 준다는 이유로 선풍적인 인기를 끌고 있다. 금콩 투자를 하고 있는 베이징의 한 회사원은 "금을 사 모으면서 소비 욕구를 만족시키고, 돈까지 절약할 수 있어 좋다"며, "쌓이는 금콩을 보면 성취감을 느끼고 스트레스가 풀린다"고 전하기도 했다.[63]

제 직업은 '전업자녀'입니다 >>>

높은 청년 실업률로 인해 중
국 젊은 층을 중심으로 이색
(?) 직업이 등장하기도 했다.
청년들이 취업을 포기하고,
스스로 '부모님'에게 고용된
'전업자녀'가 되겠다고 한 것.

취업 계획이 없는 중국의 전업자녀
출처 : MBC 뉴스데스크

중국 매체에 따르면 중국 SNS에서 '전업자녀'와 관련된 글은 4만 건
이상에 달할 정도로 빠르게 확산되고 있다.[64] 이들은 기존의 캥거루
족처럼 부모에게 기생하지만은 않는다. 요리, 세탁, 청소 등의 집안
일이나 부모님과 산책, 대화 등 돌봄 노동을 하는 조건으로 부모에
게 '경제적 지원'을 받는다. 일부 전업자녀들은 부모와 '근로 계약서'
까지 작성하고 노동시간과 조건을 협상하기도 한다. 홍콩 〈사우스
차이나모닝포스트〉는 최근 '전업자녀'가 극심한 경쟁 사회와 높은
실업률을 견뎌야만 하는 청년층에게 '대안 일자리'로 떠오르고 있다
고 설명하기도 했다.[65]

먹는 시간도 아껴라
극강의 시(時)성비 추구하는 일본>>>

일본인들이 라이프 스타일에서 시간 대비 성능을 중시하는 '시^時성

비'가 중요한 가치로 떠오르고 있다. 세이코홀딩스의 '세이코 시간 백서 2022년'에 따르면 일본인들은 '자신의 한 시간'에 1만 3,639엔의 가치를 매기는 등 시간의 가치를 점점 고평가하고 있다.[66] 최근에는 개인의 삶을 넘어 기업 경영전략에까지 영향을 끼치면서 '타이파Time Performance'라는 신조어가 '올해의 신조어'로 꼽히기도 했다.[67]

시간을 아끼기 위한 전략 중 하나는 '멀티(다중) 작업'이다. 일이나 가사 노동과 같은 필수 시간을 쪼개서 활용할 수 있는 서비스가 인기를 끌고 있는데, 그중 하나는 '기키나가라 서비스'로, 한국어로는 '들으면서 (다른 일을 하는) 서비스'를 의미한다. 실제로 '오디오북재팬' 이용자 수는 2019년 100만 명에서 2022년 250만 명으로 늘어났고, 비즈니스 서적을 10분 요약해 읽어주는 서비스 '플라이어'의 회원 수도 2019년 50만 명에서 2022년 100만 명을 돌파하기도 했다.[68]

요리, 집안일에 소요되는 시간을 줄여주는 제품도 인기다. 일본의 한 우동 프랜차이즈에서는 우동과 국물, 채소가 든 전용 용기를 흔들어서 먹는 '테이크아웃 전용 우동'을 판매하는가 하면, 필수영

우동 프랜차이즈 '마루가메 제면'에서 판매 중인 테이크아웃 전용 우동(마루가메쉐이크우동)
출처: 일본 WBS

양소가 모두 포함되어 있어 짧은 시간에 완벽한 식사가 가능한 '0초 치킨라멘'이 인기를 끌기도 했다.[69] 유통 기업들은 자동 조리 냄비, 로봇 청소기와 같이 가사 시간을 절약해주는 제품을 앞다퉈 출시하고 있다. 최근 아마존도 로봇 청소기 브랜드 룸바를 인수하면서 "가

사 시간으로부터의 해방"을 선언하는 등 일본 소비자들의 시^時성비 니즈를 충족하기 위해 노력하고 있다.[70]

천천히, 오래 먹는 미식의 나라에서
맥도날드가 잘되는 이유>>>

전 세계 인구 1억 명 이하 나라 중, '프랑스'에서 가장 많은 매장은? 바로 '맥도날드'다. 실제로 파리 샹젤리제점은 세계 맥도날드 매장 가운데에서도 매출 선두를 다툴 정도로 인기다.[71] 흔히 맛있는 음식 을 와인과 함께 코스 요리로 '천천히' 즐기던 프랑스 사람들이 패스 트푸드의 대명사인 맥도날드를 선호하게 된 이유는 무엇일까? 패스 트푸드가 저렴하고 편리하다는 매력도 있지만, 최근 프랑스 사람들 이 첫손으로 꼽는 이유는 '끼니를 빨리 때울 수 있기 때문'이다.

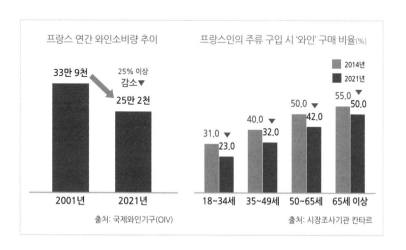

프랑스 와인 소비량이 점점 줄어들고 있는 점도 비슷한 이유다. 최근 1인 가구가 늘어나고 식사를 빨리 해결하려는 경향이 강해지면서, 여럿이 모여 천천히 음미하는 '느린 술'의 대명사 '와인'을 찾지 않는 사람들이 많아지고 있는 것이다.[72] 물론 고물가의 영향도 있겠지만, 대표적으로 느린 식문화를 가진 프랑스인들의 식사 시간이 점점 짧아지고 있는 것은 식사에 들이는 시간을 아끼려는 사람들이 늘어나고 있는 점과 관련이 높다는 분석이 지배적이다.

잔반 블라인드 박스는 실속 있는 소비?>>>

불필요한 지출을 줄이려는 움직임은 식문화에도 영향을 주고 있는 모습이다. 최근 중국에서 유통기한이 얼마 남지 않은 음식을 모아 판매하는 '잔반 블라인드 박스'가 인기를 끌고 있는 것인데, 저렴한 가격 대비 배부르게 먹을 수 있다는 점에서 중국 청년들에게 높은 호응을 얻고 있다.[73] 하지만 이 같은 현상에 중국에서는 매우 이례적이라는 평가가 나오고 있다. 중국은 음식 한 그릇을 먹어도 따

출처: 한국일보, 바이두

끈한 음식을 먹어야 한다는 인식이 강한 만큼, 식사를 중요하게 생각하기 때문이다. 이에 중국 언론은 유통기한이 얼마 남지 않아 버려질 뻔한 음식을 저렴하게 구매할 수 있어 '친환경적인 소비', '실속 소비'라는 긍정적인 평가를 하고 있지만, 이는 청년 실업률이 20.8%로 사상 최고치를 찍은 상황에서 구직난에 시달리는 청년들이 한 푼이라도 아끼기 위한 방편이라는 지적이 나오고 있다.[74]

인기 영화 시청 후엔 탈퇴
'유료' OTT 대신 '무료' FAST 찾는 소비자들 >>>

고물가 상황에서 넷플릭스와 같은 구독·주문형 비디오 SVOD 서비스의 비용 지출을 줄이기 위해 콘텐츠에 따라 플랫폼을 탈퇴, 재가입하는 소비자들이 늘어나고 있다. 미국 소비자

출처: 연합뉴스

2,020명을 대상으로 한 '2023 디지털 미디어 트렌드 보고서'에 따르면, 응답자 중 88%가 SVOD를 이용하고 있는 가운데, 이 중 44%가 서비스를 이탈하고 있는 것으로 나타났다. 눈에 띄는 점은 응답자 중 24%가 6개월 내에 해지한 유료 SVOD를 다시 구독한다는 점이다.[75] 인기 영화나 신작 개봉 시 가입해 시청 후 서비스를 해지하고,

새로운 콘텐츠가 나올 경우 이를 보기 위해 또다시 가입을 하고 있는 것으로 해석해볼 수 있는 결과다.

유료 구독 서비스에 대한 소비자들의 신중한 선택이 이어지면서 광고를 보는 대신 TV 콘텐츠를 무료로 이용할 수 있는 'FAST'Free Ad-Supported Streaming TV' 플랫폼이 빠르게 확산되고 있다. FAST는 시청 도중 광고가 포함된 무료 스트리밍 서비스로, 광고 노출 수를 1~3개로 제한해 상대적으로 피로감이 적다. 스마트TV를 보유한 미국인 중 FAST 콘텐츠 시청 비율은 2022년 60%를 넘어선 것으로 나타났다.[76] FAST 서비스 이용자가 늘어나면서 파라마운트의 플루토TVPluto TV, 폭스의 투비Tubi, 아마존의 프리비Freevee 등 미국 대기업들이 무료 OTT시장에 본격적으로 뛰어들고 있다. 〈월스트리트저널WSJ〉에 따르면, 최근 구글의 유튜브도 무료 OTT시장 진출을 준비하고 있는 것으로 알려졌다.[77]

출처: 플루토TV

폐쇄형 인간관계,
하이볼의 사회학

친구가 없는 사회 · '필·찾' 친구 시대 · 상식과 도덕성의 취향화

다시 시작된 음주 문화, ❞
그런데 술 종류가 달라졌다

2023년 5월 5일. 세계보건기구^{WHO}는 코로나19에 대해 내렸던 공중 보건 비상사태를 해제한다고 발표했다. 더불어, 테워드로스 WHO 사무총장은 "이제는 코로나19를 장기적 관리 체제로 전환해야 할 때"라고 선언했다.[1] 우리나라도 여기에 발맞춰 2023년 6월 1일 이후 코로나19 위기 경보 수준을 '심각'에서 '경계' 단계로 하향 조정했다.[2] 코로나19가 지난 3년 여 동안 인류에게 끼친 영향을 고려할 때 세계적으

KBS 뉴스

코로나19 입력 2023.05.06 (06:11)

코로나19 비상사태, 3년 4개월 만에 해제

서울특별시 코로나19 소식

복지 > 생활보건의료 > 코로나19(covid19) > 코로나19 소식

다시 일상으로, 4월 18일 부터 거리두기 완전 해제

담당부서 시민건강국 · 감염병관리과   문의 02-120   수정일 2022.07.11

◆ 이번 감소세는 종전과 달리 거리두기를 단계적으로 완화 하는 가운데 유지되고 있어 상당히 안정적인 것으로 평가
◆ 확연한 감소세 진입, 안정적 의료체계 여력이 확인됨에 따라 규제 중심의 거리두기 조치 대부분을 해제
◆ 방역상황 변화 및 전망 고려 시, 다시 한 번 일상회복을 재개하고 코로나와 함께 살아가는 체계로의 전환을 시도할 수 있는 시기로 판단

• (기간) 2022. 4. 18.(월) ~ 별도 안내 시

■ 주요내용

① 거리두기 조정방안

• ●운영시간(24시), ●사적모임(10인), ●행사·집회(299인) 및 ●기타(종교활동 등) 해제(4.18.~) ●실내 취식 금지 해제(4.25.~)
 - 단, 실내 취식금지는 1주 간의 준비 기간*을 거쳐 '22.4.25.(월)부터 해제
  * 영화관, 종교시설, 교통시설 등 각 부처 소관 시설별 안전한 취식을 위한 방안 마련(대화 자제하며 조용히 취식, 환기 철저 등)

로 의미가 깊은 발표였지만, 중요도에 비해 이 발표가 일상에 끼친 영향은 미미한 편이었다. 오히려 우리나라 사람들의 일상에 큰 영향을 준 발표는 2022년 4월 18일에 있었던 사회적 거리 두기의 완전 해제였다.[3]

이 발표에 대한 시민들의 반응은 매우 즉각적이었다. 미뤄두었던 모임과 술자리가 급증했고, 다양한 형태의 사적·공적 모임을 앞다투어 계획했다. 억눌려 있던 사회적 욕구가 폭발했다. 회식이 잦아졌고, 법인 카드의 결제가 급증했다는 뉴스가 쏟아졌다.[4] 심지어 정상적인 업무가 어려울 정도의 '과한 회식'은 삼가자[5]거나, 과도한 알코올은 건강을 해친다는 뉴스[6]까지 나올 정도였다. 코로나 이전의 일상생활로 돌아간 듯한 소식들로 넘쳐 났다.

그런데 이런 낭만적인 음주 문화의 재확산과는 잘 들어맞지 않는 통계가 발표됐다. 이 정도로 마셨다면(?) 직관적으로 소주나 맥주 등의 판매량은 역대급을 찍어야 마땅했을 것 같다. 하지만 실제 통계는 반대였다. 하이트진로가 지난 2023년 8월 22일에 발표한 상반기 소주 매출액은 7,364억 원으로, 2022년 대비 1.1% 감소했다.[7] 이 결과가 이례적인 것은 코로나 팬데믹 시절에도 매년 5% 내외의 성장을 기록했고 작년에도 14.6%로 크게 성장한 분야가 바로 소주였기 때문이다.[8] 맥주와 와인의 사정도 양상은 비슷하다. 신제품 맥주가 출시되었지만 전반적인 하락세였다.[9] 술자리나 모임은 늘어났지만, 전통적인 술자리 주류인 소주와 맥주는 성장세가 줄어들고 있었던 것이다. 게다가 팬데믹 특수로 급격히 성장한 와인시장도 2023년 잠시 주춤하는 모양새다.[10]

　이와는 반대로 나 홀로 성장하는 주류가 있다. 위스키로 대표되는 양주다. 이마트는 2023년 3월에 주류 매출에 대한 몇 가지 통계를 발표했다. 양주 매출이 2022년 20.2% 증가했고, 2023년 2월에도 전년 대비 9.2% 늘었다고 밝혔다. 같은 기간 소주 매출은 1% 증가에 그쳤고, 수입 맥주의 비중은 지속적으로 감소하고 있었다.[11] 이 양주 매출 급증의 배경에는 '하이볼Highball'이라는 음주 방식의 유행이 자리하고 있다. 이런 추정은 하이볼을 만드는 데 사용되는 토닉워터의 판매량을 보면 알 수 있다. 하이볼은 도수가 높은 증류주인 위스키 등에 토닉워터를 희석해서 마시는 것이 보통이기 때문에 이 토닉워터의 판매량을 보면 하이볼의 대중적 인기가 얼마나 높은지를 알 수 있기 때문이다.

현재 국내 토닉워터 시장의 약 70% 점유율을 기록하고 있는 하이트진로음료의 발표에 따르면, 2022년 진로 토닉워터 판매량은 7,800만 병(300ml 기준)으로 전년 대비 80% 이상 증가하며 역대 최대치로 집계되었고, 이 판매량은 2017년 판매량 대비 6배나 늘어난 양으로, 특히 코로나 기간(2020~2022년) 동안 급증했다. 하이트진로에서는 이 같은 판매 추세가 계속되면 2023년 진로 토닉워터 판매량이 1억 병을 넘어설 것으로 예상하고 있다.[12] 현재, 하이볼은 분명히 높이 뜨고 있는 중이다.

하이볼의 간략한 역사, 〞
그리고 하이볼이 '뜨는' 이유

하이볼이라는 특이한 이름의 이 술은 생각보다 역사가 깊다. 1895년 미국의 한 잡지(〈더 믹시콜로지스트 The Mixicologist〉)에 처음으로 'high ball(하이볼)'이라는 명칭과 함께 제조법이 등장했다고 전해진다.[13] 하지만 이 술의 기원은 미국이 아니라 영국이다. 18세기 인공 탄산수(스파클링워터) 제조법이 영국에서 개발되면서 브랜디에 탄산수를 타서 마시는 법이 기원이라고 알려져 있다.[14] 이 제조법이 제2차 세계대전 이후 미국을 거쳐 1940년대 후반, 상대적으로 알코올 도수가 낮은 음료를 좋아하는 일본에 소개되었고, 위스키 제조사인 산토리 Suntory가 '위스키 하이볼'이라는 음료를 정식으로 출시하면서 상업적인 대성공을 거두었다고 한다. 이후 하이볼은 1960, 1970년대 일본 사회의 음주 문화의 아이콘icon이 된다.15 이후 1980년대 경제 버블 성장기에 주춤하다가 1990년대 일본의 버블 경제가 꺼지고 장기 불황에 들어가면서 다시 인기를 얻게 되었다고 전해진다. 그래서 이 하

출처: ㅍㅍㅅㅅ

이볼의 유행은 시기상 일본의 경제 불황과 관련이 깊다. 일본인들은 하이볼의 성장을 '잃어버린 30년'과 맥을 같이한다고 말한다. 비싼 위스키를 대체하기 위해 소량의 위스키에 탄산수를 섞어 마시며 저렴한 방식으로 대리 만족하게 했던 하이볼이 일본 버블 경제 붕괴의 한 단면을 나타낸다는 것이다.16 그런데 공교롭게 한국 사회에서도 비슷한 상황이 연출되고 있다. 거리 두기가 해제되고, 엔데믹으로 전환되는 시점에 왁자한 회식 문화가 일시적으로 반짝했지만, 2022년 하반기부터 경기가 하락하면서 불황의 조짐이 보이고 있기 때문이다. 우리나라에서 하이볼이 인기를 끌고 있는 현상도 비슷한 이유일까?

한국에서 이 하이볼은 10여 년부터 존재했던 주류나 음주 문화이지만,17 본격적으로 대중화되기 시작한 것은 코로나 시기, 사회적으로 사람들과의 접촉이 줄고 혼자 술을 마시게 되는 상황이 급증하게 된 것과 관계가 깊다. 언론에서 보도한 키워드 언급량

만 봐도, '혼술'과 '홈home술'이라는 키워드 검색량이 2020년에 비해 2021년에 각각 68.5%, 79.2%나 급격하게 늘어났는데,[18] 이 시기는 양주의 수입량과 토닉워터의 판매량이 급증한 시기와 일치한다. 실제 마크로밀 엠브레인이 2023년 6월에 조사한 결과에서도 유사한 패턴이 나타났다. 전체 선호 주종酒種에서 여전히 맥주와 소주가 높은 응답률을 보였지만, 2021년에 비해 2023년 맥주, 소주, 와인, 막걸리 등은 모두 하락세인 반면, 하이볼류(칵테일 주류)와 양주(위스키 등)만이 유일하게 선호도가 상승했다(하이볼 등 칵테일 선호도 13.8%(2021)→34.4%(2023), 양주/위스키 등 선호도 19.1%(2021)→21.6%(2023)).[19]

이런 선호 주종의 변화는 최근의 경기 상황을 직접적으로 반영한 것으로 보인다. 술자리 부담을 느끼는 사람들이 많아졌고(50.3%), 덩달아 한국식으로 '한턱내기'에 대한 부담도 증가하면서(70.9%), 적당히 마시고 정리하는 경우가 매우 많았던 것이다(66.0%).[20] 여기에 더해 아예 식당이나 술집이 아닌 편의점이나 마트에서 직접 술을 구매

칵테일류/ 하이볼 등 (선호율) · 양주/ 위스키 등 (선호율)

13.8% (2021) 34.4% (2023) · 19.1% (2021) 21.6% (2023)

* 각 연도별, N=1,000

최근 술자리 변화 및 부담도 평가

70.9%
주류 가격 상승으로 인해
주변 사람들에게
술자리 '한턱내기'가
부담스러워졌다

66.0%
주류 가격 상승으로
술을 과하게 먹기보다
적당히 먹고 끝내는
경우가 많아졌다

65.9%
주류 가격 상승으로
편의점, 마트 등에서
술을 직접 사 먹는
경우가 많아졌다

53.7%
주류 가격 상승으로
'홈(home)술'을
하게 되는 빈도가
잦아졌다

50.3%
주류 가격 상승으로
술자리
약속, 모임 등이
부담스러워졌다

(N=1,000, 단위: 동의율 %)

하는 사람도 많았고(65.9%), '홈술'이 늘었다는 응답자가 많아진 자료(53.7%)들이 이를 뒷받침한다.[21] 여전히 술집, 음식점에서 주로 마시는 주종酒種이 맥주와 소주인 것을 보면(술집, 음식점에서 주로 마시는 주종-1순위. 맥주(90.4%), 2순위. 소주(77.2%), 3순위. 막걸리/동동주(30.1%), 4순위. 하이볼 등 칵테일(28.2%), 5순위. 와인(11.4%)),[22] 하이볼의 성장세는 분명, '집'에서 '혼자 마시게 되는 상황'과 관계가 있어 보인다.

함께보다 '혼자' 한잔하는 것이 ""
마음 편한 이유

술은 일상적으로 억제된 감정을 표출하거나 경험하게 하는 기능이 있다. 이 때문에 적정한 알코올의 섭취는 어색한 인간관계를 푸

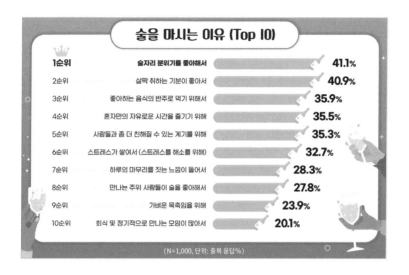

술을 마시는 이유 (Top 10)

순위	이유	비율
1순위	술자리 분위기를 좋아해서	41.1%
2순위	살짝 취하는 기분이 좋아서	40.9%
3순위	좋아하는 음식의 반주로 먹기 위해서	35.9%
4순위	혼자만의 자유로운 시간을 즐기기 위해	35.5%
5순위	사람들과 좀 더 친해질 수 있는 계기를 위해	35.3%
6순위	스트레스가 쌓여서 (스트레스를 해소를 위해)	32.7%
7순위	하루의 마무리를 짓는 느낌이 들어서	28.3%
8순위	만나는 주위 사람들이 술을 좋아해서	27.8%
9순위	가벼운 목축임을 위해	23.9%
10순위	회식 및 정기적으로 만나는 모임이 많아서	20.1%

(N=1,000, 단위: 중복 응답%)

는 매개체 역할을 하기도 한다. 그래서 "술 한잔하자"라는 타인에 대한 권주勸酒는 일종의 관계 증진을 위한 감정 소통 제안의 일종이었다. 그런데 지금은 술 한잔으로 타인과의 관계 증진을 꾀하는 문화는 상당히 줄어든 것으로 보인다. 지금 사람들이 술을 마신다는 반응의 상당수는 '술자리 분위기 자체'(술 마시는 이유-1순위)이거나, '살짝 취하는 느낌'(2순위)인 것이지, 타인과의 친교(5순위)나, 주위 사람들이 술을 좋아해서(8순위), 혹은 회식이나 정기 모임 때문(10순위)은 아니었다. 상대적으로 아주 극소수의 사람들만이 '관계'를 이유로 술을 마시고 있었을 뿐이었다.[23] 이 조사에서 눈에 띄는 것은 '혼자만의 자유로운 시간을 즐기기 위해' 음주하는 사람이 매우 높았다는 것이다(4순위).[24] 그리고 혼술이 주는 약간의 지루함은 OTT로 해소하는 듯한 모습을 보였다. 실제로 OTT의 유료 이용자는 혼술, 홈home술 키워드가 급증했던 2020년, 2021년, 2022년에 큰 폭으로 증가했다(OTT 이용률(유료 결제 비율) - 66.3%(21.7%)(2020년)→69.5%(50.1%)(2021년)→72.0%(55.9%)(2022년)).[25] 이제 술 생각을 달래기 위해 퇴근 시간 임박해서 갑작스럽게 술친구 구하기는 불필요한 시대가 되었다. 자기 취향껏 잘 만든 하이볼 한 잔에 요즘 핫한 OTT 프로그램 하나면, 충분하다.

그런데 이런 반복되는 혼술의 일상이 외롭지는 않을까? 사회적 거리 두기가 한창이었던 지난 3년에 비해서는 떨어진 결과지만(평소 일상에서 '외로움'을 느끼는 편이다 - 60.2%(2021)→54.6%(2022)→53.6%(2023)), 일상 속에서 외로움을 체감하는 사람들은 2명 중 1명꼴(53.6%)로 꽤 높은 비율을 보였다.[26] 그리고 압도적으로 많은 응답자들이, 요즘 외로움을 느끼는 사람들이 많다(사회 전반적으로 '외로움'을 느끼는 사람들이 있는 편이다 - 90.8%)[27]고 생각하고 있었다. 외로움이 일종의 한국 사회의 분위기라고 느끼는 것이다.

그렇다면 사람들은 외로움을 느끼면 무엇을 할까? 외로움을 느낄 때 주로 하는 행동 리스트에서 '뭔가를 보거나 듣는 행동(TV 보기, 음악 듣기, 영화 보기 등)'은 코로나 팬데믹 시기보다 떨어졌지만, 공교롭게도 유독 '음주'를 하는 행동이 가장 많이 증가한 것을 보면(외로움 해소 방법/술 마시기 - 24.8%(2021)→22.7%(2022)→27.6%(2023)),[28] 앞선 혼술이 증가한 상황 데이터와 일치한다.

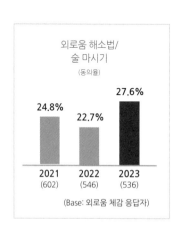

외로움 해소법/
술 마시기
(동의율)

24.8%
22.7%
27.6%

| 2021 | 2022 | 2023 |
| (602) | (546) | (536) |

(Base: 외로움 체감 응답자)

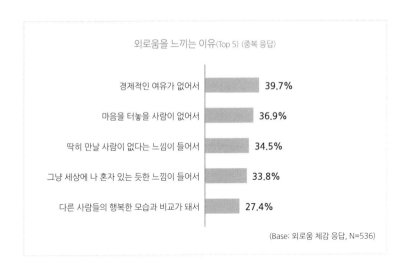

외로움을 느끼는 이유(Top 5) (중복 응답)

경제적인 여유가 없어서	39.7%
마음을 터놓을 사람이 없어서	36.9%
딱히 만날 사람이 없다는 느낌이 들어서	34.5%
그냥 세상에 나 혼자 있는 듯한 느낌이 들어서	33.8%
다른 사람들의 행복한 모습과 비교가 돼서	27.4%

(Base: 외로움 체감 응답, N=536)

사람들이 외로움을 많이 경험하는 직접적인 이유는 인간관계에 대한 어려움 때문으로 보이는데, 이 인간관계에 대한 어려움을 유발하는 요인으로 많은 사람들은 '경제적인 여유'를 꼽고 있었다(외로움을 느끼는 이유-1순위. 경제적 여유가 없어서 39.7%). 그리고 마음을 터놓을 사람이 없고(36.9%, 2순위), 그래서 또 딱히 만날 사람이 없고(34.5%, 3순위), 그래서 결과적으로 세상에 나 혼자 있는 듯한 느낌(33.8%, 4순위)으로 진화하는 모습을 확인할 수 있었다.[29]

경제력(혹은 재력)이 외로움을 느끼는 강력한 이유가 된 것은 이것을 '세상 사람들(불특정 타인)이 사회생활'에서 가장 중요한 경쟁력이라고 생각하는 데에서 기인한 것으로 보인다. 일반 사람들이 보는 사회생활의 중요한 경쟁력이 좋은 성품이나 지식, 인간관계가 아니라 '재력/경제력'을 1순위로 꼽고 있었기 때문이다(사회생활에서 타인(일반 사람들)이 중요하게 생각하는 경쟁력-1순위. 재력/경제력(34.9%), 2순

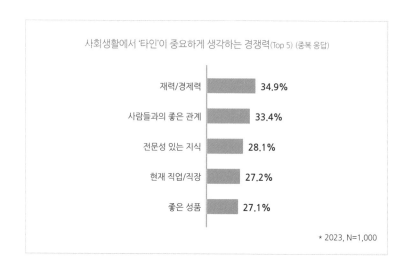

위. 사람들과의 좋은 관계(33.4%), 3순위. 전문성 있는 지식(28.1%), 4순위. 현재 직장(27.2%), 5순위. 좋은 성품(27.1%)).[30]

모든 사람이 스스로가 만족할 높은 수준의 경제력을 가질 수는 없다. 경제력은 다수의 사람들이 필연적으로 경쟁 열위를 느낄 수밖에 없는 상대적 개념이기 때문이다. 이 관점으로 사회생활과 인간관계를 보면 스트레스를 받을 수밖에 없는 것이다. 결과적으로 점점 더 많은 사람들이 타인과의 소통 상황을 스트레스로 생각하고 있었고(나는 사람들과의 관계에서 스트레스를 많이 받는 편이다 - 27.5%(2014)→38.8%(2023)), 부담스럽게 생각하고 있었고(나는 많은 사람들과 소통하고 교류하는 것이 부담스럽다-23.3%(2014)→35.6%(2023)), 그래서 소수의 사람들하고만 소통하기를 원했다(나는 아주 가까운 한두 명과 소통하고 교류하는 것이 좋다-47.4%(2014)→60.2%(2023)).[31] 그리고 이 경향은 점점 더 커지고 있었다.

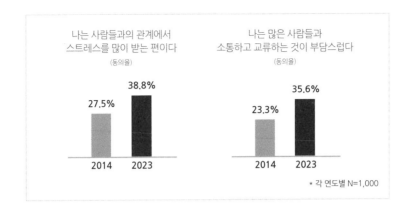

나는 사람들과의 관계에서
스트레스를 많이 받는 편이다
(동의율)

27.5% 38.8%

2014 2023

나는 많은 사람들과
소통하고 교류하는 것이 부담스럽다
(동의율)

23.3% 35.6%

2014 2023

* 각 연도별 N=1,000

정리해보자. 지금 사람들은 자신이 인정하고 싶지는 않아도 경제력으로 사람들을 판단하는 경향이 강하다. 내가 이 관점을 부정하든 인정하든, '세상이 이렇게 세속적으로 본다'는 관점은 받아들이고 있는 것이다. 이 관점은 스스로에 대한 낮은 자존감에 기여하는 것 같다. 그와 동시에 스트레스를 받는다. 그래서 많은 사람들이 외로움을 느끼기도 하면서 인간관계를 맺는 방식, 빈도와 강도 모두를 축소하는 방향으로 바꾸고 있다. 애써 스트레스를 받는 인간관계를 시간과 비용을 들여 맺고자 하는 동기가 줄어들고 있는 것이다. 여기에 한국 사회에 경제 불황의 그림자가 닥쳐 있다. 지금은 사회생활의 스트레스를 술친구와 함께 달래는 시절이 아니다. 혼자서 외로움을 잊게 하는 도구들(하이볼과 OTT?)로 달래야 하는 어떤 것이 된 것이지, 술친구와 뒷담화 날리면서 스트레스도 함께 날리던 낭만적인 시절이 아닌 것이다.

우리는 어떤 사람을 "
'친구'라고 부르고 있을까?

그렇다고 사람들에게 친구가 필요 없게 된 것일까? 이렇게 생각하는 것은 아닌 것 같다. 좋은 친구는 현재의 불안함을 견디게 해줄 뿐 아니라(좋은 친구는 현재의 불안함을 견디게 해준다 - 83.6%), 인생을 살 만하게 해준다는 인식이 매우 강했기 때문이다(좋은 친구가 있다면 인생은 정말 살 만할 것 같다 - 93.8%).[32] 게다가 본질적으로 좋은 인간관계는 긍정적인 효과가 많다고 인식하는 경향도 강했다. 많은 사람들이 여전히 좋은 인간관계를 유지하는 것이 삶의 질을 제고하는 차원에서(나는 좋은 인간관계를 유지하는 것이 삶의 질을 높일 수 있다고 생각한다 - 81.7%) 도움이 된다는 인식을 높게 가지고 있었기 때문이다(나는 좋은 인간관계를 유지하는 것이 삶의 의미를 찾는 데 도움이 된다고 생각한다 - 71.7%).[33] 인생에서 친구는 필요하다고 생각한다. 그래서 여전히 많은 사람들은 좋은 친구가 꼭 필요하다고 느낀다(현재 나에게는 좋은 친구가 꼭 필요하다 - 66.6%).[34]

하지만 지금은 이렇게 의지할 수 있는 친구의 수가 줄어들고 있는

'친구'의 쓸모 (동의율)

좋은 친구는 현재의 불안함을 견디게 해준다	83.6%
좋은 친구가 있다면 인생은 정말 살 만할 것 같다	93.8%

* 2023, N=1,000

추세인 것 같다. 많은 사람들이 힘들 때 의지할 수 있는 대상을 '동성 친구'로 꼽고 있었는데(의지할 수 있는 대상 유형-1순위. 동성 친구(56.6%), 2순위. 어머니(50.9%), 3순위. 형제/자매(41.1%), 4순위. 배우자(38.8%), 5순위. 아버지(29.2%)), 이렇게 의지할 수 있는 대상이 과거에 비해 줄어들고 있었기 때문이다(의지할 대상-있는 편. 55.7%(2020)→48.0%(2023), 별로 없음. 22.7%(2020)→31.5%(2023), 거의 없음. 8.6%(2020)→10.8%(2023)).[35] 서로 믿고 의지할 인간관계, 즉 친구가 줄어들고 있는 것이다. 여기서 본질적인 의문이 생긴다. 사람들은 어떤 사람을 '친구'라고 생각하고 있는 것일까? 단순히, 학창 시절을 함께한 기억만으로 '친구'라는 관계가 성립하는 것일까?

일단 많은 사람들이 이런 직관적인 '학창 시절의 만남과 교류 경험'이 있어야 친구라고 정의한다는 것에 동의했다(86.4%).[36] 흥미로운 것은 친구를 정의하는 이런 강력한 범주(초·중·고·대/학창 시절의 경험)를 능가하는 친구의 정의가 있었다는 점이다. 바로 '감정 소통이 가능한가' 여부였다. 즉, 10명 중 9명이 넘는 압도적인 응답자들이 '솔직한 각자의 감정을 주고받는' 관계를 비로소 친구라고 정의하고 있었다(솔직한 각자의 감정을 주고받을 수 있는 사람이 친구다-90.6%, 1순위).[37] 이런 경향은 '찐친구'의 조건에서도 확인할 수가 있는데, 사람들은 일상적 소통이 잘되고(일상적 소통이 잘되는 것-76.0%, 1순위), 내가 잘되는 것을 기뻐해주며(내가 잘되는 것을 기뻐해주는 사람-68.2%, 2순위), 나의 아픔에 진실되게 공감해주는 사람을(나의 아픔에 진실되게 공감해주는 사람-64.7%, 3순위) '찐친구'로 생각했다. 단순히 학창 시절의 공감대를 넘어, 일상적인 경험을 공감하고 이해관계를 떠나

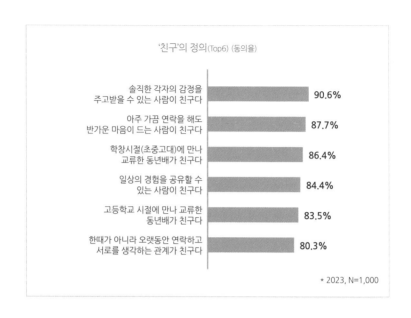

'친구'의 정의(Top6) (동의율)

솔직한 각자의 감정을
주고받을 수 있는 사람이 친구다 — 90.6%

아주 가끔 연락을 해도
반가운 마음이 드는 사람이 친구다 — 87.7%

학창시절(초중고대)에 만나
교류한 동년배가 친구다 — 86.4%

일상의 경험을 공유할 수
있는 사람이 친구다 — 84.4%

고등학교 시절에 만나 교류한
동년배가 친구다 — 83.5%

한때가 아니라 오랫동안 연락하고
서로를 생각하는 관계가 친구다 — 80.3%

* 2023, N=1,000

서로가 솔직하게 감정을 나눌 수 있는 사람을 진짜 친구라고 생각하는 사람들이 절대직으로 많았던 것이다.

그렇다면 친구 수는 얼마나 있어야 적정할까? 사람들은 숫자가 중요하지는 않다고 생각하는 듯 보인다. 지금은 친구가 많을수록 좋다(27.8%)는 생각보다 소수의 친구라도 충분하다(나는 소수의 친한 친구들이 몇 명 있는 것만으로도 성공한 삶이라고 생각한다–79.6%(2020)→84.0%(2023))[38]는 인식이 보다 강했기 때문이다. 심지어, 단 한 명의 진정한 친구의 응원만 있어도

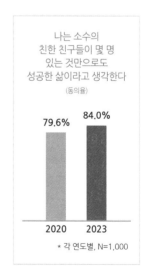

나는 소수의
친한 친구들이 몇 명
있는 것만으로도
성공한 삶이라고 생각한다
(동의율)

79.6%   84.0%

2020   2023

* 각 연도별, N=1,000

친구에 대한 태도 (동의율)

어려울 때 나를 진심으로 응원해주는
딱 한 명의 친구만 있어도 어려움은 극복할 수 있다   **88.7%**

* 2023, N=1,000

어려움을 극복할 용기를 낼 수 있다고 생각하는 경향이 뚜렷했다(어려울 때 나를 진심으로 응원해주는 딱 한 명의 친구만 있어도 어려움은 극복할 수 있다 – 88.7%).[39]

사람들의 이런 통념을 지지해주는 고전적 심리학 실험이 있다. 놀랍게도 이 실험은 1950년대 사회심리학계의 주류 동조conformity 이론에 도전장을 내미는 결과를 제시하기도 했다. 사회심리학자인 솔로몬 애쉬Solomon Asch는 다수 집단의 압력하에서는, 명백한 오류가 있어도 동조가 발생한다는 주장을 실험을 통해 증명한다. 그리고 이 실험 결과로 그동안의 세계대전을 통해 명백한 불합리성에도 사람들이 동조할 수밖에 없었던 상황을 설명한다. 하지만 다수의 주장을 그대로 수용하지 않고 소수의 주장이 주변에 어떻게 영향을 미칠까에 대한 호기심이 많았던 루마니아 태생의 프랑스 사회심리학자인 세르주 모스코비치Serge Moscovici는 1969년 소수의 영향력에 대한 실험을 진행한다.

실험 설계는 솔로몬 애쉬의 동조 실험 절차와 유사하다. 참가자들에게 색채 지각에 관한 실험이라고 알려주고, 본래 '녹색'인 슬라이드의 색깔을 실험 동조자들이 '청색'이라고 응답하게 한 다음 여기에 동의하는 비율을 측정하는 것이었다. 솔로몬 애쉬의 실험과 동일한 절차로 진행된 실험에서는 유사한 비율로 동조 비율이 나타났다. 그런데 여기서 '청색'이 아니라 '녹색'이라고 응답하는, 즉 다수의 '명백한 오류 응답'(의 압력)이 아니라, '피험자와 동일하게 판단한' 동조자를 딱 한 명만 추가했는데, 실험 결과는 매우 극적으로 변했다. 협조자(나와 같이 '녹색'이라고 생각한 사람)가 없는 경우, 내 생각(녹색)을 응답한 비율은 1% 수준이었지만, 한 명의 협조자가 존재하는 경우 이 비율이 32%까지 치솟았던 것이다.[40] 즉, 나와 유사한 사람이 딱 한 사람만 있어도 사람들은 '자신이 원래부터 생각했던 정답'을 솔직하게 표현할 용기를 낸다.

정리하면, 이렇게 된다. 100명의 압력이 있다면 내 생각을 드러내는 것이 힘들었던 사람들이, 내 생각과 같은 '한 사람의 존재'만으로 상황의 압력을 견디게 해주는 힘을 받는다는 것이다. 인생에서 나를 응원해주는 친구는 그래서, 딱 한 명이어도 괜찮을 수 있다.

So what? 〃
시사점 및 전망

경제력 혹은 부의 크기로 타인을 평가하는 경향이 강해지고, 이로 인해 자존감에 상처를 받거나 인간관계에 위축을 느끼는 개인들이 점점 늘어나고 있다. 이런 인간관계의 위축은 관계의 접촉을 더 줄이고 있어서, 깊이 있는 감정 소통이 가능한 인간관계가 점점 어려워지는 악순환의 고리에 빠지게 만든다. 이런 경향과 관련한 몇 가지 시사점과 전망이 있다.

첫 번째는 인간관계 확장에 대한 니즈Needs가 큰 폭으로 줄고, 깊이 있는 소수의 인간관계를 추구하면서 폐쇄형 SNS가 크게 관심을 얻을 가능성이 있다. 이 경향은 몇 가지 데이터로도 확인된다. 최근 개인 SNS의 공개나 운영은 대체로 이미 내가 '잘 아는 관계' 중심의 폐쇄형으로 운영하고 있었고(개인 SNS는 '친한 관계'일 때만 공개하는 편이다 - 65.8%), 소통도 이 '친한' 관계를 중심으로만 시도하는 편이었다(나는 개방형 SNS에서도 소수의 친한 사람들과만 소통하는 편이다 - 65.3%). 이런 경향은 자연스럽게 '정말 친한 사람들과만 독점적인 소통을 원하는 방향으로 진행되고 있었으며(나는 SNS에서 정말 친한 사람들과만 소통하고 싶다 - 53.3%), 고스란히 '폐쇄형 SNS'에 대한 높은 관심 수준으로 이어지고 있었다(폐쇄형 SNS 관심도 - 51.8%).[41] 폐쇄형 SNS란 트위터나 페이스북 등 누구든 접근할 수 있는 개방형 SNS와는 반대로 친한 사람들을 특정해서 끼리끼리 깊게 소통할 수 있는 SNS를 말한다. 이런 경향성은 경제적 불황이 본격화되면 인간

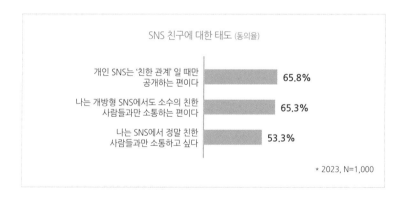

SNS 친구에 대한 태도 (동의율)

개인 SNS는 '친한 관계' 일 때만
공개하는 편이다   65.8%

나는 개방형 SNS에서도 소수의 친한
사람들과만 소통하는 편이다   65.3%

나는 SNS에서 정말 친한
사람들과만 소통하고 싶다   53.3%

* 2023, N=1,000

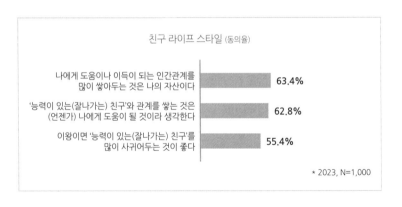

친구 라이프 스타일 (동의율)

항목	동의율
나에게 도움이나 이득이 되는 인간관계를 많이 쌓아두는 것은 나의 자산이다	63.4%
'능력이 있는(잘나가는) 친구'와 관계를 쌓는 것은 (언젠가) 나에게 도움이 될 것이라 생각한다	62.8%
이왕이면 '능력이 있는(잘나가는) 친구'를 많이 사귀어두는 것이 좋다	55.4%

* 2023, N=1,000

관계 축소와 함께 일반적인 SNS 이용 패턴이 될 가능성이 매우 커 보인다.

　두 번째 시사점과 전망은 '찐친' 한 명의 중요성이 높아지는 동시에, 소수 인간관계에 집중하는 사람들이 많아지면서 그 외의 인간관계는 '필요할 때만 찾는' 유형이 많아질 것이라는 점이다. 이른바 '필·찾 친구'가 많아지는 현상이다. 지금 많은 사람들은 현재의 인맥을 '언젠가 활용하게 될 보험'의 성격으로 인식하는 경향이 강했다. 자신에게 이득이 되는 인간관계를 일종의 자산으로 인식하는 경향이 강했고(63.4%), 언젠가는 이 관계가 도움이 될 것이라고 생각했으며(62.8%), 그래서 이왕이면 능력 있는 친구를 많이 알아두는 것을 지향하고 있었다(55.4%).[42] 이런 형태의 인간관계는 최근 인간관계에 쓸 에너지가 점점 부족해지고(나는 지금 내가 살아가는 삶이 팍팍해서 인간관계에까지 신경을 쓸 여력이 없다-29.3%(2020)→38.5%(2023)), 그래서 차라리 처음 보는 타인이 좀 더 편하게 인식되는 상황(나는 가끔 몇 번 보지 못한 관계의 타인이 좀 더 편하게 느껴질 때가 많다-44.0%(2020)→ 56.6%(2023))

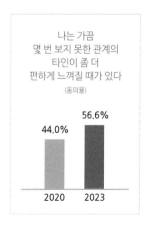

나는 가끔
몇 번 보지 못한 관계의
타인이 좀 더
편하게 느껴질 때가 있다
(동의율)

44.0%   56.6%

2020   2023

과 관계가 깊어 보인다.[43] 지금 사람들은 많은 사람들과 어울리기보다는 개인적인 시간을 더 갖고 싶어 하며 (56.4%), 자신에게 의미 없는 관계에 대한 감정 노동은 힘들어하기 때문이다(53.5%).[44]

향후 불황이 본격화되면 일상생활에서 인간관계에 투자할 시간과 자원이 점점 더 부족하게 될 가능성이 높아지고 이런 방식의 '필·찾 인간관계'는 더욱더 확장될 가능성이 커 보인다. 다만, 자신의 목적에 맞게 인간관계를 효율적으로 관리하려는 이 같은 욕망이 커지게 되면 인간관계 자체에 대한 진정성을 훼손하고 의심하게 될 가능성이 높기 때문에 관계 자체에 대한 일종의 공포증소셜포비아, Social Phobia을 유발할 가능성도 있어 보인다.

세 번째는, '개인 취향 존중' 문화의 극대화로 인한 공동체 가치관과 도덕적인 문제의 충돌 가능성이 더 커졌고, 이 경향은 앞으로 더 커질 가능성이 높다는 점이다. 이것은 앞서 언급한 인간관계의 축소와 폐쇄형 SNS의 확산으로 대표되는 '끼리끼리 문화'의 확대, '개인 취향 존중'의 극단화와 관련이 깊다. 현재 한국 사회에서의 인간관계는 과거에 비해 훨씬 느슨해졌다. 많은 문제를 '취향 존중'이라는 차원에서 접근하고 있기 때문이다. 압도적으로 높은 비율로 응답자들은 '개인의 취향은 존중되어야 한다'고 주장한다(86.8%).[45] 그리고 나 또한 타인의 취향을 인정해주며(84.6%), 나와 다른 취향을

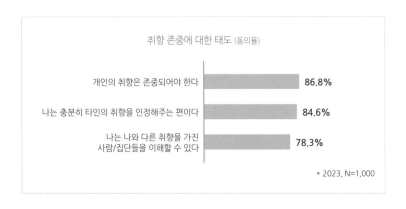

가진 사람/집단을 이해할 수 있다고 주장한다(78.3%).[46] 이렇게 개인의 취향을 강하게 존중받기를 원하고 존중해줘야 한다고 생각하는 문화가 극단화되면 어떤 일이 벌어질까?

실제로 이런 맥락으로 읽힐 수 있는 사건이 있었다. 소방서의 '사이렌 소리'에 민원이 제기되거나,[47] 3·1절에 일장기가 게양되는 사건[48]이다. 개인의 상황(혹은 취향)이 존중받아야 한다는 주장을 극단적으로 내세워보면, 소방서는 '사이렌을 *끄고*' 출동하거나, 일본 제국주의에 항거하는 '3·1절을 기념하는 날에 일장기'를 걸어도 된다는 얘기가 된다. 하지만 이 두 개의 사건은 사회 전체적으로 보면 상식 파괴에 가깝다.

상식 common sense이란 어원이 '공동의 감각', 즉 공동체를 구성하는 많은 사람들이 느끼고 공유하는 인식과 관련

된 감각인데, 이 감각과 충돌하는 것이다. 우려가 되는 것은 2024년은 큰 선거가 있는 해이기 때문에, 이런 공동체의 상식을 넘나드는 도덕성과 충돌하는 문제가 개인 취향이라는 개념으로 더욱 확대될 가능성이 커질 것이라는 것이다. 공동체의 상식을 넘나드는 지식이나 도덕성을 위협하는 가치관이 '중요한 타인의 부재'로 인해 브레이크 없이 질주하고 있다.

자, 이제 현실 세계로 돌아와서, 친구 좋은 건 알겠는데 어른이 되어서 좋은 친구를 어떻게 맺을까? 여기서 김난도 교수는 '어른들의 친구 맺기'에 대해 좋은 팁을 준다.

어릴 때 만났으면 좋은 친구고, 사회에서 만나면 그냥 업무상의 지인이라는 식의 한계를 미리 만들 필요는 없다. 아무리 나이 들어서 만났더라도, 자주 만나고 솔직하게 감정을 교환할 수 있다면 언제라도 진짜 친구를 만들 수 있다. 학창 시절의 절친이라 해도 깊이 사귀었던 시간은 대개 3~4년 정도다. 사실 사회에서 만나는 관계가 그보다 훨씬 오래갈 수 있다.

중요한 것은 지금까지 얼마나 오래 만났는가 하는 기간의 문제가 아니라, 어떤 의도로 만나느냐, 하는 목적의 문제다. 서로에게 이익을 기대하는 것이 아니라, 그저 만나서 대화하고 교감할 수 있는 사이라는 것을 확인할 수 있다면, 바로 친구가 될 수 있다. 벗으로 삼고 싶은 사람이 있으면 일단 '목적'을 버리고 '인간'으로 접근하라. 그대가 먼저 마음을 열어라. 친구하자고 말하라. 어쩌면 너의 평생 절친은 아직 생기지 않았다.

김난도, 《천 번을 흔들려야 어른이 된다》, p.179

하이볼의 제조법은 간단하다. 목이 긴 투명한 잔을 하나 준비하고 여기에 얼음을 넣고(둥근 볼ball 모양 얼음이면 더 좋다), 베이스가 되는 알코올(주로 위스키)을 기호에 따라 조금 넣고, 토닉워터나 탄산수를 넣은 뒤, 자신의 취향에 맞는 과즙 음료나 원액을 약간 가미하면 끝. 간단히 요약하면, '얼음 + 알코올 + 탄산수(토닉워터) + 취향대로 추가'하면 끝. 여기에 함께할 친구 한 명 추가하면 금상첨화가 아닐까?

임시 친구
저도주 시장 지각변동

친구보다 먼, 타인보다는 가까운
'임시 친구' 찾아요 >>>

최근 중국 2030세대를 중심으로 '다쯔'라는 새로운 친구 방식이 유행하고 있다. '다쯔'는 비슷한 취미나 취향, 특정 활동 등을 함께 할 '임시 친구'를 찾는 것을 말한다. 예를 들면 맛집을 같이 갈 사람, 공부나 운동을 같이 할 사람, 주말에 잠깐 산책할 사람 등을 SNS에서 구하는 것이다. 〈중국청년보〉의 조사 결과에 따르면 응답자 전체의 72.6%가 일상에서 여러 '다쯔'들이 있다고 응답했다.[49] 중국 내 주요 매체와 관련 전문가들은 이 새로운 유형의 사회관계 맺기가 어떤 방향으로 확대되고 변화할지, 중국 사회에 어떤 영향을 끼칠지 관찰

找个搭子

最好是90后，本人96年，怕年龄差太多

有代沟，玩不到一起去

秒回信息，可以成为彼此的垃圾桶，一起分享快
乐和伙伴，最好是话多的，但不事事的那种，
本人性格开朗，上班族，可一起出去干饭、打游
戏，运动，聊得好也可以一起出去旅行，偶尔也
可以小酌一杯🍺

所有活动A，🙏非常快，真诚找搭子的来，玩心
眼的勿扰，浪费彼此时间

哈尔滨找搭子

本人比较娇小，不介意可以来私我哟，因好朋友
去了外地，平时下班周末太无聊了，找个搭子一
起玩呀 #哈尔滨找搭子 #交朋友

평일 퇴근 후나 주말을 같이 보낼 '다쯔'를 구하는 글
출처: 한겨레

하고 있다. 일단은 젊은 세대에게 가장 익숙한 공간이 소셜 미디어이기에 그것을 통해 '가볍고 부담 없으면서도, 책임질 필요는 없지만' 심리적 위로가 되는 새로운 사회관계를 각종 다쯔에서 찾는다고 분석했다.

친구 관계뿐만 아니다. 깊은 연애보다 스킨십만 즐기는 관계도 유행 중이다. 키스만 하고 연인 관계로는 발전하지 않는 이른바 '쭈이여우嘴友(입 친구)'가 늘어나고 있는 것이다. 이들은 서로의 사생활에는 간섭하지 않고, 원하면 관계를 중단한다. 시간과 감정, 돈을 써야 하는 '연애'를 할 여건이 안 되는 젊은이들이 입 친구와 같은 관계를 '대안'으로 찾고 있다는 분석이다.[50]

내 장례식에 몇 명 올까 궁금해
가짜 장례식 연 중년 >>>

브라질에 사는 한 60대 남성이 '가짜 장례식'을 열어 논란이 됐다. 가족과 친지들은 SNS상에 전해진 그의 갑작스러운 사망 소식에 당황하며 장례 장소인 예배당으로 모였는데, 죽

가짜 장례식을 연 후 헬기를 타고 등장한 벨기에의 틱톡커 데이비드 배튼
출처: 틱톡

은 줄 알았던 남자가 걸어 들어온 것이다. 사건의 주인공은 현지 매체를 통해 "내 장례식에 누가 올지 궁금해 가짜 장례식을 계획하게 됐다"고 의도를 밝혔다.[51] 벨기에에서도 한 틱톡커가 가짜 장례식을 열고 '헬기'를 타고 등장하는 영상을 업로드해 논란이 되기도 했다. 그는 "사이가 소원해진 친인척의 반응이 궁금했다"며 그들이 얼마나 슬퍼하는지, 누가 오지 않았는지를 확인하고 싶었다고 말했다.[52]

더 이상 사내 로맨스를 꿈꾸지 않는다 >>>

일본에서 일반적이었던 사내 연애 문화가 빠른 속도로 변화하고 있다. 과거 일본 내 직장 연애는 결혼으로 이어지는 왕도로 여겨지며 정부와 회사에서도 권유하는 분위기였지만 성희롱 리스크, 사생활에 대한 젊은 세대의 인식 변화, 좁혀진 성별 임금격차 등으로 인해 빠르게 줄어들고 있다는 분석이다. 여기에 코로나19 사태 이후 데이트 매칭 애플리케이션을 통한 만남에 익숙한 MZ세대들의 연애 방식 변화도 사내 연애가 급감하는 이유로 지목된다. 사태가 이렇게 되자 최근 일본 정부의 출생 동향 기본 조사에서는 결혼 계기 부분에 '소셜 네트워크 서비스SNS나 앱 등 인터넷을 통해서'라는 항목이 새롭게 추가되기도 했다. 젊은이들에게 취향이나 조건이 맞는 사람을 언제 어디

출처: 게티이미지 뱅크

서나 검색할 수 있는 앱의 간편함은, 얽매여 다니는 사내 연애보다 매력적인 도구로 인식되고 있다. 이들에게는 굳이 여러 가지 부작용이 예상되는 사내 연애를 할 이유가 없으며, 이미 매칭 앱을 통한 만남이 일반화되고 있는 중이다. [53]

"코로나로 웃는 법 까먹었어요."
'웃기 학원' 찾는 일본의 MZ세대 >>>

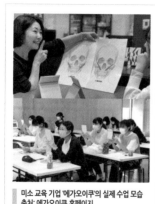

미소 교육 기업 '에가오이쿠'의 실제 수업 모습
출처: 에가오이쿠 홈페이지

2023년 3월 일본 정부가 코로나 3년 만에 마스크 의무 착용 해제를 발표한 후 일본 MZ세대에서 '웃는 방법'을 알려주는 수업이 인기를 끌고 있어 화제다. 비대면 소통이 늘면서 일상적인 소통과 감정 표현에 어려움을 겪는 경우가 많아졌기 때문이다. 마스크 착용 자율화 발표 후 일본 SNS에서는 "웃는 법을 잊어버렸다"는 반응이 이어질 정도다. 일본의 '미소 교육 기업' 에가오이쿠의 수업료는 한 시간에 7,700엔(약 7만 원)으로 낮지 않은 수준이지만, 2022년 대비 수강생이 4배 이상 증가한 것으로 나타났다. [54] 업체 대표는 취업 면접을 앞두고 자연스럽게 웃는 방법을 배우려는 청년층이 몰리고 있다고 설명했다. [55]

'플라토닉한 우정'도 앱으로 찾는다 >>>

틴더에 이어 미국 내 데이팅 앱 2위 앱인 '범블'이 최근 범블 앱과 별개인 새로운 플랫폼 '범블 포 프렌즈Bumble for Friends'를 공개했다.[56] 기존의 비슷한 형태의 앱 대부분이 연인이나 혹은 결혼 상대자를 찾는 것에 초점이

데이팅앱 '범블'에서 출시한 '범블 포 프렌즈'
출처: 범블

맞춰져 있다면, 이 앱은 연애와는 별개로 '의미 있는 절친'을 만드는 데 도움을 주고자 만들어졌다는 점에서 차별화된다. 범블 관계자는 연인이 아닌 '친구'를 찾아주는 서비스로 데이팅 앱을 다운받기를 꺼리는 이들에게, 혹은 '플라토닉(정신적)한 우정'을 찾기를 원하는 사람들에게 좋은 대안이 될 수 있을 것이라며 기대감을 나타냈다.

"오프라인이 무서워"… '소셜포비아' 확산 >>>

최근 중국 온라인상에서는 '소셜포비아'를 뜻하는 용어 '셰콩shekong'이 유행하고 있다. 한국의 '아싸(아웃사이더)'와 비슷한 신조어로, SNS 해시태그 등에 사용되고 있다. 관젠Guan Jian 난카이대학 사회심리학과 교수는 "전통적 사회에서는 친구나 친척 집을 방문하거나 중요한 날 의례 행사를 여는 등 사회적 활동에 대한 수요가 높았다"

며 "그러나 상황이 바뀌었다"고 진단했다. 관 교수는 "온라인 커뮤니케이션과 온라인 활동이 현세대 젊은이들에게 일상의 일부가 됐다"며 "(청년들에게는) 대면 접촉에 대한 욕구가 없다"고 분석했다. 실제로 후베이성 우한에서 대학을 졸업한 한 학생은 "새로운 사람과 어울리는 것을 즐기지 않는다"며 "처음 보는 사람에게 나를 소개하는 것에 거부감이 든다"고 말했다. 베이징에서 대학원을 다니는 렌웬도 "팀 프로젝트와 같은 활동은 사람이 너무 많아 피한다"며 "이러한 상호작용에는 많은 정신적 노력이 필요하다"고 토로했다.[57]

역대 최고로 우울한 미국 사회 >>>

미국 여론조사 기관 갤럽에 따르면 미국인 가운데 생애 한 번이라도 우울증 진단을 받은 비율은 29.0%였으며, 현재도 관련 진단을 받거나 그에 따라 치료를 받는 비율은 17.8%에 달하는 것으로 나타났다. 갤럽은 이 같은 비율은 2015년 관련 조사를 시작한 이후 가장 높은 것이라고 설명하며, 미국에서의 우울증 증가는 추세적인 상황이라고 진단했다. 현재 외로움과 우울증을 호소하는 미국인 비율은 사상 최고를 기록하고 있다.[58]

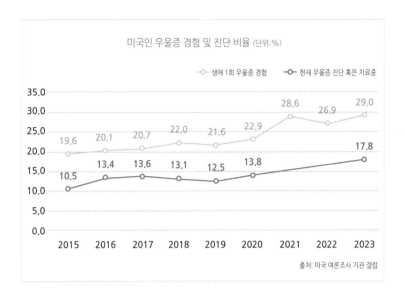

미국인 우울증 경험 및 진단 비율 (단위:%)

○ 생애 1회 우울증 경험 　　●○ 현재 우울증 진단 혹은 치료중

생애 1회 우울증 경험: 19.6, 20.1, 20.7, 22.0, 21.6, 22.9, 28.6, 26.9, 29.0

현재 우울증 진단 혹은 치료중: 10.5, 13.4, 13.6, 13.1, 12.5, 13.8, 17.8

2015　2016　2017　2018　2019　2020　2021　2022　2023

출처: 미국 여론조사 기관 갤럽

'비주류' 사업 팔 걷은 주류업계 >>>

전 세계적으로 술 시장에 지각변동이 일고 있다. '맥주의 나라' 독일에
서는 1인당 맥주 소비량이 1980년대 145.9리터에서 2021년 89.4리
터까지 줄었고, 중국의 대표 주
종인 바이주(백주)도 중국 내 판
매량이 2020년 약 77억 1,000만
리터로 2016년(130억 6,000만 리
터)에 비해 크게 줄어든 것으로
나타났다. 프랑스의 경우 와인
소비량이 크게 줄면서 와인을
공업용 알코올로 바꾸거나 상

독일 1인당 맥주 소비량 추이(단위: L)

145.9 ... 89.4

1980년 ... 2021년

출처: 스태티스타(statista)

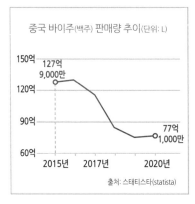

중국 바이주(백주) 판매량 추이(단위: L)

150억
127억
9,000만
120억

90억

77억
1,000만
60억

2015년　2017년　2020년

출처: 스태티스타(statista)

세계 와인 소비량 추이(단위: L)

260억
251억
5,100만
250억

240억

234억
7,100만
230억

2007년　　　　　2021년

출처: 국제와인기구(OIV)

당 부분의 포도밭을 갈아엎는 특단의 조치가 취해지는 등 글로벌하게 맥주·와인 같은 전통적인 인기 술의 소비량이 큰 폭으로 줄어들고 있다. 주요 이유로는 건강을 이유로 주류 소비 자체가 줄었거나 '홈술(집에서 마시는 술)'과 '혼술(혼자 마시는 술)' 등의 술 소비 패턴이 달라졌기 때문이라고 전문가들은 분석한다. 이런 변화에 세계 주류업계도 디저트를 만들거나 생뚱맞게(?) 건강식품 시장에 뛰어들고, 캔 하이볼, 색다른 무알코올 음료를 출시하는 등 나름대로 생존 전략을 찾고 있는 중이다.[59]

혼밥·혼술에
사라지는 올빼미족>>>

미국 저녁 시간 식당가의 모습이 달라지고 있다. 낮 시간에 외식을 하거나 여가를 즐기려는 사람들이 많아지고 있기 때문이다. 〈월스

트리트저널WSJ〉에 따르면 최근 미국의 인기 식당은 저녁 8시면 주방을 마감하고, 저녁 피크 타임도 기존 오후 7시에서 오후 5~6시로 앞당겨지고 있는 것으로 나타났다. 실제 지역 리뷰 플랫폼 옐프는 오후 2~5시 사이에 식당을 찾는 사람들이 하루 방문객의 10%를 차지하고 있으며, 2019년 대비 5% 증가한 수치라고 설명하기도 했다.[60] 퇴근 후 근처 식당에서 '혼밥'이나 '혼술'을 즐기고, 8시 이전에 집으로 돌아가려는 직장인들이 증가하고 있는 모습으로, 심지어 밤 9시나 10시에 만나 새벽까지 밤새도록 노는 것을 즐기던 젊은 세대도 8시나 9시에 귀가해 일찍 취침하는 스타일로 변화하고 있는 것으로 나타났다.[61] 이른 저녁 식사에 대한 수요는 오후 시간대에 영화를 찾고, 저녁 시간 우버 이용객이 감소하는 것을 통해서도 확인할 수 있었다. 극장가와 식당은 심야 영화를 줄이고 오후 5시부터 저녁 서비스를 제공하는 등 이른 시간을 선호하는 소비자들의 새로운 흐름에 맞춰 발 빠르게 움직이고 있는 모습이다.

감소하는 술 소비량,
그러나 증가하는 '저도주' 판매량〉〉〉

코로나19 엔데믹 전환에 따라 미국의 술집과 식당이 다시 제자리를 찾아가고 있는 모습이다. 단, '술'만은 예외였다. KATI 농식품수출정보가 21세 이상의 소비자 2,000명을 대상으로 진행한 설문 조사 결과에 따르면, 지난 12개월 동안 소비자의 23%가 집에서 술을 더 많이 소비한 반면 식당에서 더 많은 양의 술을 즐긴 소비자는 16%에 불과한 것으로 나타났다. 게다가 전반적인 술 소비량 자체가 감소세를 보이고 있었다. 전체 소비자의 21%는 집에 있는 동안 술을 덜 마셨으며, 술집과 식당에서 술을 마시는 사람들의 25%가 이전보다 술을 덜 소비한다고 응답한 것이다. 주목할 만한 점은 소비자들이 전통적인 알코올 대신 바로 마실 수 있는 'RTD 칵테일'이나 '하드셀처'를 선호하고 있어,[62] 이전보다 저도주에 대한 호감도가 높아진 모습을 확인할 수 있었다. 특히 하드셀처는 탄산수에 5% 안팎의 알코올이 들어간 데다 칼로리까지 낮아 술은 마시고 싶지만 건강 유지에도 관심이 많은 MZ세대 사이에서 큰 인기를 얻고 있는 것으로 나타났다.[63]

저도주 열풍은 세계 곳곳에서 찾아볼 수 있었다. 일본 국세청에 따르면, 일본 주류시장에서 맥주와 일본식 청주 소비량이 지속적으로 감소하고 있는 가운데, 저도주인 리큐어(곡류나 과실류를 사용한 혼성주)류의 판매량이 증가하고 있는 것으로 나타났다. 최근에는 일본의 젊은 세대를 중심으로 츄하이(저알코올 칵테일 음료)와 같이 가볍고 다양한 맛을 즐길 수 있는 저알코올 주류의 수

출처: 게티이미지 뱅크

요가 높아지고 있는 추세다.[64] 이탈리아에서는 '네그로니 스바글리토Negroni Sbagliato' 칵테일이 젊은 세대 사이에서 떠오르고 있다. 네그로니 칵테일에 진Gin 대신 스파클링 와인을 넣어 만든 술로, 우연한 실수로 스파클링 와인을 넣게 되어 '실수한'이라는 뜻의 스바글리토Sbagliato라는 이름이 붙었다. 네그로니의 도수가 20~30%인 반면, 네그로니 스바글리토의 도수는 15%로, 기존의 칵테일보다 가볍게 즐길 수 있는 술로 알려졌다.[65]

어린이들의 천국 앞에 나치 깃발 펄럭 >>>

미국에 있는 디즈니월드 앞에 신나치 성향의 극단주의자들이 몰려가 혐오 시위를 벌여 세간에 충격을 줬다. 현지 매체에 따르면 신나치 추종자들은 올랜드 디즈니월드 앞에서 나치 휘장이 새겨진 옷을 입고 나치 깃발을 휘둘렀다. 시위에는 미국 최대 신나치 단체 및 여러 극단주의 단체가 참여했으며, 시위 현장에는 반유대주의와 백인 우월주의, 성 소수자 혐오를 상징하는 깃발도 목격됐다. 인종차별과 성性 정체성 문제에 대해 보수적인 입장을 밝히면서 디즈니와 갈등을 빚은 플로리다 주지사를 지지하

출처: 로이터, 연합뉴스

기 위한 시위였다. 오렌지 카운티 보안관 사무소는 이들이 언론의 관심을 끌 목적으로 디즈니월드를 시위 장소로 선택해 반유대주의 상징과 비방으로 사람들을 선동하려 했다면서 "우리는 이들 단체의 행동을 강력히 규탄한다"고 밝혔다.[66]

태국에선 대마를 취향대로 즐긴다? >>>

2023년 6월 태국은 코로나19 확산 이후 붕괴된 관광산업 활성화 목적으로 대마 판매 및 흡입을 합법화했다. 그러자 방콕 카오산로드 등 번화가, 관광지를 중심으로 대마 카페가 우후죽순 생겨나기 시작했다. 편의점, 약국, 대형 마트에서도 대마 성분이 들어간 식품을 쉽게 구매할 수 있으며, 대마가 들어간 국수, 차, 과자 등을 파는 식당도 등장했다. 그동안 모든 마약을 위험한 사회악으로 간주하던 태국이었기에, 태국인들은 합법화 조치 이후 빠르게 성장하는 대마초 산업에 당혹감을 보이고 있다.[67] 판매가 허용된 것은 대마뿐이지만 다른 마약류까지 쉽게 구할 수 있게 된 점도 문제다. 실제로 현지에 방문한 기자가 대마초 판매 노점상에게 "다른 마약도 있냐?"고 묻자 "코카인, 케타민, 엑스터시, 필로폰도 있다"고 답했다.[68]

태국의 대마초 판매 매장
출처: Cloud Nine

엠브레인 패널 빅데이터® INSIGHT III

▶ 현재까지 OTT 시장에서는 '넷플릭스' 이용률이 압도적으로 높음.

▶ 2022년까지는 '티빙', '쿠팡 플레이', '웨이브'의 3파전이었으나, 최근 '쿠팡 플레이'의 빠른 성장세가 돋보임.

▶ 이는 최근 쿠팡의 '로켓 와우' 멤버십 가입만으로 타 OTT 대비 차별화된 콘텐츠(예, 해외축구 등)를 이용할 수 있다는 점이 '옥석 가리기' 전략을 시도하는 소비자들에게 큰 메리트로 다가왔기 때문으로 분석됨.

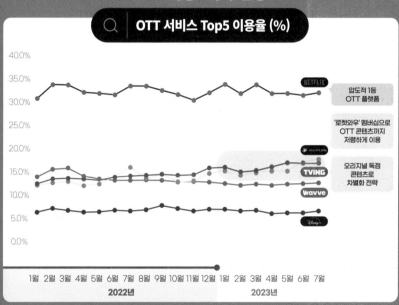

멤버십 옥석 가리기 전략이 가져 온 'OTT 시장' 지각 변동

OTT 서비스 Top5 이용율 (%)

NETFLIX — 압도적 1등 OTT 플랫폼

coupang play — '로켓와우' 멤버십으로 OTT 콘텐츠까지 저렴하게 이용

TVING / wavve — 오리지널 독점 콘텐츠로 차별화 전략

Disney+

2022년: 1월 2월 3월 4월 5월 6월 7월 8월 9월 10월 11월 12월
2023년: 1월 2월 3월 4월 5월 6월 7월

유료 멤버십 종류가 다양하다면 좋은 혜택을 가진 몇 가지 멤버십만 추려서 이용할 생각이다

※트렌드모니터 조사자료 인용 (사이트참고)

80.6% (동의율)

'고만고만하면 도태'…멤버십 '옥석 가리기' 시작됐다

우후죽순 '유료 멤버십'…진짜 필요한지는 따져봐야

PART 4

CULTURE

빨리 감기와
영트로 문화

'빨리 감기'라는 중독

배속 시청 · 중독되는 뇌
· 매운맛은 대세 & '의도적' 정속 주행이라는 틈새

시청 습관을 바꾸게 될
'이 기능'을 추가하다

세계를 뒤덮은 코로나바이러스가 최초로 보고되기 한 달 전, 넷플릭스Netflix는 의미심장한 기능을 내놓는다. 신작 영화에 대해서도[1] 속도를 조절해서 볼 수 있는 기능을 탑재한 것이다. 이 기능은 시청자들로 하여금 1.5배 빠르게 보기부터 0.5배 느리게 보기까지 속도를 조절해서 볼 수 있게 한다.[2] 기본적으

넷플릭스, '빨리돌려보기' 기능 선보여···영화계, "모욕적" 반발

(서울=연합뉴스) 윤고은 기자 = 영화 관람 문화를 새롭게 바꾸고 있는 글로벌 동영상 서비스 (OTT) 기업 넷플릭스가 이번에는 신작 영화에 대해 '빨리 돌려보기', '느리게 돌려보기' 기능을 선보여 영화계 인사들이 반발하고 있다.

29일(현지시간) 영국 BBC방송에 따르면 넷플릭스는 모바일로 신작 영화(드라마)를 볼 때 이용자 마음대로 속도를 조절할 수 있는 기능을 시험 중이다.

1.5배 빠르게 보기부터 0.5배 느리게 보기까지 가능한 이 기능은 안드로이드 기반 스마트폰에서만 활용할 수 있는 것으로 알려졌다.

(연합뉴스 자료사진)

로 이 기능은 양날의 칼과 같은 성격을 가지고 있다. 시청자들에게
는 시간 통제권을 확장한다는 개념이 강하지만, 창작자들에게는 창
작 의도가 무시되는 결과를 가져올 수도 있다. 한 화면을 지루할 정
도로 고정하는 화면을 배치하거나, 얼굴을 극단적으로 클로즈업하
거나, 대사가 없는 장황한 장면을 반복하거나 하는 등은 사실상 작
가의 정교한 예술적 의도가 담겨 있을 수 있는데, 이를 관객이 '빨리
보기'나 '넘겨 보기'로 왜곡할 가능성이 있기 때문이다.

아니나 다를까, 넷플릭스의 '빨리 감기' 기능 도입은 영화계의 즉
각적인 반발을 불러일으켰다. 영화 〈미션 임파서블Mission Impossible〉을
연출한 브래드 버드 감독은 이를 두고 "이미 피를 흘리고 있는 영
화계에 또다시 칼을 댄 것"이라고 표현했고, 〈스파이더맨: 뉴 유니
버스Spiderman: New Universe〉를 연출한 피터 램지 감독은 여기서 한발 더
나아가 "콘텐츠를 시청하는 데 게으르고 취향도 없는 자들을 위해
모든 서비스를 해줘야 하나?"라고 불특정 시청자들을 향해 험한 말
을 쏟아내기도 했다.[3] 이런 불편한 영화계의 집단적인 반발을 고려
했는지, 넷플릭스의 로빈슨 부사장은 "단시간에 이 기능을 상용화
할 계획은 없다. 이 기능을 도입할지 여부는 여러 반응에 의해 결정
될 것"[4]이라고 한발 물러섰다. 이후 이 넷플릭스의 '(사실상) 빨리 보
기' 기능(배속 기능, 느리게 보기로 시청하는 사람들은 극히 드물다)에 대한
보도나 뉴스는 수면 아래로 가라앉았고 이슈는 묻히는 듯했다.

그런데 이 '넷플릭스의 빨리 보기 기능'이 처음 탑재된 2019년 8월
무렵, OTTOver The Top시장에서 돌던 뉴스가 있었다. '넷플릭스의 위
기론'이다. '지구 최강' 미디어 기업인 디즈니Disney의 OTT가 국내에

등장한다는 뉴스 가 쏟아졌고, 자 연스레 넷플릭스 의 위기론으로 이 어진 것이다. 자체

제작 콘텐츠 경쟁력이 부족한 넷플릭스는 발등에 불이 떨어졌고, 만년 적자에 허덕이던 넷플릭스가 경쟁에서 뒤처질 것이라는 전망 이 많았다.[5] 실제로 디즈니의 콘텐츠가 넷플릭스에서 철수한다는 소식 이후 당시 넷플릭스 주가가 떨어지기도 했다.[6] 여기까지가 코 로나 팬데믹 이전의 '옛날' 뉴스다.

자, 2019년 8월 이후 4년이 지난 2023년 현재, 무엇이 달라졌을 까? 일단, OTT시장에서는 '지구 최강' 콘텐츠 기업이라던 디즈니 의 디즈니플러스가 고전 중이다. 2023년 1분기에 세계적으로 구독 자가 400만 명이 빠져나갔다는 암울한 뉴스가 나오기 시작했고,[7] 주가도 연이어 폭락 중이며, OTT의 손실을 테마파크 사업(글로벌 디 즈니랜드 사업)으로 메꾸고 있다는 소식이 전해진다.[8] 2019년도의 예 상과는 달리 넷플릭스는 디즈니를 벼랑 끝으로 몰아내면서, 한국의 OTT시장에서 독주하고 있다.[9] 빅데이터 분석 솔루션 모바일인덱 스에 따르면 2023년 2월 기준, 국내 주요 OTT의 월간 활성 이용자 수[MAU] 순위는 넷플릭스(1,150만 명), 티빙(475만 명), 쿠팡플레이(401만 명), 웨이브(376만 명), 디즈니플러스(208만 명), 왓챠(71만 명)순으로 나 타났다.[10] 이 숫자로만 보면, 국내 주요 토종 OTT인 티빙과 웨이브 를 다 합쳐도 넷플릭스의 활성 이용자 수에 못 미치고, 디즈니플러

스의 점유율은 넷플릭스의 20%도 채 되지 않는다.

2019년과 2023년 사이에 OTT시장에는 어떤 변화가 있었던 것일까? 눈에 띄는 변화가 몇 가지 있었다. 일단 지난 3년간 유례가 없던 전염병인 코로나 팬데믹이 세계를 덮치면서 집에 머무는 시간이 길어졌고, 사람들이 영화관에 가지 않았고, 콘텐츠 소비시장이 OTT라는 플랫폼 위주로 성장했다. 여기에 콘텐츠 시청자들의 습관까지 변했다. 바로 '빨리 감기' 시청 습관이다. 그리고 현재까지 이 모든 환경적 변화의 수혜를 넷플릭스가 받고 있는 것처럼 보인다.

이제 거의 모든 영상을 "
'건너뛰면서', '빨리 감기'로 본다

일본의 칼럼니스트인 이나다 도요시는 자신의 저서 《영화를 빨리 감기로 보는 사람들》에서 이 '빨리 감기' 시청 습관의 문제를 처음 제기했다. 2021년 3월에 일본에서 실시한 조사를 인용하면서 일본의 20대 중 절반(49.1%)이 '빨리 감기'로 영상을 시청한 경험이 있었다고 전한다.[11] 저자가 직접 진행한 20대 대학생들의 설문에서는 이 비율이 66.5%로 더욱 올라간다('빨리 감기를 자주 본다' + '때때로 (빨리 감기로) 본다'의 합계 비율).[12] 일본의 20대 3명 중 2명 이상이 영상 콘텐츠를 정상 속도로 보고 있지 않는 것이다. 이 결과는 한국에서도 거의 똑같이 나타나고 있었다.

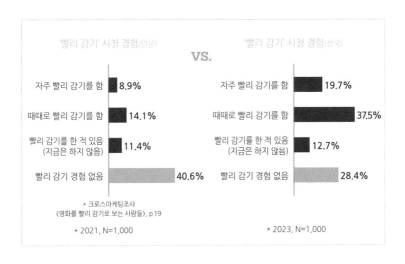

'빨리 감기' 시청 경험(일본)

자주 빨리 감기를 함	8.9%
때때로 빨리 감기를 함	14.1%
빨리 감기를 한 적 있음 (지금은 하지 않음)	11.4%
빨리 감기 경험 없음	40.6%

VS.

'빨리 감기' 시청 경험(한국)

자주 빨리 감기를 함	19.7%
때때로 빨리 감기를 함	37.5%
빨리 감기를 한 적 있음 (지금은 하지 않음)	12.7%
빨리 감기 경험 없음	28.4%

* 크로스마케팅조사
《영화를 빨리 감기로 보는 사람들》, p.19

* 2021, N=1,000   * 2023, N=1,000

마크로밀 엠브레인에서 2023년 7월에 진행한 조사를 보면 '빨리 감기 시청 경험'은 69.9%로 한국에서도 10명 중 7명의 시청자들이 영상 콘텐츠를 빨리 감기로 보고 있었다.[13] 정상 속도에 비해 1.2~1.5배로 빨리 보는 비율이 46.7%에 달했고, 정상 속도로 보면서 5~10초 단위로 '감아서' 보는 사람의 비율도 22.2% 수준으로 나타났다.[14] 7.4%는 정상 속도에 비해 2배(최대 배속)로 시청하고 있는 것으로 나타났다.[15]

빨리 감기로 시청하는 영상 유형은 주로 '정보 제공 영상(52.9%, 1순위)'이 가장 많았고, 다음으로 '1인 방송(44.2%, 2순위)', '예능(37.9%, 3순위)', '드라마(35.6%, 4순위)', '영화(30.6%, 5순위)'순이었는데, 공부나 학습 영상(22.3%), 뉴스(22.2%)는 상대적으로 빨리 감기 시청을 덜 하는 콘텐츠였다.[16]

사람들은 왜 이렇게 '빨리 감기'로 시청하고 있는 것일까? 응답자

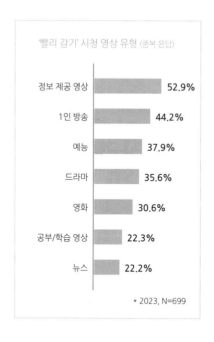

'빨리 감기' 시청 영상 유형 (중복 응답)

정보 제공 영상 **52.9%**

1인 방송 **44.2%**

예능 **37.9%**

드라마 **35.6%**

영화 **30.6%**

공부/학습 영상 **22.3%**

뉴스 **22.2%**

* 2023, N=699

들은 그 이유가 '시간을 아끼고 싶어서'라고 답했다. '봐야 할 것은 너무 많은데 시간이 없다'(36.5%, 2순위)는 것이다. 이와 유사하게 '다른 할 일이 많은데 보아야 할 영상도 많다'는 응답(31.9%, 3순위)과, 비슷한 맥락에서 '빨리 감기로 보는 것이 영상을 가성비 있게 소비하는 방법'이라는 의견도 강했다(23.7%, 5순위).[17]

그러나 이 많은 응답들 중 가장 높은 응답을 받은 것은 바로 '빨리

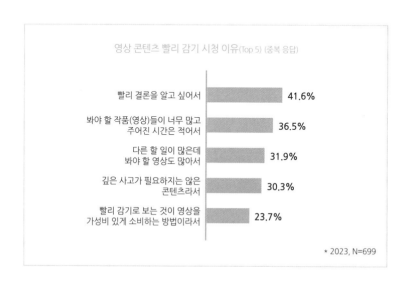

영상 콘텐츠 빨리 감기 시청 이유(Top 5) (중복 응답)

빨리 결론을 알고 싶어서 **41.6%**

봐야 할 작품(영상)들이 너무 많고 주어진 시간은 적어서 **36.5%**

다른 할 일이 많은데 봐야 할 영상도 많아서 **31.9%**

깊은 사고가 필요하지는 않은 콘텐츠라서 **30.3%**

빨리 감기로 보는 것이 영상을 가성비 있게 소비하는 방법이라서 **23.7%**

* 2023, N=699

결론을 알고 싶어서'(41.6%, 1순위)였다.[18]

《영화를 빨리 감기로 보는 사람들》의 저자 이나다 도요시는 인터뷰를 통해 일본의 청년 세대(특히 20대)들은 영상을 빨리 감기로 시청하는 이유 중 하나가, '대화에 참여하기 위한 욕구'가 강하고, 그래서 유행할 때 그 해당 영상을 봐야 한다는 욕구가 높다고 분석한다.[19]

하지만 마크로밀 엠브레인에서 분석한 자료에 따르면 이런 욕구는 한국 사회에서 그다지 높지 않았다. 다른 사람과 대화에 참여하기 위해 어쩔 수 없이 봐야 한다는 욕구(동의 12.4% vs. 비동의 83.0%)와 유행하는 영화나 드라마를 보아야 사람들과의 이야기에 낄 수 있다는 인식(동의 34.9% vs. 비동의 52.1%)은 현저하게 낮게 나타났기 때문이다.[20] '빨리빨리' 문화가 강한 한국에서는 '타인과의 대화 욕구'보다는 '빨리' 결론을 알아내고, '빨리' 다른 콘텐츠까지 봐야 한다는 욕구가 큰 것으로 보인다.

이제 '1분'도 답답하다, "
숏 클립으로 짧고 빠르게

우리나라는 일단 빠르게 내용을 파악하고자 하는 욕구가 유독 강한 편이었다. 이런 '빠른 내용 파악'이라는 욕구는 영화나 드라마를 시청하기 전에 '미리' 사전 정보를 찾는 활동으로도 이어지는 것 같다. 53.9%의 응답자들은 영화나 드라마 시청 전에 사전 정보를 찾으면서 내가 좋아하는 콘텐츠인지, 혹은 취향에 맞는 것인지

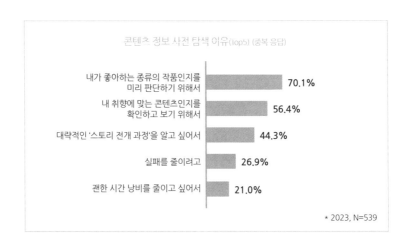

콘텐츠 정보 사전 탐색 이유(Top5) (중복 응답)

내가 좋아하는 종류의 작품인지를
미리 판단하기 위해서 — 70.1%

내 취향에 맞는 콘텐츠인지를
확인하고 보기 위해서 — 56.4%

대략적인 '스토리 전개 과정'을 알고 싶어서 — 44.3%

실패를 줄이려고 — 26.9%

괜한 시간 낭비를 줄이고 싶어서 — 21.0%

* 2023, N=539

를 판단(사전 정보 탐색 이유-1순위. 좋아하는 종류의 작품인지를 미리 판단하기 위해서 - 70.1%, 2순위. 취향에 맞는 콘텐츠인지를 확인하고 보기 위해서 - 56.4%)[21]하고 있었는데, 이것은 '실패(망작)를 피하기 위한' 나름의 효율성을 추구한 행동으로 보인다(나는 영상을 보기 전에 실패(망작)를 줄이고 싶다 - 69.5%).[22]

흥미로운 것은 이렇게 빨리 감기 시청 방식은 타인(특히 친구)과 함께할 때는 거의 선택하지 않는 시청 방법이라는 것이고(친구와 함께 영상을 볼 때도 빨리 감기로 본다 - 동의 9.4% vs. 비동의 85.6%), 유독 '혼자 볼

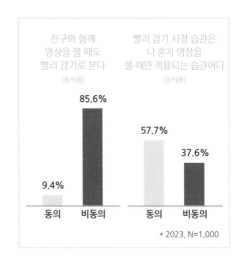

친구와 함께
영상을 볼 때도
빨리 감기로 본다
(동의율)

빨리 감기 시청 습관은
나 혼자 영상을
볼 때만 적용되는 습관이다
(동의율)

동의 9.4% 비동의 85.6%   동의 57.7% 비동의 37.6%

* 2023, N=1,000

때만' 상대적으로 많이 드러나는 시청 방식(빨리 감기 시청 습관은 나 혼자 영상을 볼 때만 적용되는 습관이다 – 57.7%)[23]이라는 점이다. 이렇게 '빨리 감기' 시청 습관이 더 많은 콘텐츠를 보기 위한 시간 배분이라면 긴 영상 콘텐츠 소비에도 영향을 주지 않을까?

빨리 감기 시청 습관의 근본 욕구 중 하나인 시간 절약 욕구는 긴 영상을 회피하고 짧은 영상을 강하게 선호하는 현상과도 직접적인 연관이 있는 것 같다. 많은 사람들이 적정한 동영상 길이를 '10분 이하'로 생각하고 있었고(77.4%), 30분 이상의 긴 동영상을 거의 보지 않는 편이며(61.8%), 핵심만 있는 짧은 동영상을 선호하는 경향이 강했기 때문이다(78.7%).[24]

이런 습관의 변화는 30분짜리의 '긴 동영상'은 잘 보지 않으면서 1분 이하의 짧은 동영상을 하루 평균 '30분' 시청하는 사람들이 많은 현상

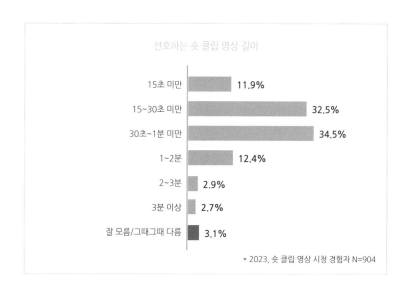

선호하는 숏 클립 영상 길이

15초 미만	11.9%
15~30초 미만	32.5%
30초~1분 미만	34.5%
1~2분	12.4%
2~3분	2.9%
3분 이상	2.7%
잘 모름/그때그때 다름	3.1%

* 2023, 숏 클립 영상 시청 경험자 N=904

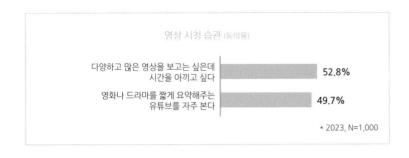

영상 시청 습관 (동의율)

다양하고 많은 영상을 보고는 싶은데
시간을 아끼고 싶다 **52.8%**

영화나 드라마를 짧게 요약해주는
유튜브를 자주 본다 **49.7%**

* 2023, N=1,000

(일 평균 '숏 클립' 영상을 30분 정도 시청하는 비율-유튜브 쇼츠 71.8%, 인스타그램 릴스 71.6%, 틱톡 75.7%)으로 확인할 수 있었다. 숏 클립 영상을 보는 사람들의 78.9%가 1분 미만 길이를 선호하고 있는 점으로 볼 때, 일평균 30개 정도의 숏 클립 영상을 꼬박꼬박 보고 있는 것이다.

사람들은 짧은 시간에 더 많은 영상을 보고 싶어 했고(다양하고 많은 영상을 보고는 싶은데 시간을 아끼고 싶다 - 52.8%), 그래서 '요약본'을 자주 보기도 했다(영화나 드라마를 짧게 요약해주는 유튜브를 자주 본다 - 49.7%).[25] 이 숏 클립 영상은 바로 이 짧은 길이 때문에 시청 부담을 줄여주고(94.4%), 지루함도 없애준 것으로 보인다(84.7%).[26] 이렇게 영상 콘텐츠를 짧게 보고, 빨리 감기로 보는 시청 방식은 OTT 콘텐츠 시청에 어떤 영향을 주고 있을까?

시청 습관의 변화, '빨리 보기' 〞
그리고 뇌의 정보 과부하

OTT 서비스는 코로나 팬데믹을 거치면서 영상 콘텐츠를 소비하는

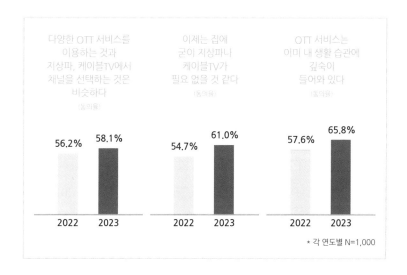

다양한 OTT 서비스를
이용하는 것과
지상파, 케이블TV에서
채널을 선택하는 것은
비슷하다
(동의율)

이제는 집에
굳이 지상파나
케이블TV가
필요 없을 것 같다
(동의율)

OTT 서비스는
이미 내 생활 습관에
깊숙이
들어와 있다
(동의율)

56.2%　58.1%　54.7%　61.0%　57.6%　65.8%

2022　2023　2022　2023　2022　2023

* 각 연도별 N=1,000

표준이 된 것 같다. 사람들은 OTT 서비스 플랫폼을 선택하는 것과 지상파나 케이블TV에서 채널을 선택하는 것을 동일하게 보는 경향이 더 강해지고 있었고(다양한 OTT 서비스를 이용하는 것과 지상파, 케이블TV에서 채널을 선택하는 것은 비슷하다 - 56.2%(2022)→58.1%(2023)), 굳이 기존 채널(지상파, 케이블)의 필요성에도 의문을 제기하는 사람이 늘고 있었다(이제는 집에 굳이 지상파나 케이블TV가 필요 없을 것 같다 - 54.7%(2022)→61.0%(2023)).[27] OTT 서비스는 사람들의 생활 습관에 깊숙이 들어와 있다고 생각하는 사람들이 늘어나고 있는 것이다(57.6%(2022)→65.8%(2023)).[28] 10명 중 4명에 가까운 사람들은 OTT가 없는 생활은 이미 상상할 수 없다고까지 생각하고 있었다(31.1%(2022)→36.8%(2023)).[29] OTT 서비스에 대한 사람들의 이런 인식과 태도의 수혜를 현재까지는 넷플릭스가 거의 독점적으로 받고 있는 것으로 보인다. 2023년 조사로 넷플릭스의 이용 경험률은 다른 OTT 플랫폼에 비해 압도적으로 높게 나타나고 있었기 때문이다(OTT 서비스 이용 경험률-1순위. 넷플릭스(83.4%), 2순위. 티빙(50.2%), 3순위. 쿠팡플레이(45.5%), 4순위. 유튜브프리미엄(44.2%), 5순위. 웨이브(36.7%), 6순위. 디즈니플러스(34.7%)).[30]

이 순위에서 제시된, 6순위까지 '빨리 감기' 보기 기능을 제공하지 않는 유일한 OTT는 '디즈니플러스'였다는 것이 의미심장하다. 이용률 3위권인 쿠팡플레이는 OTT시장에 진입한 첫해인 2020년까지는 배속 시청 기능(빨리 감기 기능)이 없었으나, 2021년부터 도입된 것으로 알려져 있다. 현재 디즈니플러스에는 10초 건너뛰기 기능은 있지만 아직까지 빨리 감기 기능은 제공되지 않고 있다.[31] 그렇다면 이렇게 숏폼이든 긴 영상이든 길이를 망라하지 않고 빨리 보기 방식을 선택하는 대중 소비자들의 진짜 속내는 무엇일까? 그리고 이렇게 영상 콘텐츠를 짧게 보고, 빨리 감기로 보는 시청 방식은 OTT 콘텐츠 시청에 어떤 영향을 주고 있을까?

이나다 도요시는 시청자들이 '빨리 보기', '짧게 보기'로 영상을 보는 핵심적인 이유는 대부분의 영상을 일종의 정보라고 생각하는 경향 때문이라고 주장한다. 작품은 감상의 대상이기 때문에 목적이 행위 자체에 있고, 따라서 과정을 중시한다. 감정을 느끼기 위해서는 최소한의 시간이 필요하기 때문이다. 반면, 작품이 아니라 정보 콘텐츠라면 감상이 아니라, 결과를 파악하고 소비하고 끝낸다는 것이다.[32] 즉, 여기에는 작품에서 감정을 느끼고, 음미하고 몰두하는 과정이 생략되고, 빠르게 내용과 결론을 파악하고, 필요에 따라 저장, 분류, 재활용하면 그만이라는 인식이 전제되어 있다는 것이다.

이렇게 사람들의 영상 콘텐츠 소비 습관이 급변한 것은 경제적인 배경도 있다. 팬데믹을 거치면서 영화 한 편 값으로 마음만 먹으면, 수백 편의 영상 콘텐츠를 소비할 수 있는 환경이 OTT 영상물의 대량 소비 욕구를 부추긴 것이다.

이렇게 감상이 아니라 '정보 소비'의 방향으로 전환하고 있는 영상 콘텐츠 소비 습관에는 문제가 없을까? 한 달에 수백 편의 영상 콘텐츠를 가성비 있게 소비한다고 하면, 인간의 뇌는 이 많은 내용을 잘 받아들이고 정리할 수 있을까? 이 같은 영상 콘텐츠 과소비와 과부하를 뇌는 충분히 소화할 수 있는 것일까?

IT 분야의 세계적인 사상가이자 《생각하지 않는 사람들》의 저자 니콜라스 카^{Nicholas Carr}는 이

런 정보 과소비는 작업 기억(단기 기억)의 과부하를 가져와 장기 기억으로 저장되는 것에 문제를 일으킨다고 주장한다.[33] 그는 인지심리학의 이론을 빌려 인간의 기억 과정은 '장기 기억'과 단기적으로 작동하는 '작업 기억'으로 구성된다고 설명한다. 인간의 작업 기억(단기 기억)이 일종의 메모지라면 장기 기억은 정리된 형태의 서류함이나 책장 같은 것으로 비유할 수 있는데, 작업 기억이 당장의 필요에 따른 초단기 기억 저장소라면, 장기 기억은 깊이 있는 사고와 문제 해결을 위한 자료를 저장하는 핵심이 된다는 것이다. 작업 기억은 당장의 짧은 동안의 인식에만 관여하기 때문에 깊이 있는 사고와 문제 해결에는 기여하지 않는다. 하지만 이 작업 기억(단기 기억)이 장기 기억으로 전이되기 위해서는 반복하고 숙고하

는 과정이 필요하다. 그런데 정보의 과부하가 발생하면 이 과정에 문제가 발생하게 된다. 깊이 있는 사고와 문제 해결을 위한 저장소, 즉 장기 기억까지의 과정에 어려움이 따른다는 것이다.

바로 이 문제를, 수백 편의 영상 콘텐츠를 빠르게 보는 대중 소비자들의 시청 습관과 연결해보면 다음의 상황을 생각해볼 수 있다. 호기심이 있는 콘텐츠를 건너뛰기로, 요약해서, 짧은 영상으로 보고 결론을 파악했다 하더라도, "그 내용이 뭐였지?"를 물을 수 있고, 다음에 이어지는 다른 영상을 또 이런 방식으로 누적해서 보고 나면 분명히 재미있게 느꼈던 내용이라도, "결론이 뭐였지?"라고 되묻게 될 가능성이 매우 높아질 수 있다는 것이다. 그리고 이 같은 과정에 의도적인 자각이 없다면 이는 또다시 유사한 콘텐츠를 반복 시청하는 패턴으로(또다시 빨리 감기로) 이어질 가능성이 높다.

'빨리 감기' 시청의 미래, 뇌는 더 큰 자극을 원한다

영상 콘텐츠의 빨리 감기 시청 습관이 더 만성화된다면 사람들은 어떤 콘텐츠를 더 찾게 될까? 이 과정을 이해하기 위해 뇌 과학적 지식을 잠시 인용하자. 뇌과학자이자 신경학자인 리사 펠드먼 배럿Lisa Feldman Barrett 교수는 인간의 뇌에 대해 아주 흥미로운 주장을 한다. 인간의

뇌는 생각하기￼ 위해 진화한 것이 아니라, 생존을 위해 신체에 있는 자원을 효율적으로 배분하는 기능을 위해 진화했다는 것이다.[34] 단적인 예로, 멀리서 부스럭거리며 움직이는 뭔가에 대한 판단을 해야 하는 상황이라고 가정해보자. 이때 뇌는 그 부스럭거리는 대상이 '나를 잡아먹을 놈'인지, '내가 잡아먹을 수 있는 놈'인지를 구분해야 한다. 이 상황에서 뇌는 자신의 생존을 위해 최대한의 신체 자원을 쏟아부어야 한다. 귀로는 소리를 분별해야 하고, 눈으로는 동공을 최대한 키워 '그놈'의 크기를 판별해야 하고, 다리에는 여차하면 도망을 가야 할지, 잡으러 가야 할지를 준비시키고, 손에는 무기를 준비시켜야 한다. 뇌는 신체 자원을 총동원해서 몸에 긴장을 주고 준비시키는 기능을 한다.

하지만 이 상황이 반복되면서 '그 부스럭거리는 대상'이 '만만한 사냥감'이라는 것을 알게 되면, 뇌는 게을러지기 시작한다. 생각하지 않아도, 생존에 위협이 되는 대상이 아니라는 것을 진작에 파악하게 되었기 때문이다. 이때부터는 신체의 효율은 다른 곳을 향한다. 실제로 아주 오래된 원시 뇌를 현재까지도 유지하고 있다는 파충류(예: 도마뱀)의 뇌의 경우 이와 유사한 방식으로 진화해왔다고 알려져 있다. 파충류의 뇌는 움직임이 없다면 그 어떤 대상도 위협으로 느끼지 않는다.[35] 뇌는 '외부의 변화'만을 하나의 생존에 필요한 정보로 인식하기 때문이다. 뇌가 '변화'만을 생존 정보로 인식한다는 사실을 딱 떼어내 지금의 시청 습관에 적용해보자.

이러한 뇌의 작동 원리를 '빨리 감기 시청 습관'에 적용해보면 이후의 결론은 분명하다. '이전보다' 더 자극적인 영상 콘텐츠를 원하

게 될 가능성이 크다는 것이다. 기존의
TV 프로그램에서의 자극(재미나 의미)
은 만성화되고, OTT보다 '매운맛'이
덜 느껴지게 될 것이다. 그리고 새로운
OTT의 매운맛은 다시 만성화·둔감화
를 거치며 더 새로운 재미, 더 새로운
자극을 찾게 될 가능성이 크다. 그리고
이것은 다양한 대중 소비자들의 태도
에서도 분명히 나타난다. 사람들은 요
즘의 (다른) TV 프로그램들이 OTT의

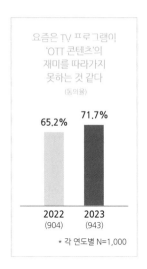

재미를 따라가지 못한다고 느꼈는데 이 경향은 점점 더 강해지고 있
었다(65.2%(2022)→71.7%(2023)).[36] 공중파에서 보기 힘들었던 소재나
연출을 OTT에서 더욱 자주 보게 되었다고 느끼는 사람들은 매우
많았고(81.1%), 그 기저에는 '공중파에서는 보기 힘들었던 높은 수
위'라는 지적이 많았던 것이다(요즘 공중파에서 보기 힘들었던 높은 수위
(폭력성, 선정성 등)의 콘텐츠를 OTT에서 자주 보게 되는 것 같다-69.4%).[37]

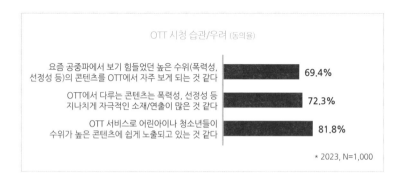

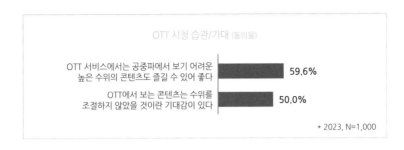

OTT 시청 습관/기대 (동의율)

OTT 서비스에서는 공중파에서 보기 어려운
높은 수위의 콘텐츠도 즐길 수 있어 좋다   **59.6%**

OTT에서 보는 콘텐츠는 수위를
조절하지 않았을 것이란 기대감이 있다   **50.0%**

* 2023, N=1,000

　많은 사람들이 OTT가 다루는 콘텐츠의 폭력성과 선정성에 대해 우려를 하고 있었지만(청소년들이 수위가 높은 콘텐츠에 쉽게 노출되고 있는 것 같다 - 81.8%), 상당수의 사람들은 이런 '높은 수위의 콘텐츠'들을 좋아했고(59.6%), 심지어 OTT에서 더 많아지기를 기대하고 있었다(50.0%).[38] 그리고 넷플릭스는 이런 '시청자들의 더 큰 자극 추구'의 욕망을 충실히 채워주고 있는 것처럼 보인다. 현재까지 나온 통계에 따르면 '19금' 콘텐츠의 비율은 다른 OTT에 비해 넷플릭스가 압도적으로 많았다.[39]

성인을 위한 넷플릭스?
OTT 영상물 5분의1 '청불' 등급

So what? 🎧
시사점 및 전망

OTT 서비스는 이제 코로나 팬데믹 이전으로 돌아가기가 어려워졌다. 사람들의 영상 시청 습관에 총체적으로 영향을 주고 있기 때문인데, 이 영상 콘텐츠를 빨리 감기로 보는 시청 습관이라는 큰 변화와 관련해서 크게 세 가지 차원에서의 변화가 전망된다.

첫 번째는, 빨리 감기 시청 습관의 반복은 중단하기 어려운 현상이기 때문에 '중독'에 가까운 습관으로 진화할 가능성이 매우 크다는 것이다. 앞선 조사에서 밝힌 것처럼 '빨리 감기'로 시청하는 근본적인 이유는 다양하고 많은 영상을 보고자 하는, 영상 콘텐츠에 대한 가성비 소비에 포커스가 맞춰져 있다(238쪽 그래프 참조).

하지만 이 목표는 그 자체로 종결 목표가 아니기 때문에, 만약 시간 절약을 성취한다고 해도 아낀 시간을 다시 빠른 속도로 또 다른 영상물을 소비하는 반복적인 순환 고리에 들어가게 된다. 그래서 '다양한 경험 추구'라는 것은 일종의 환상적 목표에 가깝다. 그런데 지금 여러 조사 결과를 보면, 다양한 경험 추구라는 목표는 현대인들의 강박에 가깝게 목표화되어 있는 듯하다(다양한 경험을 추구하는 사람들을 보면 멋있어 보인다 - 90.9%, 나의 인생은 더 좋아질 것이다 - 87.3%, 나의 가치가 더 높아질 것이다 - 84.8%, 행복해질 것이다 - 83.3%).[40]

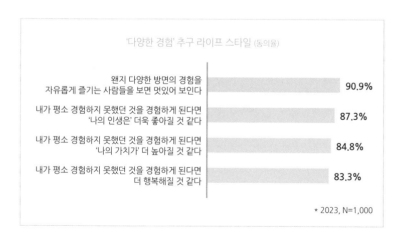

'다양한 경험' 추구 라이프 스타일 (동의율)

왠지 다양한 방면의 경험을 자유롭게 즐기는 사람들을 보면 멋있어 보인다	90.9%
내가 평소 경험하지 못했던 것을 경험하게 된다면 '나의 인생'은 더욱 좋아질 것 같다	87.3%
내가 평소 경험하지 못했던 것을 경험하게 된다면 '나의 가치'가 더 높아질 것 같다	84.8%
내가 평소 경험하지 못했던 것을 경험하게 된다면 더 행복해질 것 같다	83.3%

* 2023, N=1,000

이 끊임없는 '빨리 감기' 보기의 순환 고리는 뇌에 영향을 준다. 《도파민네이션》의 저자 애나 렘키 교수는 중독에 대해 이렇게 설명한다. 뇌는 자극을 반복하게 되면 보상 경로에서 도파민이라는 물질을 더욱 찾게 되고, 이 물질이 많아지면 그 경험의 중독성이 커진다. 다시 말해,

빨리 감기로 얻는 목표가 '더 많은', 혹은 '다양한' 콘텐츠 소비라는 충족되지 않는 목표를 가지기 때문에 이 과정은 종결 없이 반복되며, 그 과정에서 더욱더 큰 자극을 찾게 되는 중독적 과정에 빠지게 될 수밖에 없는 것이다.

두 번째는, '매운맛' 콘텐츠 선호 현상의 가속화다. 영상 콘텐츠를 일상적으로 소비하는 대중 소비자라면 이 현상은 직관적으로 이해할 수 있는 현상이다. 이제 '익숙한 교훈'을 담고 있거나, '훌륭하지만, 부드러운 조언'을 담은 영상 콘텐츠는 실제 영상이 주는 내용의 퀄리티와는 관계없이, 대중 소비자들로부터 직관적인 관심은 받지 못하게 될 가능성이 크다. 이런 관점은 영화관을 찾는 관객들의 요구와도 직접적으로 맞아떨어진다. 주말 기준 '1회 극장 관람료(대략 1만 5,000원 내외)' 정도면, OTT 한 달 구독으로 수십, 수백 편의 영화를 볼 수 있기 때문에, 관객들은 '더 센 자극(폭력성, 선정성, 화려함 등)'이 없다면 영화관 선택을 주저할 수밖에 없는 상황이 되었고, 공교롭게 이 상황은 경기 침체와 얇아진 주머니 사정과 맞물리면서 더욱 가속화할 가능성이 커졌다. 당분간 '화끈한 자극'을 추구하는 대중 소비자들의 경향은 지속될 것으로 보인다.

다만 이 '빨리 감기' 시청 습관에 대해 반발하는 흐름이 일정한 비율을 형성하게 될 수도 있다는 점을 세 번째 전망으로 꼽을 수 있다. 일종의 '의도적인 정속 주행 시청'으로, 이러한 흐름은 현재의 빨리 감기로 시청하는 주류의 흐름Mainstream Culture에 반발하는 반문화Counter Culture를 형성할 가능성도 있어 보인다.

마크로밀 엠브레인의 조사에서는 약 30%에 가까운 사람들은 빨리 감기를 '일부러' 하지 않은 듯 보이는데, 이렇게 정상 속도로 영상 콘텐츠를 소비하는 이유가 '영상을 빨리 감기로 봐야 할 이유'가 없기도 했지만(66.9%), 창작자의 의도를 충분히 느끼고(29.9%), 결론보다는 스토리의 전개 과정에서 나타나는 디테일을 감상하며 보고 싶어 하는 시청자들(중간 디테일 29.6% + 전개 과정 감상 24.3% = 53.9%)이 의외로 많았다.[41] 이 흐름은 빨리 감기 시청 습관을 분명히 인식한 상태에서 주류에 반하는 역진적 흐름이라고도 볼 수 있기 때문에 일정 비율의 견고한 반문화Counter Culture를 형성할 것으로 전망된다. 실제로 최근 OTT 콘텐츠 〈무빙Moving〉의 원작자 강풀 작가가 빨리 보기에 반대한다(빨리 보기는 창작자의 의도를 왜곡한다는 맥락)는 주장[42]을 제기한 것도 이런 비주류 시청 문화를 일부 대변하는 것으로 해석해볼 수 있다.

네 번째는, 더욱더 '센 자극'을 보여주려는 개인들이 대거 등장하면서 '센 주장'을 근거 없는 상태로 노출하는 가짜 뉴스가 확산될 가능성이 더욱 커졌다는 것이다. 이 전망이 우려스러운 것은 지금 벌어지고 있는 여러 가지 범죄와 더불어 2024년에 치러지는 선거 때문이다.

하나의 사건 이슈가 반복되면서 익숙해지면 더 큰 자극이 있어야 사람들은 관심을 가지는데, 이 과정에서 대중적 관심을 끌기 위해 '더 세게' 자극을 주는 멘트나 이슈 메이킹을 하는 개인들이 늘어나고 있다. 실제로, 최근 불특정 다수를 노린 강력 범죄가 연이어 발생하고 있는 심각한 상황에서 '살인 예고'를 '놀이'처럼 대하는 사람들이 등장해 사회에 충격을 주기도 했다. 심각한 뉴스를 '유희'처럼 생각하는 것이다.

이런 이슈는 큰 선거(22대 국회의원 선거)가 있는 2024년 4월 전후에 정파성partisanship이 강한 이슈를 중심으로 쏟아질 가능성이 크다. 문제는, 문해력이 전반적으로 떨어지고 있는 사회 분위기 때문에[43] '사실(근거)'과 '주장'을 혼돈할 가능성이 높고, 이렇게 되면 가짜 뉴스를 걸러낼 틈도 없이 사람들의 일상생활에 큰 영향을 주게 될 가능성이 더욱 높아질 수 있다.

이제 개봉 영화를 기대하며 주말을 기다리던 일상은, 하이볼 한잔 말아 들고 취향에 맞는 OTT를 검색하는 일상으로 바뀌고 있다. OTT 구독의 '본전'을 생각해서, 점점 더 다양하고 많은 콘텐츠를 빠르게 감고, 건너뛰며 감상한다. 이렇게 바뀌고 있는 시대의 저변에 디지털 도구들이 있다. 내 생활을 나의 스타일에 맞게 빠르게 감상하고, 내가 원할 때 감상하고, 건너뛰고 통제할 수 있다고 믿을 때, 점점 더 많은 전문가들이 오히려 그 디지털 도구들에 의해 지배받는 미래를 우려한다. 언론인이자 IT 비평가인 구본권 박사는 내가 좋아하는 것, 내가 편안하게 여기는 것의 중심에 '나의 선택'이 있었음을 역설한다. 그리고 이런 나의 의식적·무의식적 선택의 영향력을 파악하기 위해 메타 인지가 점점 더 중요해진다고 주장한다. 메타 인지란, 내가 선택한 이 기능이 나에게 어떤 영향을 끼치는지를 파악하는 능력이다.[44] 메타 인지가 있다면, 어쩌면 우리는 정말로 '다양한 콘텐츠'를 봐야 한다는 강박적 순환 고리에서 탈출할 수 있을지도 모른다.

> 선택할 게 몇 개 없으면 그중 하나가 가장 좋은 선택이라고 생각하고 쉽게 만족할 수 있다. 하지만 선택지가 많으면 어딘가에 더 나은 답안이 있을 것 같고 그것을 찾아내야 한다는 압박감을 느끼게 된다. 이에 대해 슈워츠는 현명한 선택을 위한 첫걸음은 목표를 명확히 하는 것이라고 말한다. '최고의 선택'을 할 것인지, 아니면 '적당히 만족스러운 선택'을 할 것인지를 정해야 한다. (중략) 자신이 원하는 것을 정확하게 알고 있으면 선택의 늪에 빠지지 않고 '적당한 만족'에 이를 수 있다. 그렇기 때문에 무수한 선택지 앞에서 현명한 선택을 하는 길은 바로 자신의 욕구를 파악하는 메타 인지 능력을 갖추는 것이다.
>
> 구본권, 《메타 인지의 힘:
> 인공지능 시대, 대체 불가능한 존재가 되는 법》, p.229

슬러지 콘텐츠
공정성 대신 매운맛

**한 화면에 영상이 4개,
'슬러지 콘텐츠' 유행 >>>**

최근 많은 정보를 얻기 위해 더 빠르고 간단하게 영상을 시청하는 습관이 확산되면서 한 화면에 3~4개 영상을 동시 재생하는 '슬러지Sludge 콘텐츠'가 미국을 중심으로 확산되고 있다. 이 영상의 특징은 동시 재생되는 영상끼리 아무런 연관이 없으며, 동시에 여러 가지 영상을 함께 시청할 수 있다.[45] 업계에서는 슬러지 콘텐츠가 증가하는 이유를 복합적으로 분석한다. 숏폼과 같은 '짧고 매운' 영상에 중독되면서 더 자극적인 영상을 '한 번에' 느낄 수 있는 방법을 찾게 됐다는 것이다. 여기에 인기 콘텐츠를 만들려는 창작자의 욕

■출처: 틱톡

구도 더해졌다. 하나의 영상에 흥미가 없어도 다음 영상으로 넘기는 것이 아닌 다른 영상에 눈을 돌리면 되기 때문에 콘텐츠 시청 시간이 길어져 이용자를 더 오래 잡아둘 수 있는 것이다.[46] 한 번에 많은 정보를 얻고자 하는 소비자들의 수요와 인기 콘텐츠를 만들려는 제작자들의 공급이 합쳐지면서 당분간 '슬러지 콘텐츠'의 인기가 이어질 것으로 전망된다. 그러나 이러한 콘텐츠가 늘어나면서 주의력 결핍 문제를 가져올 수 있다는 지적도 많은 모습이다.

3분도 길다, 노래도 '짧게', '빠르게' >>>

일본 시계 전문 회사 세이코홀딩스의 2021년 조사에 따르면 온라인 강의를 배속 시청하는 20대가 절반을 넘었다. 드라마나 유튜브 콘텐츠를 1.25배속이나 1.5배속으로 듣는 30~40대 소비자들도 30%에 달했다. 이 같은 '시성비' 트렌드는 최근 음악에까지 영향을 끼치는 중이다. 요아소비의 〈밤을 달리다〉, 원피스 수록곡 〈신시대〉 등 최근 일본 인기곡 도입부는 0초로, 전주도 없이 다짜고짜 노래부터 시작된다. 2021년 20대 일본 히트곡 도입부는 평균 6.3초로, 10년

사이 3분의 1 수준으로 줄어
든 것으로 나타났다.[47]

스트리밍 플랫폼 '스포티파이'의 Sped up 플레이리스트
출처: 스포티파이

그런가 하면 최근 특정 노
래를 원곡보다 130~150%
가량 높여 만드는 '스페드
업Sped Up' 노래도 인기를 끌고
있다. 속도를 높여 가수 목소리가 달라지고 가사가 뭉개지면서 원
곡과 전혀 다른 분위기를 내 마치 새로운 2차 창작물처럼 여겨진다.
특히 최근 숏폼 콘텐츠가 증가하면서 인기를 얻기 시작했는데, 1분
내외의 짧은 영상을 제작하는 과정에서 배경음악에 스페드 업 버전
이 자주 쓰이고 있다.[48] 빠른 노래가 인기를 끌면서 최근에는 가수
가 아예 정식으로 음원으로 출시하기도 한다. 미국 팝 스타 레이디
가가의 〈블러디 메리〉는 스페드 업 버전으로 출시돼 11년 만에 음원
차트를 역주행했고, 영국 팝 스타 샘 스미스도 히트곡 〈아임 낫 디
온리 원〉을 스페드 업해 재발매하기도 했다. 숏폼 플랫폼에서 〈띵띵
땅땅송〉으로 유명한 베트남 가수 호앙 투 링의 〈시팅〉도 스페드 업
버전으로 인기를 끌고 있다.[49]

'패스트 무비' 업로더
철퇴 수순 밟는 일본 >>>

국내의 경우 영화를 비롯한 드라마, 예능, 도서, 뉴스 등 다양한 영

역에서 요약본이 콘텐츠화되고 있다. 굳이 본편을 보지 않아도 전반적인 내용을 다 알 수 있다는 점에서 '가성비' 영상으로도 불리는 요약 영상은, 쉽고 빠르다는 장점이 있지만 일각에선

콘텐츠 시장을 망가뜨린다는 비판도 받아왔다. 요약 영상의 시청이 실제 시청으로 이어지는 홍보의 경로가 될 수도 있지만 주요 장면과 핵심 스토리, 결말까지 과도하게 노출될 경우 요약 영상 시청에만 머무를 수 있기 때문이다. 이를 막기 위해 유튜브는 저작권 보호 시스템을 활용해 침해 사례를 제지하고 있지만, 저작권 침해 사례를 찾도록 도와주는 시스템, 저작권 침해 사례에 대한 신고 양식 등을 제공할 뿐, 선제적인 조치는 없다. 업로드되는 영상이 너무 많은데다가 프로그램 제목을 언급하지 않는 등 여러 방법으로 단속을 피해 가는 일도 빈번하다. 상황이 이렇다 보니 저작권 침해 영상이 오히려 인기를 얻는 웃지 못할 상황도 발생한다. 우후죽순 생겨나는 '결말 포함' 리뷰가 대표적이다. 이러한 흐름에서 일본이 스포일러를 포함한 영화 리뷰를 무단으로 제작하고 공개한 혐의로 20대 유튜버에게 피해 보상금을 지급하라는 명령을 내린 사건이 새삼 주목을 받고 있다. '패스트 무비'라고 불리는 영화 요약 영상 유튜버들에게 민형사 책임을 모두 지게 한 일인데, 이는 최근 요약본 등 가성비 콘텐츠 소비 습관을 지향하는 대중 소비자들에게 한 번쯤 생각해볼 만한 인사이트를 주고 있다는 점에서 주목할 만한 결과라 할 수 있다.[50]

제2의 〈NCIS〉,
〈그레이 아나토미〉가 필요해 >>>

출처: 넷플릭스

최근 디즈니플러스, 워너디스커버리, 파라마운트 등이 OTT업계에 뛰어들면서 넷플릭스의 시장 독주를 저지하는 움직임이 확대된 바 있다. 바로 넷플릭스에서 서비스되던 자사 콘텐츠 공급을 중단한 것. 때문에 넷플릭스는 경쟁력과 빈자리를 메우기 위해 오리지널 콘텐츠에 꾸준히 투자를 해왔다. 그 결과 〈하우스 오브 카드〉, 〈블랙미러〉, 〈기묘한 이야기〉, 〈종이의 집〉, 〈오징어 게임〉, 〈지금 우리 학교는〉 등 대표 오리지널 콘텐츠를 탄생시키면서 콘텐츠 자체 보유 수나 가입률 등이 타사와의 경쟁에서 우위를 점하고 있다. 하지만 내부적으로는 〈그레이 아나토미〉, 〈크리미널 마인드〉, 〈NCIS〉, 〈슈퍼 내추럴〉 등 오랜 시간 안정적으로 사랑받아온 콘텐츠 같은 스테디셀러 작품이 더 필요하다는 관측이다.

출처: 나무위키

최근 시청 패턴이 짧아지는 대중 소비자들의 시청 패턴을 참고하면 자사의 플랫폼에 좀 더 오래 머무르게 할 콘텐츠는 오리지널 시리즈가 필수이기 때문이다. 장기적으로는 스테디셀러 작품을 확보하는 것 역시 경쟁력과 차별화의 키가 될 것이라는 전망이다.[51]

위험천만 챌린지 유행 >>>

최근 온라인 숏폼 플랫폼
에서 위험한 행동을 하는
챌린지가 10대를 중심으
로 유행하면서 사회적 문
제가 되고 있다. 최근 틱톡
에서는 얼굴을 손으로 꼬
집어 일부러 붉은 멍을 만

몸에 흉터를 내는 챌린지를 하고 있는 해외 청소년들
출처: 틱톡

드는 챌린지가 유행 중이다. 프랑스 폭력배의 '거친 모습'을 따라 하
는 것으로, '프렌치 흉터 챌린지'라는 이름으로 확산되고 있다. 챌린
지가 유행하자 이탈리아 공정거래위원회는 틱톡이 자해 행위를 선
동하는 유해 콘텐츠를 고의로 방치하고 있으며, 내부 감독 시스템
이 부족하다며 조사에 착수했다.[52]

　미국 10대들을 중심으로 불닭볶음면보다 3,600배 이상 매운 껌
을 씹고 풍선을 부는 '핫 껌 챌린지'가 유행하고 있다. '핫 껌 챌린지'
란 '트러블 버블'이라는 매
운맛 껌을 씹고 풍선을 부
는 도전을 뜻하는데, 지난
2021년 틱톡에 관련 영상
이 처음 올라온 후부터 관
심이 쏠린 것으로 전해졌
다. 하지만 이 껌은 매운

'핫 껌' 챌린지 영상
출처: 틱톡, 비즈니스인사이더

맛을 나타내는 스코빌 지수가 1,600만 SHU로, 불닭볶음면보다 약 3,636배, 청양고추보다는 4,000배가 맵다. 단순히 매운맛이 아니기에 챌린지에 도전했다 병원을 찾는 일이 빈번해지고 있다. 최근 미국의 청소년들 SNS에는 이 같은 '핫 껌 챌린지'를 비롯해 매운맛과 신맛 등에서 극단적인 수준까지 닿는 음식을 먹고 견뎌내는 챌린지가 유행하고 있어 현재 교육부가 징계 방침을 내리는 등 단속을 강화하고 있는 중이다.[53] 실제로 미국 한 10대가 매운 과자를 먹는 챌린지에 도전한 후 복통을 호소하다 몇 시간 뒤 사망한 사건이 발생해 충격을 주기도 했다.[54] 비슷한 사건의 재발을 방지하기 위해 자극적인 챌린지의 위험성을 인지해야 할 필요가 있다는 목소리가 커지고 있다.

다큐멘터리에 공정성 대신
매운맛 추가하는 넷플릭스 >>>

글로벌 온라인 동영상 서비스[OTT] '넷플릭스'가 오리지널 다큐멘터리 제작 시 공익성보다 자극적 소재를 기반으로 한 콘텐츠를 추구하고 있는 것으로 나타났다. '넷플릭스 오리지널 다큐멘터리 연구' 결과에 따르면 총 543편의 다큐멘터리 중 '범죄'를 소재로 한 작품이 120편으로 가장 많았는데, 이 중 80%가 청소년 시청 불가 등급일 만큼 고수위, 고자극의 콘텐츠가 상당수를 차지하고 있었다. 반면, 경제적 격차나 약물 문제 등 시사·사회문제를 다룬 다큐멘터리

자극적인 소재로 화제를 모은
넷플릭스 오리지널 다큐멘터리 '타이거 킹' 영상
출처: 넷플릭스

는 46편에 불과했다. 범죄 소재 다큐멘터리는 2018년 이후 빠르게 증가하고 있는 추세다.[55] 이처럼 넷플릭스가 자극적인 '매운맛' 콘텐츠에 열을 올리고 있는 데에는 기업 태생과도 관련이 있어 보인다. 1997년 DVD 대여점으로 출발한 넷플릭스는 인터넷 발전과 함께 대표 콘텐츠 '스트리밍 서비스'로 성장했다. 콘텐츠 제작보다는 플랫폼 유입이나 유통이 더 중요한 사업 구조이기 때문에 제작사 파트너십을 통해 인기가 보장된 콘텐츠를 빠르고 안정적으로 수급하는 것이 중요하다. 이를 위해 제작사들에게 표현 허용의 자유로움을 주고, 화제성 높은 매운맛 콘텐츠를 선별해 적극적으로 시청자 유입에 나서고 있는 것으로 분석된다.[56]

유해·자극 콘텐츠에 노출된
콘텐츠 모더레이터, 정신 건강 빨간불 >>>

콘텐츠 플랫폼에 올라오는 유해 콘텐츠를 검열하고 삭제하는 직업인 '콘텐츠 모더레이터'들이 심각한 정신 건강 문제를 겪고 있는 것으로 나타났다. 콘텐츠 기업들은 선정성, 폭력성, 위험 수위 등이 높은 콘텐츠로부터 이용자를 보호하기 위해 검열 작업을 하고 있지만, 실제 작업을 하는 사람들이 유해 콘텐츠에 고스란히 노출되면서 심각한 정신적 스트레스와 트라우마를 겪고 있는 것이다. 상황이 심각해지면서 해외에서는 과거 콘텐츠 모더레이터들이 회사를 상대로 집단소송을 내 피해 보상금이나 직원을 위한 의료 기금 설립을 요구하기도 했다.[57]

최근에는 챗GPT와 같은 생성형 AI가 학습하는 콘텐츠를 라벨링하는 노동자들이 정신적 충격을 호소하는 경우도 늘어나고 있다. IT 회사들의 외주를 받아 데이터 라벨링 작업을 하고 있는 케냐의 한 기술 기업 직원 200여 명이 페이스북과 회사를 상대로 소송을 제기한 것으로 나타났다. 이들은 업무 과정에서 AI 챗봇에 사람들이 입력하는 자극적이고 폭력적인 글과 이미지 때문에 정신적 충격과 트라우마를 겪게 됐다고 호소했다. 케냐 법원은 2023년 6월 메타에 직원 처우에 관한 법적 책임이 있다는 판결을 내놓은 상태다. 미국 〈타임〉지는 케냐 수도 나이로비에서 페이스북·틱톡·챗GPT의 콘텐츠 모더레이터 등 관련 노동자들이 노동조합 결성 단계에 돌입했다고 보도했다.[58] 이들은 동료들과 함께 외국 빅테크 기업들이 콘텐츠 조정 및 AI 업무 외주를 맡기고 있는 케냐 기술 기업의 고용 환경을 조사해달라는 청원을 케냐 의회에 제출한 것으로 알려졌다.[59]

동료들과 함께 케냐 의회에 청원을 제출한 케냐의 콘텐츠 모더레이터 '모팟 오카니'
출처: BBC NEWS

OTT 규제 나선 해외,
한국은? >>>

OTT 플랫폼의 성장세 속에서 자극적인 콘텐츠에 대한 우려의 목소리가 높아지고 있다. 일반 방송과는 달리 법적 규제가 자유로운 OTT 콘텐츠는 마약, 선정성, 젠더 이슈 등 민감한 주제를 거칠고 과격하게 표현한다는 지적을 받아왔는데, 최근에는 이런 영상물이 청소년에게 무분별하게 노출되면서 큰 논란이 되고 있기 때문이다. 상황의 심각성이 고조되자 나라마다 이

마약을 소재로 한 드라마 '나르코스'
출처: 넷플릭스

를 방지하기 위한 규제에 나서고 있다. 영국은 OTT 콘텐츠에 일반 TV 방송과 유사한 심의 기준을 적용하는 법안 추진에 들어갔고, 프랑스는 OTT 사업자를 관리하는 시청각·디지털 커뮤니케이션규제 기구ARCOM를 설립한 것으로 알려졌다. 싱가포르는 미디어 규제 기관에 위반 콘텐츠에 대해 삭제 요청을 할 수 있는 권한을 부여하기도 했다.[60]

각 나라에서 OTT 규제에 박차를 가하고 있지만 한국의 사정은 다르다. 2023년 3월, 국내에서는 'OTT 자체 등급 분류 제도'가 시행되었다. 국내의 영상물은 영상물등급위원회의 등급 분류를 거쳐야 하지만 OTT 플랫폼이 자체적으로 콘텐츠 등급을 매길 수 있게

한 제도다. 게다가 정부에서 운영 면허를 받은 유료 방송 사업자의 경우, 요금제나 소비자 약관 수정을 위해 정부에 사전 신고를 받아야 하지만 OTT 업체들은 해당하지 않는다.[61] OTT 플랫폼에 대한 자율성이 높아지고 있는 가운데, 선정적인 콘텐츠가 더욱 많아질 수 있다는 점에서 우려가 되는 부분이다.

중국 정부,
틱톡 모회사 내부 데이터 접근 >>>

출처: 로이터, 연합뉴스

현재 미국에선 무려 1억 5,000만 명 이상이 틱톡을 이용하고 있다. 특히 10~20대들이 습관처럼 들락거리며 틱톡에서 사용하는 음악이 미국 빌보드 차트를 뒤흔들며 문화적 영향력까지 행사하고 있다. 이 같은 상황에서 최근 중국 정부가 글로벌 숏폼 플랫폼 틱톡의 모회사 바이트댄스의 내부 데이터에 접근, 혐일 정서를 퍼뜨리는 등 회사를 '선전 도구'로 활용했다는 폭로가 나와 틱톡에 대한 '안보 위협론'이나 '틱톡 퇴출론'이 거세지고 있다. 특히나 가짜 사용자들을 만들어 이들 사용자

가 진짜 계정을 상대로 '좋아요'를 누르거나 '팔로우'하도록 설정을
조작하는 등 가짜 뉴스 등의 확산을 위한 프로그램 개발에도 참여
했다고 밝혀 당분간 미국 내 틱톡 추방을 위한 검열 방침이 한층 더
강화될 것으로 전망된다.[62]

영트로, 이색 서사로 진화한
新복고 세계관

'경계 없이', '제한 없이' 능동적인 영트로의 도래
· 진화하는 복고 세계관

장수 브랜드는 "
콜라보 중

1897년, 고종황제가 대한제국의 황제로 즉위하며 근대 국가로서의 깃발을 올릴 때, 'ㅇㅇㅇ'와 함께 우리나라 브랜드 역사도 시작된다. 대한제국 궁중 선전관으로 있던 민병호가 궁중의 생약 비방에 서양의 의학 기술을 접목해 만든 ㅇㅇㅇ는 세계 최초의 합성 의약품으로 알려진 '아스피린'과 동갑이다. 무려 120년 넘게 우리나라 서민의 답답한 속을 시원하게 달래 주며 위기와 굴곡을 딛고, 여전히 1등 브랜드의 자리를 지키고 있다.[1]

1963년 5월 1일 ○○○가 태어났다. ○○○는 발음 자체가 편안한 동시에 재미있고 친숙한 느낌을 줘 일순간 대중적인 아이템으로 자리매김했다. 전 국민이 최소한 한 번쯤은 손에 쥐어 봤을 법한, 내 돈 주고 직접 산 기억은 별로 없지만 누구나 공공기관 등에서 무언가를 하려면 반드시 만나야 했던 ○○○는 너무나 일상적이서 어느새 그 존재감을 느끼지 못할 정도가 됐다. 흰색과 검은색의 단조로운 조합에 심플한 육각형 모양의 '몸통'은 태어났을 때부터 지금까지 60년 넘게 계속 유지되고 있다.[2]

앞서 본 두 개의 사례에서 ○○○의 이름은? 눈치 빠른 사람이라면(혹은 연배가 있다면) 금세 두 브랜드의 이름을 알아챘을 것이다. 정답은 바로, '활명수'와 '모나미'. 이 두 제품은 몇십 년 동안 명맥을 유지해온 우리나라 대표 장수 브랜드이자, 최근 참신하고 색다른 방법으로 나름의 전통성을 대중 소비자들에게 각인하고 있다는 공통점이 있다. 대표적으로 활명수는 탄생 126주년을 맞아 맥가이버 칼로 유명한 빅토리녹스와 기념판을 출시했고,[3] 모나미는 100년 역사를 가진 독일 가전 브랜드 브라운BRAUN과 '볼펜+면도기' 한정판 패키지 상품을 선보였

활명수 124주년 기념판
출처: 동화약품

활명수 126주년 기념판
출처: 동화약품

모나미X브라운 컬래버레이션 기획 세트

마데카솔X모나미 틴케이스 펜 세트
출처: 동국제약

다.[4] 이 밖에도 활명수는 론칭 110주년의 헤리티지를 가진 글로벌 스포츠 브랜드 FILA와 기획 상품을 만들기도 했고, 모나미는 EBS, 제약회사(상처 치료제 마데카솔) 등과 볼펜 세트 등을 출시한 바 있다.

뭔가 생뚱맞아 보이면서도 또 한편으로는 나름의 의미가 있어 보이는 협업으로 대한민국의 대표 장수 브랜드들은 수많은 브랜드에 둘러싸여 있는 현재 대중 소비자들에게, 확실한 눈도장을 찍고 있다.

장수 브랜드뿐만이 ＂
아니다?

그런데 소비자들에게 눈도장을 찍고 있는 것이 비단 장수 브랜드뿐만은 아닌 듯하다. 탄생 비화가 다소 전설(?)에 가까운 과거의 제품들이 소비자들의 관심을 불러일으키거나, 인기를 얻고 있다. '아는 맛' 열풍을 가져왔던 '할매니얼' 트렌드는 2023년에도 그 인기가 더욱 가속화되면서 기존의 전통 디저트의 인기 범주를 흑임자 아이스크림, 누룽지 쿠키 등에서 뻥튀기, 군밤, 양갱, 한과, 약과로까지 넓히고 있다. 특히, 약과는 '약과 오픈 런', '약켓팅(약과+티켓팅)'이라는 신조어까지 생길 정도로 구하기 어려운 핫한 디저트가 됐을 정도다.[5] 사극이나 역사물 영향으로 으레 '주막酒幕에서 마시는 탁주'

정도의 이미지였던 막걸리는 어느새 '싼 술', '아재 술', '고리타분'이란 이미지를 벗고 힙하디힙한 술로 거듭나고 있다. '힙걸리(hip+막걸리)'란 신조어까지 등장하기도 했는데, 그냥 신조어로 끝난 것이 아니라 진짜 '힙걸리'란 제품이 탄생해 화제를 모으기도 했다. 최근에는 이러한 막걸리 열풍에 주류회사는 물론 게임회사, 호텔, 광고회사까지 뛰어들고 있어[6] 당분간 막걸리를 콘셉트로 한 인기 현상은 지속될 것으로 보인다. 2022년 시작된 Y2K 패션 열풍도 여전히 현재 진행형이다. 더해진 유행이 있다면, Y2K 패션에 빠질 수 없는 '잇템(트렌드 아이템)'들도 함께 유행하고 있다는 정도? 대표적으로는 빈티지 캠코더와 필름 카메라 등 외형은 1990년대지만 디지털 전송이나 성능은 최신 기기에 못지않은 구형 전자 기기가 각광을 받고 있다.[7]

힙걸리
출처: 봄내양조장

검은사막걸리
출처: 펄어비스

코닥필름카메라 M35
출처: ABLY

바이닐 [LP]의 인기도 만만치 않다. 글로벌 슈퍼스타 BTS, 블랙핑크의 멤버 로제, 지수까지 바이닐 음반을 출시하면서 어느새 바이닐

출처: 더현대 스틸북스

은 소장 욕구를 자극하는 특별하고 쿨한 굿즈로 거듭나고 있다. 이러한 인기에 국내에도 바이닐 공급난을 해소할 수 있는 전문 제작소까지 론칭되면서, 앞으로 바이닐 시장은 새로운 패러다임의 시작이 예고되고 있다.[8] 음반 복고 열풍에 과거 음악 콘텐츠도 덩달아 인기를 끌고 있다. 당대 최고의 인기 스타였던 여성 가수들(김완선, 이효리, 보아 등)이 그때 그 시절 무대와 의상으로 전국을 돌며 공연하는 〈댄스가수 유랑단〉 TV 프로그램은 다양한 화제성을 몰며 2023년 8월 10일 단체 무대 방송을 마지막으로 종영됐다. 비록 스타 캐스팅에 비해 시청률이 저조해 '레트로 예능 실패'의 대표 사례로 언급되고 있긴 하지만, 출연했던 '올드' 가수진들은 제2의 전성기를 맞을 만큼 관련 수혜를 톡톡히 누리고 있는 중이다.

음식과 패션은 물론 음악, 문화, 콘텐츠에 이르기까지 현재 대중 소비자들의 라이프 스타일에는 '과거', '옛것'이 적용되지 않은 분야를 거의 찾아보기 힘들 만큼 높은 인기를 구가 중이다. 2022년 편의점 오픈 런이란 유례없는 현상을 일으킨 '포켓몬 빵'과 50년 역사의 '아맛나' 콜라보 작업의 대성공 이후, 대중 소비자들은 '익숙함이 주는 편안함(예: 추억 소환)', '친숙함이 주는 독특함(예: 콜라보)'에 더욱 빠져들고 있다.[9] 심지어 해가 거듭될수록 이 열풍의 범주와 강도는 더욱 다양해지고 강력해지고 있다. 그렇다면 이러한 아날로그의 막

강한 장악력 이후에는 어떤 양상을 보이게 될까?

돌고 도는 유행, 〟
2011~2012년 그리고 2018~2019년

요즘 세대들에게는 새롭지만 낯설기 짝이 없는 이름 '○○○'의 열풍이 지속되고 있다. 프로그램 시청률을 쑤~욱 올려놓는 성과를 넘어 사회 전체 문화에 대한 생각에까지 영향을 미치고 있다. TV 평론가들은 "그간 잠재되어 있던 중장년층의 문화적 욕구가 매체를 타고 수면 위로 올라왔다"고 말했다. 덕분에 중장년층에게는 '다시 한번 기타를', 젊은 세대에겐 '나도 한번 기타를' 잡게 하는 동력으로 작용해 통기타가 불티나게 팔리고 음악 학원의 생활 기타바 강습생이 부쩍 늘어나고 있다. 그들의 인기는 가히 놀라울 정도로 방송 출연 이후 '○○○'은 여느 아이돌 그룹보다 바쁜 일정을 소화하고 있는 중이다.[10]

앞서 언급했던 제2의 전성기를 누리고 있는 올드 여가수를 소개한 글이라 해도 고개가 끄덕거려질 만한 이 기사는, 사실 지금으로부터 13년 전인 2011년 한 경제지에 소개된 내용을 발췌한 것이다. ○○○의 주인공은 '매우 멋지다'라는 뜻의 프랑스어 c'est si bon에서 따온 한국어.

빙고! 바로 우리네 엄마 아빠가 그렇게 좋아하셨던 전설의 그룹, '쎄시봉'이다. 1960~1970년대 무교동 일대 유명 음악 감상실 '쎄시

2010년 9월, 방송에 출연중인 세시봉
출처: MBC

영화 '써니'(2011년)

응답하라 1997(2012년), 응답하라 1994(2013년), 응답하라 1988(2015년)

봉'에서 활약했던 가수들(조영남, 송창식, 윤형주, 김세환)이 무려 40년 만에 한 TV 프로그램에 등장해 그야말로 대단한 센세이션을 일으켰다. 대중들, 특히 짱짱했던 그때 그 시절을 기억하는 40대 이상 중장년층의 열렬한 성원으로 방송 직후 각종 콘서트, 영화가 제작될 만큼 '쎄시봉'은 2011년도와 그 이듬해인 2012년를 아우르는 거대한 사회적 현상의 대표 사례로 지금도 회자되고 있다. 이름하여, '레트로 Retro'다. '과거의 것'에 반응하는 움직임이 이전에도 없었던 것은 아니지만, 이때의 '레트로' 열풍은 '노스탤지어·향수·추억'을 소환하는 아이템·콘텐츠들이 사회, 문화, 예술 전반을 휩쓸며 견고했던 '세대 구분' 장벽을 무너뜨리고 '세대 공감'이란 키워드를 등장시켰다는 점에서 여러 가지로 의미 있는 문화 현상이었다고 할 수 있다. 그리고 이 트렌드는 우리의 일상 속에서 '추억(69.5%, 중복 응답)', '그리움(64.6%)', '따뜻함(49.0%)', '편안함(48.2%)', '공감대(47.1%)', '위로·위안(47.0%)'[11]이란 감정을 소환하며 꽤 익숙한 단어가 될 만큼 상당 기간 지속된 흐름을 보였다.

그런데 이 현상과 매우 유사하면서도 아주 미묘한 차이를 보이는 또 다른 복고 문화가 등장했다. 바로 2018년도, 그리고 그 이듬해인 2019년도의 대표적인 문화 현상으로 꼽힌 바 있는 '뉴트로New-tro'다. '뉴트로' 역시 '옛것', '과거의 것'이 화두가 되는 문화 현상이지만, 이전의 '레트로'가 과거의 것을 소환해 그 문화를 즐겼던 중장년층(4050세대)의 향수를 자극하는 것이 주요 특징이었다면, '뉴트로'는 중장년층이 아닌 젊은 층(1020세대)이 '새로움과 참신함'에 끌려 과거의 것을 찾는 새로운 복고 문화라는 점에서 현상적 구분이 가

슈퍼패미콤 미니
출처: 닌텐도

출처: 휠라, 아디다스

모두 2018년 뉴트로 현상을 이끈 제품들이다.
출처: 뚜레쥬르, 삼양식품, 롯데제과

능하다. 대표적인 뉴트로 사례로는 30년 전의 제품들이 재출시되면서 뜨거운 반응을 얻었던 닌텐도 '슈퍼페니콤 미니'와 휠라의 '디스럽터2', 아디다스의 '슈퍼스타(1969년 출시)' 등이며, 옛 디자인 그대로 출시돼 2018년 편의점 판매 1, 2위를 차지했던 '갈아만든 배', '포도봉봉'도 대표적인 뉴트로 현상 중 하나로 꼽힌다.[12] 이처럼 과거의 것을 소환하는 두 개의 복고 문화 '레트로'와 '뉴트로'는 이 문화를 '소비하는 향유층'과 그들이 '소구하는 포인트', '의미' 면에서 비슷하면서도 어딘가 다른 양상을 보인다. 이와 관련해 서울대 김난도 교수는 2019년의 트렌드 전망서에서 다음과 같이 두 복고 문화의 특징을 정리한 바 있다.

레트로 vs. 뉴트로

	레트로(Retro)	뉴트로(New-tro)
의미	과거의 재현	익숙하지 않은 옛것
소구	노스탤지어, 친밀감	새로운 콘텐츠, 아날로그 감성, 참신함
타깃	40~50대 이상 중장년층	10~20대

출처: 《트렌드 코리아 2019》

양상이 좀 다른, 〞
또 다른 복고의 등장

'레트로', '뉴트로' 같은 복고 트렌드는 불경기, 불황기 때 어김없이 등장하는 사회 문화적 현상으로 꼽힌다. 비용 면에서도 과거 사랑받는 브랜드를 잘 살리고 키워가는 것이 훨씬 효율적이기도 하고, 심리적으로는 각박하고 힘든 현실을 잠시나마 잊고 위로를 받기 위해, 콘텐츠나 상품 등으로 과거의 추억을 복기하며 그리워하는 경향이 있기 때문에 하나의 현상으로 확산된다는 것이 전문가들의 중론이다. 이렇게 보면 경기 침체는 물론 금리 인상, 고물가가 겹치면서 소비 위축이 본격화되고 있는 지금, 복고 문화가 다시 유행하는 것은 당연한 수순일 수 있다. 그리고 경기회복 지연이 전망되고 있는 현재, 앞으로의 복고 문화의 지속 가능성을 예측하는 것은 그리 어렵지 않은 일이다.

하지만 똑같은 복고 문화라 하더라도 '레트로', '뉴트로' 현상이 미묘한 차이를 보였던 것처럼, 앞으로 등장하게 될 복고 문화 역시 지금의 그것과는 또 다른 모습을 띨 가능성이 높다. 이 문화를 '소비하는 향유층', '소구되는 포인트', 그리고 복고로서의 소환 '이유(의미)'가 이전과는 조금 다른 양상을 보이기 때문이다. 물론 아직까지 복고 문화로 소환되는 '아이템(내용과 콘텐츠)'들은 지금까지의 복고 양상과 매우 유사하다. 사회 각계에서 리더로서의 영향력을 행사하는 세대, 즉 상품을 시장에 내놓는 키메이커가 중장년층이기에 '이들의 그때 그 시절' 문화가 소환되는 것은 거의 필연적일 수밖에 없기 때문이다. 하지만 분명히 다른 점이 있다. 바로 이 문화의 향유층이다. 마크로밀 엠브레인 조사 결과를 보면 지금의 복고 문화를 향유하는 소비층으로서 중장년층의 비중은 생각보다 상당히 낮다. 오히려 기존의 뉴트로 문화의 주 소비층(10~20대)보다 연령대의 범주는 좀 더 넓어지면서 하향화된 특징을 살펴볼 수 있다.[13] 때문에, 현 복

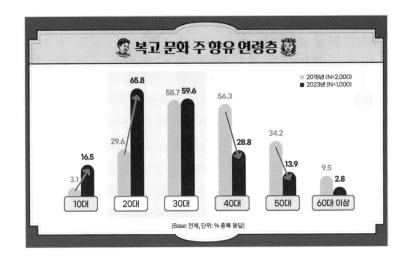

🧑 복고 문화 주 향유 연령층 🧑

■ 2015년 (N=2,000)
■ 2023년 (N=1,000)

- 10대: 3.1 → 16.5
- 20대: 29.6 → 65.8
- 30대: 58.7 → 59.6
- 40대: 56.3 → 28.8
- 50대: 34.2 → 13.9
- 60대 이상: 9.5 → 2.8

(Base: 전체, 단위: % 중복 응답)

고 문화의 지속 가능성을 감안하면 앞으로의 복고 문화는 2030 연령대가 주 소비 주축이 되면서 10대가 합류를 하게 되는, 즉 10~30대가 복고 문화의 주축이 될 것이란 예상이 가능하다.

중요한 것은, 이렇게 됐을 때 실제 복고 문화가 소환되는 이유(의미)가 이전과 달라질 가능성이 높다는 사실이다. 주 소비층이 중장년층이 아니기에 과거의 추억, 향수, 즉 옛것의 소환이 주는 정서적 효용 측면의 공감도가 낮을 수 있다는 뜻이다. 실제로 복고 문화가 소환되는 것에 대해 '각박한 현실 사회에서 벗어나고 싶은 바람'이나 '스트레스에서 벗어나고 싶은 마음'에서 비롯된 하나의 문화 현상으로 바라보는 비중은, 정작 복고 문화를 향유하는 주 소비층에선 낮은 특징을 보이고 있었다.[14] 사회 전반적으로도 이전에 비해 과거의 기억이 삶의 활력을 준다(힘든 과거의 기억도, 지나고 나면 삶에 활력을 준다 - 73.3%(2015)→55.8%(2023))[15]거나, 사회가 불안하다고

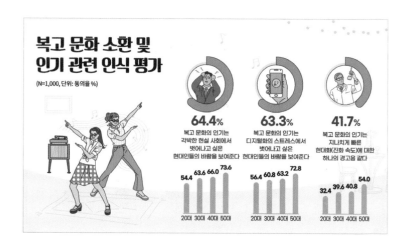

복고 문화 소환 및 인기 관련 인식 평가

(N=1,000, 단위: 동의율 %)

64.4%
복고 문화의 인기는 각박한 현실 사회에서 벗어나고 싶은 현대인들의 바람을 보여준다

20대 54.4 · 30대 63.6 · 40대 66.0 · 50대 73.6

63.3%
복고 문화의 인기는 디지털화의 스트레스에서 벗어나고 싶은 현대인들의 바람을 보여준다

20대 56.4 · 30대 60.8 · 40대 63.2 · 50대 72.8

41.7%
복고 문화의 인기는 지나치게 빠른 현대화(진화 속도)에 대한 하나의 경고음 같다

20대 32.4 · 30대 39.6 · 40대 40.8 · 50대 54.0

옛것을 찾게 된다(사회가 불안할수록 옛것을 찾는 사람들이 많아지는 것 같다 - 85.8%(2015)→72.6%(2023))[16]는 인식은 (여전히 높은 수준이긴 하지만) 분명 이전보다 공감대가 낮아진 특징을 확인할 수 있다.

그렇다면 현 복고 문화 주요 소비층인 2030 연령대, 그리고 10대가 이 문화를 소구하는 포인트는 어디에 있을까? 일단 복고로 소환되는 문화에 이전에는 전혀 경험하지 못했던 세대들이 움직이고 있다는 점에서 신新문물, 즉 난생처음 보는 희귀함이 갖는 재미 요소에 열띤 호응을 했을 가능성이 크다. 실제로 젊은 세대는 복고 문화의 영향과 관련해 '위로', '위안'보다 '재미'를 꼽는 경우가 좀 더 뚜렷했다(복고(레트로) 문화/트렌드 경험은 일상생활에 새롭고 이색적인 재미를 느끼게 해준다 - 20대 42.8%, 30대 34.4%, 40대 33.2%, 50대 27.6%).[17] 그런데 더더욱 주목해야 할 점이 있다. 바로 어떤 연령대보다 이들은 복고 문화의 유행 현상을 '마케팅 상술'로 바라보지 않고 있다는 사실이다(지금의 복고는 대중적인 유행이 아니라 마케팅이 만들어낸 하나의 상술 느낌이다 – 20대 28.4%, 30대 36.0%, 40대 36.8%, 50대 46.0%).[18] 이것은 현재 복고 문화의 주 소비층인 젊은 세대가 '소환되는 과거'에 수동적으로 움직이는 것이 아니라, 자발적이고 능동적으로 반응하고 있음을 알려주는 결과라 할 수 있다. 근래 들어 2030세대들이 '스스로의 학창 시절(과거)'을 회고하는 경우가 점점 더 많아지고 있는 현상(이전에 비해 과거의 콘텐츠(어릴 적, 학창 시절 등)를 다시 보게 된 경우가 많아진 것 같다 – 20대 68.3%, 30대 62.9%, 40대 57.3%, 50대 54.5%)[19]까지 감안하면, 앞으로의 복고 흐름은 10~30대들이 '그때 그 시절의 옛것'이 아닌 '자신들의 옛것(성장 문화 등)'을 능동적으로 소환해내는 특징이 보다 뚜렷해질 가능성이 높다. 실제로 최근 유튜브에서는 10대들이 자신들의 학창 시절(이라고 해봐야 초등학교 시절) 노래를 모아놓은 '0n년생 플레이리스트'를 심심치 않게 볼 수 있으며, 해당 영상에는 고작해야 몇 년 되지 않은 '그때'가 그립다는 10대들의 '추억 회상' 댓글이 가득하다. 때문에,

지금까지 복고 문화의 성공이 현세대에겐 새롭고 기성세대에겐 지난날의 추억을 얼마나 소환할 수 있느냐에 의해 좌우되는 현상이었다고 한다면, 앞으로의 복고 문화는 생경함과 희귀함이 어느 정도의

출처: 유튜브 영상 댓글 캡처

재미를 주는지 여부, 그리고 능동적으로 소환해내는 그들만의 문화가 또래들에게 어느 정도 공감대를 제공하는지에 따라 그 성공 여부가 판가름 날 것으로 예상된다. 즉, 새롭게 도래할 복고의 뉴웨이브는 기존의 복고에서 여러 가지 의미로 수정된, 동시에 이제는 젊은 세대가 주축이 되어 누군가의 옛것이 아닌 그들만의 문화를 능동적으로 소환해내고 참여하는 새로운 소비 양상을 띠게 될 것으로 전망된다. 이름하여, '영트로Young-tro'의 등장이다.

	레트로(Retro)	뉴트로(New-tro)	영트로(Young-tro)
의미	과거의 재현	익숙하지 않은 옛것	新문물, 익숙한 옛것
소구	노스탤지어, 친밀감	새로운 콘텐츠, 아날로그 감성, 참신함	재미(생경함, 희귀함), 공감
타깃	40~50대 이상 중장년층	10~20대	10대&20~30대

So what? "
시사점 및 전망

하나의 대중문화 현상으로 복고 문화가 주목받게 될 때는 주로 '경제 위기라는 불확실한 상황'과 '불안이란 부정적 심리 상태'의 회복 차원에서 그 흥행 이유를 꼽는 경우가 많다. 과거로의 회귀, 그때 그 시절의 감성은 현재의 불안함을 치유하고 위로해줄 수 있는 '감정 해독제' 역할을 해주기 때문이다. 따라서 경기회복 지연이 전망되고 있는 지금 상황에서의 복고 문화 지속 가능성은 충분히 예상

가능한 결론이라 할 수 있다. 다만, 앞서 레트로와 뉴트로의 미묘한 차이처럼 이후의 복고 흐름 역시 조금은 다른 차원의 특징을 보일 것으로 예상된다. 바로, 이 문화 현상의 주축이 '10~30대의 젊은 세대'라는 점과 그들은 '옛것의 생경함이 주는 재미'를 향유함과 동시에 '그들만의 옛것을 능동적으로 소환'해내는 새로운 복고 문화를 만들어낼 것이란 사실이다. 이런 맥락에서, 향후의 복고 트렌드는 다음의 몇 가지 중요한 전망이 가능할 것으로 보인다.

　가장 첫 번째로는 복고로 소비되는 콘텐츠의 다변화 가능성 측면이다. 현재까지 복고 문화로 주로 '소환'되고 '소비'되는 아이템(재료)은 '먹거리'와 '콘텐츠'가 대표적으로, 특히 '먹거리'는 2030세대들로부터 '새로운 감성 체감(할매니얼 식품의 인기는 전통적인 감성이 새롭게 다가오기 때문이다 – 20대 50.0%, 30대 52.8%, 40대 46.0%, 50대 47.2%)', 'SNS에서의 인기(할매니얼 식품의 인기는 SNS 등에서 인기를 끌고 있어서

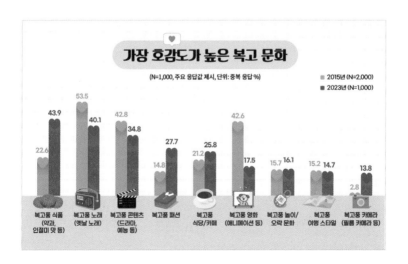

PART4 CULTURE_빨리 감기와 영트로 문화 ● **281**

다 - 20대 37.2%, 30대 28.0%, 40대 28.0%, 50대 21.6%)'[20] 등의 이유로 소비되는 경우가 많아 당분간은 그 인기가 지속될 것으로 보인다. 더욱이 최근 헬시니얼(헬스(건강)+밀레니얼)이란 신조어가 등장할 정도로 건강관리가 주요 트렌드로 부상하는 만큼 복고 먹거리에 대한 관심은 단순 관심 차원을 넘어 '건강한 맛'에 대한 수요, 좀 더 폭넓게는 '건강' 자체에 대한 관심으로 이어질 것으로 예상된다. 실제로 식음료업계에서는 간식 하나에도 영양 성분과 원료를 중시하는 요즘 젊은 세대들의 특징을 고려해, 전통 식재료(예: 검정콩, 흑미 등의 블랙 푸드 등)를 활용한 다양한 건강 스낵, 식음료가 개발 중에 있다.[21] 특유의 맛과 음용 방법의 불편함 등으로 젊은 층의 선호도가 낮았던 전통 식재료의 위상이 반등의 기회를 맞이하게 될 것으로 기대되는 대목이다.

반면, 복고로 소환되고 소비되는 아이템(재료) 중 '콘텐츠' 분야는 앞으로 몇 가지 각기 다른 방향성과 변화가 있을 것으로 보인다. 바로 복고풍 노래(음악)의 소환 방향과 각종 콘텐츠의 아날로그화(化) 움직임(부활 및 재편) 측면이다. 일단 복고풍 노래(예: 기성세대가 향유한 노래)는 복고 문화의 주 소비층이라 할 수 있는 저연령대일수록 호감도나 관심도가 사실상 낮아지는 추세(나는 요즘 노래보다 옛날 노래가 더 듣기 좋다-20대 58.0%, 30대 76.4%, 40대 80.8%, 50대 82.8%)'[22]로, 지금과 같은 '옛 노래(음악)'가 '복고풍'이라는 이유만으로 인기가 지속될 것이란 담보는 조금 어려워 보인다.

실제로 2023년의 다양한 복고 현상 중에서도 음악 관련 콘텐츠들은 예능이나 흥행 실패 등의 사례로 언급될 만큼 성적이 가히 좋은

충남대학교 축제에서 '뽀로로' 주제곡으로
학생들이 떼창을 하는 모습
출처: 섭이네

편은 아니었다. 단, 그럼에도 불구하고 대중들의 긍정적 반응이 기대되는 복고풍 음악(노래)이 있다. 영트로란 새로운 복고 트렌드 등장이 예상되는 만큼 바로 10~30대들의 유년기, 청소년 시절 등의 성장 과정 기억을 소환해 낼 수 있는 음악(노래)들이다. 10~30대들이 능동적으로 그 때 그 시절 '날것'의 음악(노래)을 소환해내거나 리메이크한 음악(노래)들은 뉴트로의 복고 콘텐츠 흥행처럼 '그들만의 옛것'으로서 높은 인기와 수요가 있을 것으로 예상된다.

복고 문화로서 호황이 예상되는 또 다른 콘텐츠는 '옛 포맷들의 부활' 측면이다. 최근 유튜브 채널 토크쇼가 TV 부문 예능작품상을 수상(예: '피식대학'의 영어 토크쇼 〈피식쇼〉)할 만큼 토크쇼 포맷은 뜨거운 인기를 얻고 있다. 이에 따라 향후 TV 프로그램에서도 'TV 토크쇼 부활' 등의 콘텐츠 아날로그화化 움직임이 본격화될 것으로 예상된다. 아직까지 유튜브 채널 대비 TV 토크쇼는 면면

2023년 8월 15일 첫 방송된
MBC에브리원·라이프타임의
'나는 지금 화가 나있어'(약칭 나화나).
게스트를 초대해 그들의 화 유발
비밀 토크를 듣고 화풀이 노하우를
대방출하는 프로그램이다.

유재석의 공식 유튜브이자 안테나 플러스에서 개설한 채널
출처: 뜬뜬

이 올드한 특징(예: 진행자의 나이대나 콘텐츠 소재 등)이 있어 인기가 부진한 면이 없지 않지만, 최근 진행자의 연령대를 골고루 섞거나, 파일럿 형태로 다양한 콘텐츠의 토크쇼를 선보이는 등 콘텐츠 주 소비층과의 교류를 확대하려는 움직임을 보이고 있는 중이다. 더불어 TV나 유튜브에서는 10분 내외의 짧은 러닝타임과 빠른 전개보다는 전개 속도를 늦추고, 러닝타임을 늘리면서 내용 전달에 집중하는 콘텐츠들이 다시금 부활할 가능성도 높다. 최근 최소한의 편집과 자막만을 활용하거나, 다큐멘터리를 보는 듯한 느린 속도의 예능 콘텐츠가 자주 등장하고 있는데, 오히려 '느림의 미학'을 강조한 영상들이 개성 있고 새로운 콘셉트로 주목받고 있는 중이다. 이 같은 콘텐츠의 아날로그화 움직임이 본격화되면 젊은 세대를 중심으로 미디어 콘텐츠뿐만 아니라 콘텐츠 자체에 대한 관심과 흥미로 (알고리즘 추천 방식 등을 거치지 않는) 보다 다양한 콘텐츠를 능동적으로 접해보려는 노력을 기울일 가능성이 크다. 이 과정에서 트렌디하지 않지만 나름의 아날로그 감성이 묻어 있는 J컬처를 문화 콘텐츠로 소비하게 될 확률은 이전보다 좀 더 높아질 가능성이 있다. 어느 해보다 2023년은 일본 인기 만화 애니메이션과 이와 관련된 캐릭터 2차 시장이 한국을 점령한 해였는데, 대중 소비자들이 J컬처의 인기 요인으로 '일본만의 독보적인 콘텐츠(47.9%, 중복 응답)'

와 '아날로그 감성(35.3%)'[23] 등을 꼽고 있었기 때문이다.

실제로 최근 복고 문화로 가장 핫한 을지로나 익선동에서는 일본식 복고풍 인테리어의 소규모 펍[pub]이나 바[bar]가 점점 많아지고 있고, 이곳에서 1970~1980년대의 세련된 J팝, 일명 '시티 팝'이라는 일본 노래가 자주 흘러나오고 있다.[24] 심지어 일본 특유의 감성을 살려낸 J팝이 K팝 인기 아이돌도 진입하기 어렵다는 멜론 톱 100 차트에 이름을 올리는 등 만화, 애니메이션에 한정되어 있던 J컬처의 범위가 음악까지 한층 넓어지고 있다.[25] 일각에서는 일본의 과거사 문제와 노노재팬 이슈가 있는 분위기에서 이러한 J컬처 대약진 행보를 비난하는 목소리가 있지만, J컬처 열풍의 주역인 2030 젊은이들은 그저 다른 문화에 관심을 갖는 개인적 취향의 문제, 즉 문화와 역사를 개별적으로 바라보는 세대인 만큼 앞으로 콘텐츠 그 자체의 매력을 가진 J컬처를 향유하려는 움직임은 지속될 것으로 예상된다. 다만 이 과정에서, 노노재팬, 예스재팬에 대한 논란과 갈등 상황은 이전보다 좀 더 빈번하게 발생할 가능성도 있어 보인다.

두 번째 전망은 패션(패션용품, 소품 포함) 분야와 관련한 커스텀[custom] 니즈 고도화 가능성이다. 커스텀은 기존의 제품을 재가공해 새로운 형태로 만드는 것을 말한다. 앞서 살펴본 것처럼 현재 대중 소비자들은 복고 소비 아이템으로 '복고풍 패션'과 '관련 소품'을 소환하는 경우가 많은데(281쪽 그래프 참조), 이 과정에서 오래된 의류나 대중적이면서도 일반적인, 동시에 브랜드 역사가 긴 패션용품을 커스텀하는 것이 단순한 유행을 넘어 하나의 새로운 문화가 되고 있다. 실제 SNS 등에서는 해시태그 '커스텀'을 검색하면 60만 개

SNS에 올라온 '커스텀' 제품 판매 및 구매 인증 게시글.
에어팟, 마우스, 카드, 가방 등 종류가 다양하다.
출처: 인스타그램, 한국일보

가까운 게시물이 나올 정도로 젊은 층을 중심으로 큰 인기를 얻고 있는 중이다. '재고가 있을 수 없는' 커스텀만의 희소성과 차별성이 '나만의 취향'을 중시하는 요즘 젊은 세대의 성향과 맞아떨어져 커스텀의 대중화가 이뤄졌다는 것이 업계 관계자들의 분석이다.[26] 당분간 복고풍 패션이나 패션 소품에 대한 대중 소비자들의 관심이 지속될 것으로 전망되는 가운데, 흔한 일상의 제품을 자기만의 것으로 만들어 조금이나마 개성을 뽐낼 수 있는 커스텀 제품에 대한 수요는 보다 높아질 것으로 예상된다. 이 같은 높은 관심도는 비단 패션 의류나 소품에 국한되지 않고 보다 다양한 분야에 커스텀 메이드를 활용하는 사례로 이어질 것으로도 전망된다. 최근 커스텀 노하우나 스킬을 배우려는 대중 소비자들의 니즈가 점점 커지고 있고, 각 업계에서도 발 빠르게 자사의 제품을 커스텀할 수 있는 독자적인 클래스를 만드는 경우가 많아지고 있는 점이 이 같은 전망의 주요 근거라 할 수 있다. 이렇게 되면 연예인이나 유명 인플루언서가 아니더라도 자기만의 커스텀 노하우가 있는 일반인이 다른 대중 소비자들로부터 주목을 받는 사례 역시 더

스마트워치 페이스 DIY 플랫폼&스트랩 전문 브랜드
〈타임플릭〉은 스마트워치 유저를 위해 컬래버레이션 상품부터
본인 취향대로 꾸밀 수 있는 커스텀 클래스를 운영하며
MZ세대들과의 접점을 확대하고 있다.

욱 많아질 것으로 보인다. 최근 일반인 앰배서더가 일상에서 브랜드를 사용하는 모습이 스타 마케팅보다 소비자에게 더 어필이 되고 있는 추세인데, 이러한 흐름과 맞물렸을 때 커스텀 메이드 노하우를 장착한 일반인이 '갓반인(God+일반인 합성어)'으로 등극하는 경우는 이전보다 더 빈번해질 가능성이 있다.

세 번째로는 복고 문화의 주 소비층이 10~30대란 점에 착안, 지금으로선 전혀 상상도 할 수 없는 금기 문화들이 재조명되거나 혹은 이색 서사로 엮어져 뉴 콘텐츠로 각광을 받을 가능성이다. 이것은 이들 10~30대 세대가 다양성과 차별성을 강하게 추구하는 세대라는 특징과 관련된다. 때문에 사회에서 소외되거나 억압됐던 세대와 계층(예: 중년 여성 등)에 대한 이야기도 다양한 방식으로 선보이게 될 것으로 예상된다. 가장 대표적으로는 그간 알게 모르게 불합리하고 부조리하다고 느껴졌던 일상생활 속 관행들, 이를테면 성별로 인한 차별이나 성 역할 고정관념, 가부장 문화와 같은 것들이 콘텐츠의 서사가 되거나 희화화될 가능성이다. 이전에 비해 많은 남성들이 가사 노동/돌봄(집안일)을 공평하게 분담하기 위해 애쓰는 경우가 많아지고는 있지만, 여전히 우리 사회에서 그 관점은 상호 합의가 잘 되지 않은 면이 있다. 때문에 자신의 일상에 관심도가 높고 공정성을 중시하는 젊은 세대를 대상으로, '옛날' 혹은 '일부 사람들'의 이야기로 치부되는 불편한 관행을 재조명하거나 수면 위로 꺼내 희화화하는 콘텐츠들이 앞으로 더 많아질 가능성이 있어 보인

드라마 '닥터 차정숙'
출처: JTBC

다. 2023년 시청률과 화제성을 싹쓸이하며 JTBC 드라마의 한 획을 그었던 〈닥터 차정숙〉 역시 캐릭터만으로도 서사를 가늠할 수 있을 만큼 전형적인 전업주부로서의 여성, 가부장적이고 권위적인 남편이 드라마 서사의 핵심으로 등장해 주목을 받기도 했다. 물론 이 드라마의 성공 요인이 40대 중년 여성의 높은 공감대로 분석되고 있긴 하지만, 사실 가부장적 프레임에서 인생 리부팅을 다짐하는 주인공의 희로애락에 젊은 세대의 공감대가 높았던 점도 인기 견인의 한 축으로 평가받고 있다.[27] 이는 최근 주인공이 과거로 돌아가 자신의 삶을 바꾸는 '회귀물' 장르가 인기를 끈 현상과 유사한 맥락으로, 전문가들은 콘텐츠에서라도 '인생 리셋 욕구'를 해소하고 싶은 젊은 세대들의 마음이 요즘 웹툰이나 웹 소설, 드라마 등 콘텐츠 업계에 투영되고 있다고 분석하기도 했다.[28] 이러한 흐름을 고려했을 때 기존의 보수적인 프레임에서 벗어나 한 인간으로서의 성장 과정이나 혹은 (기존의 억압과 부조리, 불편한 현실에서 벗어난) '인생 2회 차' 서사의 대리 만족 등을 공략한 콘텐츠 수요는 앞으로 좀 더 많아지

거나 대중들의 주목을 받게 될 가능성이 높아 보인다.

　마지막으로 예상되는 전망은 복고 콘텐츠의 '세계관'이 지속적으로 변화와 진화를 거듭하게 될 것이라는 점이다. 기존의 레트로 현상이 '그리운 과거의 (단순) 재현'이고, 뉴트로 현상은 '익숙하지 않은 것이 주는 새로움'이었다면, 새롭게 등장할 10~30대 중심의 영트로는 '과거 세계관에 몰입하면서 즐기는 놀이'가 하나의 메인 흐름이 될 가능성이 높다. 따라서 콘텐츠를 즐길 때 누구보다 '세계관'에 진심인 10~30세대를 공략하기 위해서는 '복고'라 하더라도 '현실적'이면서도 '과몰입' 가능한 콘텐츠가 될 수 있도록 적절한 각색 과정이 필요해질 수 있다.

　일례로 만화영화 〈아기공룡 둘리〉의 주인공인 '고길동'은 40년 동안 얄미운 캐릭터에서 이제는 아무 연고도 없는 사고뭉치 무리를 거둬 먹여줬던 '따뜻한 어른'으로 재평가되고 있으며, 이 과정에서 마흔 살이 된 둘리에게 "철들지 말고, 오래오래 모두의 기억에 살아가 달라"고 전한 메시지는 어느새 성장한 '요즘 젊은 세대'에게 새로운 울림을 줘 큰 화제가 되기도 했다.[29] 추억의 캐릭터 '쿵야'가 직장 생활을 하며 줏대 있고 솔직한 발언을

'아기공룡 둘리' 40주년 고길동의 편지.
출처: 워터홀컴퍼니

하는 모습이 젊은 세대에게 인기를 끌고 있는 점도 이와 유사한 맥락이라 할 수 있다.[30] 어렸을 때의 캐릭터가 개인의 성장과 함께 감정이입하며 진화를 거듭하고, 현실에서의 내 삶의 과정에서 동반하면서 변화하고 있는 것이다. 때문에, 향후 영트로란 복고 현상을 특징지을 복고 콘텐츠의 소환 방향은 단순 재소환이 아닌 주 소비층 10~30대의 세계관을 공략하는 방향으로의 정비 과정이 중요해질 것으로 예상된다.

어떤 미래도 필연적 결과를 예상할 수 없지만, 앞으로의 복고는 여전히 중요한 현상으로 반복될 가능성이 높다. 특히나, 지금의 젊은 세대가 복고 움직임의 소비 주체가 될 때 복고는 우리들 일상의 주변부가 아니라 중심부에 자리 잡을 공산이 크다. 디지털 네이티브인 지금의 젊은 세대에게 디지털 피로감을 탈출할 통로는 '과거의 것'들이 거의 유일한데, 늘 새로운 것을 찾아 헤매고 그것을 재해석하는 데 능한 이들에게 오래된 것들은 매력적인 탐색 재료가 되기 때문이다.[31] 앞으로 이들 젊은 세대들은 '감정 회복제'로서, '재미'와 '공감'의 요소로서, 특히 10대를 보내던 시기를 탐닉하며 '변하지 않는 것들', '기억했으면 하는 존재들'을 언제든 우리들 일상에 '경계와 제한 없이' 모든 것을 소환할 것이다. 복고의 막강한 장악력은 지속될 것이며, 이제 우리는 새로운 영트로의 등장을 눈여겨볼 필요가 있다.

나는 여전히 소파에 앉아 TV로 영화를 보고 싶지만 미래의 문화는 과거의 문화보다 더 풍성하고 흥미롭고 복잡하고 재미있기를 바란다. 나는 여전히 밖에 나가 큰 소리로 웃고 목청껏 노래하고 무대 위의 배우들과 댄서들을 보고 피아노 선율을 듣고 무도회장의 땀 냄새를 맡고 싶다. 그래도 내가 온라인 생중계 콘서트와 연극과 시상식을 보고 싶어 하는 이유는, 이런 것이 우리에게 다시 극장으로 돌아가 진짜 예술을 보고 싶게 만들어주기 때문이다. 온라인 공연이 진짜 예술을 대체하기를 바라는 마음은 없다. 나는 계속 낯선 사람들로 가득한 강연장의 연단 위에 올라가서 어서 도망치라고 아우성치는 긴장감을 애써 떨쳐내고 모두에게 더 살아 있다고 느끼게 하는 방식으로 소통하고 싶다. 나는 생생히 살아 있는 경험이 문화의 정점에 계속 남아 있고 이런 경험을 할 수 있는 공간에 더 쉽게 접근할 수 있어서 누구나 이런 마법 같은 순간을 경험할 수 있는 미래를 원한다.

데이비드 색스, 《디지털이 할 수 없는 것들》, p.197

재소환 콘텐츠 주의보
장수 브랜드의 변신

시대는 변했다,
재개봉 콘텐츠 주의보 >>>

최근 복고 열풍이 이어지며 재개
봉 콘텐츠가 증가하는 추세지만,
요즘 시대의 사회적 감수성을 충
분히 반영하지 못한다면 원작의
인기를 이어가기는 어려울 것으로
보인다. 1994~2004년에 방영했
던 미국의 인기 시트콤 〈프렌즈〉
는 OTT를 통해 현재 서비스를 제

미드 '프렌즈' 속 뚱뚱한 여성을 희화화하거나
외모 지상주의가 드러나는 장면
출처: 프렌즈

공 중인데, "불편한 장면이 많다"는 지적을 잇따라 내놓고 있기 때문이다. 시청자들은 '뚱뚱한 여성'에 대한 희화화, 트랜스젠더 혐오, 성차별, 외모 지상주의가 드러나는 대사 등 지금 시대에 불편하게 느껴질 만한 장면이 많다고 지적한다. 실제 극중 '레이첼' 역을 맡았던 제니퍼 애니스톤 역시 최근 한 언론 인터뷰에서 "〈프렌즈〉가 지금 방영된다면 젊은 시청자들이 불쾌하게 느낄 수 있을 것"이라며, "지금 세대의 까다로운 감수성을 잘 맞춰 조심해야 할 부분을 점검할 필요가 있다"는 의견을 밝히기도 했다.[32]

한편 과거 금기시됐던 내용으로 상영되지 못했던 콘텐츠가 시대가 변화하면서 다시금 인기를 끌고 있는 점도 특징적이다. 왕가위 감독의 영화 〈해피투게더〉는 두 남자의 사랑과 이별을 그린 퀴어 영화로, 1998년 개봉 당시 '동성애 코드'가 있다는 이유로 국내 상영 불가 판정을 받은 전례가 있다. 하지만 이후 사회적 인식이 개선되면서 2009년 최초로 동성애 장면이 미삭제된 버전이 재개봉되기도 했는데, 2023년은 고(故) 장국영 배우의 20주기를 맞아 〈해피투게더〉 리마스터링 버전이 상영돼 '퀴어 영화'의 전설이 돌아왔다는 평가를 받고 있다. 콘텐츠가 시대에 따라 다르게 평가받을 수 있다는 점에서 '콘텐츠 재소환'에도 다양한 점검과 주의가 필요할 것으로 보인다.

퀴어 영화 '해피 투게더 리마스터링' 예고편
출처: 유튜브

일본은 싫지만, 일본 애니메이션은 좋아요 >>>

중국에서 누적 수익 6억 위안
돌파 기념으로 제작된
'더 퍼스트 슬램덩크' 포스터
출처: 익스트림 무비

최근 중국 내에는 '혐일 정서'가 퍼지고 있지만, 콘텐츠 열풍까지는 막지 못하고 있는 모습이다. 국내에서도 J컬처 열풍을 주도한 바 있는 일본 애니메이션 〈더 퍼스트 슬램덩크〉가 중국에서도 흥행 대박을 터뜨렸기 때문이다. 중국의 한 온라인 티켓 판매 플랫폼에 따르면 〈더 퍼스트 슬램덩크〉는 개봉 전 예매에서도 1억 1,500만 위안 (약 221억 원)을 기록하며 역대 수입 애니메이션 가운데 최고치를 기록했다.[33] 어릴 적 〈슬램덩크〉 애니메이션을 보고 자란 중장년층들의 추억과 감성을 자극하면서 선풍적인 인기가 이어지고 있는 것이다. 중국 매체들은 정치적 갈등이 고조되고 있음에도 일본 애니메이션이 자국 영화시장에서 흥행을 이끌어나가는 것에 "문화 교류가 양국 관계 개선에 역할을 할 수 있을지는 의문"이라며 껄끄러운 태도를 보이고 있다.[34]

나라는 달라도 복고로 통하는
미·중·일 MZ세대 >>>

'LP판'으로 불리는 바이닐 레코드가 2022년 미국에서 연간 4,100만

미국 팝 가수 테일러 스위프트의 LP 앨범
출처: 알라딘

장 판매량을 달성하면서 35년 만에 CD판매량을 넘어선 것으로 나타났다. 2022년 미국 내 'LP판' 매출액은 12억 2,400만 달러(약 1조 6,200억 원)으로, 6년 연속 매출 성장세를 기록했다.[35] 이는 CD 매출액이 점점 감소하고 있는 것과 상반된 현상으로, 젊은 세대를 중심으로 LP 관심도가 높아졌기 때문인 것으로 분석된다. LP의 인기가 높아지면서 미국 팝 가수 테일러 스위프트와 래퍼 카니예 웨스트 등이 LP 앨범을 발매하는 등 빌보드 톱 뮤지션들의 LP 발매 소식도 이어지고 있다.[36]

최근 중국 청년들 사이에서도 복고 열풍이 불면서 '고물'로 취급받던 디지털카메라(디카)가 큰 인기를 끌고 있다. 현지 보도에 따르면 최근 중국 골동품 시장과 전자 상가에는 빈티지한 색감과 개성 있는 사진을 표현할 수 있는 '콤팩트 디카(일명 똑딱이)'를 사려는 청년들로 문전성시를 이루고 있다. 중국 SNS에는 디지털카메라 관련 게시글이 130만 건을 넘고, 개당 수십 위안 정도였던 가격대가 최고 1,000위안 수준에 거래될 정도로 가파르게 오르고 있다.[37]

일본 역시 수십 년 전 유행했던 '일회용 필름 카메라'가 재유행하고 있다. 최근 젊은이들 사이에서 인

중국 베이징 골동품 시장의
중고 디카 판매 가판대
출처: 웨이보, 아주경제

기가 높아지면서 다시 한번 전성기를 맞고 있는 것. 일본 편의점 가
판대에서도 일회용 필름 카메라를 판매하고 있는데, 아날로그 감성
사진을 찍을 수 있으며 저렴한 가격으로 필름 카메라를 경험할 수
있어 젊은 층을 중심으로 인기를 끌고 있다.[38]

일본의 흥행 보증수표
'쇼와 레트로' >>>

일본인들에게 쇼와(1926~1989년) 시대는 다소 낡고 오래된 시대라
는 인식이 강하다. 하지만 최근 쇼와 시대를 떠올리게 하는 디자인
이 출시마다 히트를 치면서 흥행 보증수표로 자리매김하고 있다.
일본 가전제품업체 타이거가 창립 100주년을 기념해 꽃무늬, 스트
라이프 등으로 당시 디자인을 살린 가전제품을 출시했는데, 예약
개시 두 달 만에 주문 3,000건
을 달성하며 큰 호응을 얻은 것
이다. 이 외에도 유리 제조업체
이시즈카유리가 1970년대 디자
인으로 재출시한 식기 제품은
2018년 11월부터 2023년 6월
까지 약 136만 개가 팔리는 등
쇼와 레트로의 인기를 실감케
했다.[39]

일본 쇼와 시대 컨셉의 레트로 밥솥, 식기
출처: 타이거, 이시즈카 유리

중국 장수 브랜드의 생존 전략
"MZ세대를 잡아라" >>>

촌스러운 옛날 과자로 여
겨졌던 중국의 전통 브랜
드 '다바이투大白兎'가 Z세
대 사이에서 힙한 브랜드
로 급부상했다. 다바이투
는 중국의 국민 사탕으로
불릴 만큼 1950~1980년
대 어린이들의 대표 간식

'다바이투'와 '코치'의 협업 상품
출처: 코치

이었으나 중국의 개혁 개방 이후 다양한 수입 사탕이 들어오며 그
입지가 흔들리기 시작했다. 다바이투의 생존 전략은 협업 마케팅
을 통한 MZ세대 공략이었다. 화장품 회사 메이자징과 협업해 만든
한정판 립밤, 초콜릿 브랜드 고디바와 손잡고 출시한 아이스크림이
대표적이다.

미국 패션 기업 코치는 다바이투 토끼 캐릭터를 활용해 가방과 의
류를 선보이기도 했다. 출시된 지 64년이 지났다는 게 무색할 정도
로 최근 소셜 미디어 틱톡의 중국 버전 더우인에서는 다바이투 사
탕을 맛보는 영상이나 팝업 스토어를 구경하는 영상을 쉽게 찾아볼
수 있다. 영국 주간지 〈이코노미스트〉는 "다바이투는 중국 기업들
이 어떻게 해야 브랜드가 장수할 수 있을지에 대한 교훈을 주고 있
다"고 전하기도 했다.[40]

'마오타이'에서 출시한 아이스크림
출처: 마오타이 온라인 주문 사이트

   중국의 인기 브랜드 '마오타이' 역시 젊은 세대를 공략하며 인지도를 높여나가고 있다. 중국에서 가장 사랑받는 술 '바이주白酒', 그중에서도 마오타이는 마오쩌둥이 즐겨 먹는 술로 알려지며 큰 인기를 얻어왔다. 하지만 최근 젊은 세대를 중심으로 독한 바이주 대신 맥주나 와인을 선호하는 이들이 많아지면서 마오타이는 노년층의 브랜드란 인식이 강해졌다. 이에 마오타이는 MZ세대를 타깃으로 새로운 도전을 시작했다. 마오타이가 함유된 아이스크림을 출시하며 사업 확장에 나선 것. 출시 이벤트 당시 준비한 4만 개의 아이스크림이 한 시간 만에 동이 날 만큼 마오타이의 젊은 층 공략은 성공적이었다. 이에 다른 바이주 기업들도 '노인들이 마시는 술'이라는 오명을 벗기 위해 다양한 제품들을 선보이고 있다. 시장 전문가들은 바이주 기업들의 다각화가 장기적으로 성공하기 위해서는 유구한 역사와 전통을 가진 브랜드를 젊은 세대에게도 매력적인 브랜드로 변신시켜야 한다고 조언한다.[41] 복고 열풍이 이어지고 있는 가운데, 장수 브랜드가 젊은 세대에게 새로운 아이템으로 다가서며 제2의 전성기를 맞이하고 있는 모습이다.

어릴 적 추억의 애니메이션을 '소비'로 추억하는 어른들 >>>

영국 인기 애니메이션 〈토마스와 친구들〉에 나오는 토마스 기차를 일본에서 직접 탈 수 있게 됐다. '토마스 열차'는 일본 시즈오카현의 신카나야역과 이야마역 사이를 왕복 운행한다. 역 앞에 있는 기념품 숍에서는 한정판 토마스 기념품, 열차 도시락 등을 판매하고 있는데, 과거 추억에 젖은 어른들이 아이들보다 신나하며 해당 역을 찾고 있다고 한다.[42]

출처: 오이가와 관광 홍보 홈페이지

디스퀘어드2가 출시한 '팩맨' 협업 컬렉션 의류
출처: 디스퀘어드2

그런가 하면 출시와 동시에 전 세계적 인기를 끌었던 추억의 게임 '팩맨' 캐릭터가 패션 제품으로 출시되기도 했다. 캐주얼 브랜드 디스퀘어드2가 게임 '팩맨'과의 협업 컬렉션을 출시한 것이다.[43] 디스퀘어드2는 최근에도 과거 사랑받았던 추억의 캐릭터 '스머프'를 활용한 협업 상품을 출시했는데, 복고 열풍이 이어지며 해당 제품이 조기 완판되는 등 좋은 반응을 얻고 있다.[44]

추억의 다마고치?
이젠 '다마버스' >>>

한 손에 들어오는 작은 크기에 반려동물을 키우는 재미까지 더해져 인기를 모았던 '다마고치'가 메타버스 버전으로 돌아왔다. 전 세계에 레트로 열풍이 불면서 유명 연예인들이 다마고치를 액세서리로 착용하거나, 다마고치 장난감을 그리워하는 사람들이 많아지자 한층 업그레이드된 모델을 선보인 것이다. 일본 게임업체 반다이는 2023년 7월 와이파이 기능을 탑재한 '다마고치 유니Tamagochi Uni'를 새롭게 출시했다. 다마고치 유니는 전용 메타버스인 '다마버스Tamaverse'에 접속해 다른 나라의 캐릭터와 여행을 하거나 캐릭터 패션 등을 공유하며 소통할 수 있다는 점이 큰 특징이다.[45] 반다이는 "SNS가 발달한 시점에서 장난감에도 사용자끼리 연결되는 커뮤니티가 필요하

메타버스 버전으로 출시된 '다마고치 유니'
출처: 반다이

다"고 설명하며 메타버스 도입 취지를 밝혔다.[46] 누구나 한 번쯤 갖고 싶어 했던 꿈의 장난감이 이제는 어른이 된 유저들의 동심을 자극하고 있는 가운데, 다마버스가 다시 한번 다마고치 유행을 일으킬 수 있을지 관심이 모아지고 있다.

세계에 부는
K-레트로 바람 >>>

K-레트로 열풍은 비단 한국에서뿐만이 아니다. 2023년 8월 미국 250개 극장에서 재개봉한 박찬욱 감독의 〈올드보이〉가 10일 만에 144만 3,314만 달러를 벌어들이며 흥행 몰이에 성공한 것이다. 이는 2005년 최초 개봉 당시의 2배가 넘는 수치로 알려졌다. 현지 매체들은 "미국에서 재개봉으로 100만 달러 이상을 번 영화는 일본 지브리스튜디오의 애니메이션 일부와 제임스 캐머런 감독의 〈아바타〉, 〈타이타닉〉뿐"이라며 이번 흥행에 주목했다.[47]

미국 AMC 극장의 '올드보이' 재상영 안내
출처: AMC

동남아시아에서는 최근 국내 MZ세대의 인기 간식 '할매니얼' 식품이 큰 인기다. 2023년 상반기 동남아에서 K-레트로 스낵 주문량은 2022년

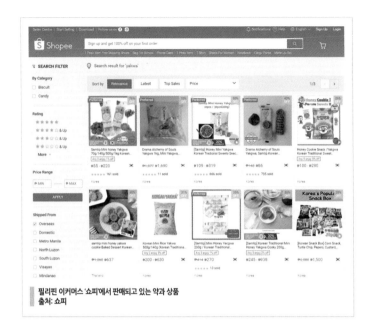

필리핀 이커머스 '쇼피'에서 판매되고 있는 약과 상품
출처: 쇼피

동기 대비 53% 증가했으며, '약켓팅(약과와 티켓팅을 합친 신조어)'이란 신조어가 등장할 정도로 MZ세대에게 큰 인기를 얻고 있는 약과 주문량은 무려 450% 성장한 것으로 나타났다. 쇼피코리아에 따르면 SNS를 통해 K-푸드, 라이프 스타일 등이 빠르게 확산되며 동남아에 K-레트로 열풍이 불고 있기 때문이라고 분석했다.[48] 국내에서 MZ세대를 중심으로 할매니얼 열풍이 지속되고 있는 만큼, K-스낵의 인기는 앞으로도 계속 이어질 가능성이 높아 보인다.

엠브레인 패널 빅데이터® INSIGHT IV

📍 과거(2021년 1월) 대비 방문율이 가장 크게 증가한 2023 서울 상권(거리)은 '서울숲 카페거리(173.7%)', '연리단길(144.5%)', '홍대거리(110.2%)', '힙당동 거리(102.9%)', '성수동 카페거리(82.3%)' 순으로 나타남.

📍 성장률이 높은 상권(거리)의 경우 대체로 주말 방문율이 높은 편이나, '힙당동거리', '성수동 카페거리'의 경우 평일 방문율이 주말 대비 좀 더 높은 점이 특징적임.

📍 연령대별 방문 상권은 20대의 경우 '연리단길', '성수동 카페거리', 30대 이상은 '용리단길', '종로 포차거리'였으며, 공통적으로는 '대학가' 방문 경험이 상위에 랭크된 특징을 보임.

서울 주요 상권(거리) 성장률 Top5 & 요일별 방문율 분석

※ 성장률은 2021년 1월 대비 2023년 7월 상권 방문율 기준

홍대거리 110.2%

힙당동 거리 102.9%

서울숲 카페거리 173.7%

연리단길 144.5%

성수동 카페거리 82.3%

신촌이대거리
종로 포차거리
대학로
을지로 노가리골목
이태원거리
명리단길
용리단길
해방촌
가로수길
압구정 로데오거리
송리단길
샤로수길

연령대별 서울 상권(거리) 방문율 Top10

순위	20대	30대	40대	50대
1	홍대거리	홍대거리	신촌이대거리	신촌이대거리
2	신촌이대거리	신촌이대거리	대학로	대학로
3	연리단길	용리단길	용리단길	용리단길
4	대학로	대학로	종로 포차거리	홍대거리
5	성수동 카페거리	종로 포차거리	압구정 로데오거리	종로 포차거리
6	용리단길	압구정 로데오거리	을지로 노가리골목	압구정 로데오거리
7	종로 포차거리	을지로 노가리골목	성수동 카페거리	을지로 노가리골목
8	압구정 로데오거리	연리단길	이태원거리	성수동 카페거리
9	샤로수길	성수동 카페거리	가로수길	이태원거리
10	이태원거리	이태원거리	연리단길	연리단길

※ 2023년 7월 상권 방문율 기준

서문

1. '냉장고를 부탁해', 최고시청률 4% 육박…新개념 대결 통했다(2015. 02. 17.), 이데일리

2. '냉장고를 부탁해' 긴박감 넘치는 요리 대결과 입담…자체 최고 시청률 기록(2015. 04. 14.), 아주경제

3. '집밥 백선생', 나무위키(https://namu.wiki)

4. '중동호흡기증후군', 나무위키(https://namu.wiki)

5. "내 집은 내가 꾸민다" 셀프 인테리어族 납시오(2016. 01. 22.), 조선일보

6. 영화 '부산행', 명량도 제쳤다…역대 최단기간 400만 돌파(2016. 07. 24.), 조선일보

7. 좀비 영화 '부산행' 하루 128만 명 돌파…관객 신기록(2016. 07. 24.), YTN

8. 《심리의 책》, 캐서린 콜린 외 공저(2011. 06.), 지식갤러리, p.138

9. 이 조사들은 매년 6~7월 사이에 1,000명씩 나누어서 10회를 모아 진행했으며, 20~50대까지의 인터넷 이용자 남녀를 동일하게 할당했다.

10. 이 조사는 2023년 6~7월에 20~50대까지의 남녀 10,000명(마크로밀 엠브레인의 공식 패널 100만 명 중에서 실사를 진행)을 연령별 분석을 위해 동일하게 할당하여, 이메일을 통해 조사를 진행했다.

11. 《심리의 책》, 캐서린 콜린 외 공저(2011. 06.), 지식갤러리, p.138: 여기서 제시한 매슬로의 욕구 8단계를 차용하여 조사를 진행했고, 8개 범주, 35개 문항을 타당화하여 2016년부터 매년 조사를 진행했다. 모든 문항은 1,000점 만점으로 환산하여 계산했다.

PART 1. SOCIAL

Chapter 1. 어른이 없는 시대, 어른을 찾다

1. 상반기 베스트셀러 키워드는 '세이노'와 '역주행', 연합뉴스(2023. 06. 12.)

2. 교보문고의 발표에 따라 1위부터 10위까지 정리해보면, 1위는 《세이노의 가르침》, 2위 《원씽》, 3위 《김미경의 마흔 수업》, 4위 《불편한 편의점》, 5위 《스즈메의 문단속》, 6위 《만일 내가 인생을 다시 산다면》, 7위 《역행자》, 8위 《불편한 편의점 2》, 9위 《구의 증명》, 10위 《기분이 태도가 되지 말자》순이다.

3. 2021~2023년 1~6월까지 교보문고 종합 베스트셀러 뉴스 발표 자료 정리

4. 《원씽》, 게리 켈러, 제이 파파산 저(2013. 08.), 비즈니스북스, p.99

5. 《세이노의 가르침》, 세이노 저(2023. 03.), 데이원, p.210

6. IMF, 올해 한국 성장률 1.5%→1.4%로 하향(2023. 07. 26.), 서울신문

7. 경제 위기(IMF, 2008년 세계 금융 위기 등) 상황 체감도 및 인식 조사(2023. 01.), 마크로밀 엠브레인 트렌드모니터

8. '1997년 외환위기', 나무위키

9. '대침체', 나무위키

10. 경제 위기(IMF, 2008년 세계 금융 위기 등) 상황 체감도 및 인식 조사(2023. 01.), 마크로밀 엠브레인 트렌드모니터

11. 상반기 서점가 휩쓴 베스트셀러 '세이노의 가르침'…또?(2023. 06. 12.), 노컷뉴스

12. '세이노의 가르침' 열풍 왜…'라떼'는 싫지만 '길거리 지식'엔 목말라(2023. 08. 02.), 경향신문

13. 위와 같은 신문 자료

14. 위의 기사에서 요약, 재인용

15. "2025년까지 경기 불황 지속, 내년 2~3분기 고통 정점 올 듯"(2022. 09. 23.), 중앙SUNDAY

16. 《사회심리학》, 제프 그린버그, 토니 슈마더, 제이미 아른트, 마크 란다우 저(2017. 06.), 시그마프레스, p.259~260

17. 2023 사회적 갈등 및 공동체 의식 관련 조사(2023. 05.), 마크로밀 엠브레인 트렌드모니터

18. 위와 같은 자료

19. '어른'에 대한 인식 조사(2023. 07.), 마크로밀 엠브레인 트렌드모니터

20. 서울 부동산 움직이는 '큰손' 30대 귀환…20개월 만에 최다 매수(2023. 07. 05.), 아시아경제

21. 《2023 트렌드 모니터》, 최인수, 윤덕환, 채선애, 이진아 공저(2022. 10. 25.), 시크릿하우스, p.198

22. '거지방' 찾는 청년들…젊은 '자린고비' 급증 이유는?(2023. 05. 29.), YTN

23. 《2021 트렌드 모니터》, 최인수, 윤덕환, 채선애, 이진아 공저(2020. 10. 26.), 시크릿하우스, p.210

24. '어른'에 대한 인식 조사(2023. 07.), 마크로밀 엠브레인 트렌드모니터

25. 위와 같은 자료

26. 초고령사회에서 '노인'이 아니라 '좋은 어른'이 되는 법(2023. 08. 19.), 중앙일보

27. '어른'에 대한 인식 조사(2023. 07.), 마크로밀 엠브레인 트렌드모니터

28. 위와 같은 조사

29. [평범한 이웃, 유럽] 해외에도 '노키즈존' 논란, 그 안에 도사리는 '성인주의'(2023. 06. 11.), 시사인

30. "어른 역할이 중요", '노키즈존' 아니라 '웰컴키즈존' 어디(2023. 05. 21.), 머니투데이

31. "친구 중 한 명을 '공매도' 친다면?"…버핏의 인생 조언 3가지(2023. 04. 29.), 머니투데이

32. 버핏 "잘못된 결정 줄이려면…부고(訃告)부터 써라"(2023. 05. 09.), 파이낸셜뉴스

33. "관광하고 경영노하우도 배운다" 중국 경영인, 일본 노포투어 인기(2023. 08. 18.), 내일신문

34. 한국엔 캥거루족, 영국엔 부메랑족(2023. 03. 27.), 매일경제

35. 작은 원룸이 200만원 육박…임대료 폭등에 몸살 앓는 유럽(2023. 08. 24.), 아시아경제

36. "런던 원룸 월세가 170만원"…유럽 '주거고통' 심화(2023. 08. 24.), 서울경제

37. "우리 아들 어때" 자식 프로필 들고 '대리 맞선' 나가는 日부모들(2023. 09. 04.), 아시아경제

38. 부모들, 자식 대신 '솔로대첩'…"49살 제 아들과 결혼 어때요?"(2023. 09. 04.), 한겨레

39. 해외도 난리…英 '학생 노터치' 폐기, 日 '몬스터 페어런츠' 논란(2023. 07. 24.), 중앙일보

40. "온 마을이 아이 키웠다는데"…원시 공동체의 육아법 주목받는 이유는(2023. 03. 12.), 경향신문

Chapter 2. 평균 회귀, 어중간함의 확장

1. "축의금이 없어요" "빙수기라도 맡길게요"…불황에 전당포 찾는 MZ(2023. 05. 17.), 헤럴드경제

2. 《시사상식사전》, pmg 지식엔진연구소 내용 인용 및 편집

3. 돈 쓰면 욕 먹는다…'거지방' 들어가 보니 "과소비 철퇴"(2023. 05. 06.), 여성신문

4. 마뗑킴, 더현대 서울 매장 일주일간 매출 5억 달성(2023. 02. 07.), 어패럴뉴스

5. 소비침체에도 '스몰 럭셔리' 시장은 '활활'…"韓 성장률 최고"(2023. 07. 16.), 한국경제

6. 2023 명품 소비 관련 인식 조사(2023. 07.), 마크로밀 엠브레인 트렌드모니터

7. "남들 다 가진 흔한 명품은 싫다"…MZ세대 파고드는 신명품은(2023. 05. 16.), 매일경제

8. 태어난 존재로서의 운명, 재능이나 능력을 가진 존재를 의미함, 티스토리

9. 주식 투자 열풍 관련 인식 조사(2021. 02.), 마크로밀 엠브레인 트렌드모니터

10. 은성수 "코인시장 함부로 뛰어드는 청년들, 올바른 길 아냐"(2021. 04. 22.), 한국경제

11. 월급은 티끌, 주식·부동산 대박…"이러니 탐할 수밖에"(2021. 01. 01.), 국민일보

12. 2023 소비 생활 전망 관련 조사(2023. 01.), 마크로밀 엠브레인 트렌드모니터

13. 2023 자테크 및 인생(성공)관 관련 인식 조사(2023. 07.), 마크로밀 엠브레인 트렌드모니터

14. 2023 경험과 시간 소비 관련 인식 조사(2023. 07.), 마크로밀 엠브레인 트렌드모니터

15. 위와 같은 조사

16. 2023 짠테크 관련 인식 조사(2023. 04.), 마크로밀 엠브레인 트렌드모니터

17. 2023 경험과 시간 소비 관련 인식 조사(2023. 07.), 마크로밀 엠브레인 트렌드모니터

18. 2023 외로움 관련 인식 조사(2023. 04.), 마크로밀 엠브레인 트렌드모니터

19. 인간관계 및 폐쇄형 SNS(본디 등) 관련 인식 조사(2023. 07.), 마크로밀 엠브레인 트렌드모니터

20. 2023 명품 소비 인식 조사(2023. 07.), 마크로밀 엠브레인 트렌드모니터

21. 개인 취향과 도덕성 상관관계 관련 조사(2023. 05.), 마크로밀 엠브레인 트렌드모니터

22. 동료(또래) 집단으로부터 동일 행동을 하도록 가해지는 사회적 압력, 네이버 지식백과

23. 2023 자테크 및 인생(성공)관 관련 인식 조사(2023. 07.), 마크로밀 엠브레인 트렌드모니터

24. 자존감 관련 인식 조사(2023. 06.), 마크로밀 엠브레인 트렌드모니터

25. 왜 바퀴벌레일까…아이돌도 받는 Z세대 '웃픈' 질문 놀이(2023. 05. 02.), 한국일보

26. 우울 및 죽음에 대한 인식 조사(2023. 07.), 마크로밀 엠브레인 트렌드모니터

27. 위와 같은 조사

28. 2023 자테크 및 인생(성공)관 관련 인식 조사(2023. 07.), 마크로밀 엠브레인 트렌드모니터

29. 위와 같은 조사

30. 《2023 트렌드 코리아》, 김난도 외 9명 저(2022. 10.), 미래의창, p.156

31. "부부 맞아?"…'반반 결혼' 두고 누리꾼 갑론을박(2023. 04. 21.), 머니S

32. 2023 기본 소득제 및 최저임금제 관련 인식 조사(2023. 07.), 마크로밀 엠브레인 트렌드모니터

33. MZ는 폐쇄적이다?…'인싸'들만 모여서 "본디 하자"(2023. 02. 14.), 서울경제

34. 인간관계 및 폐쇄형 SNS(본디 등) 관련 인식 조사(2023. 07.), 마크로밀 엠브레인 트렌드모니터

35. 자존감 관련 인식 조사(2023. 06.), 마크로밀 엠브레인 트렌드모니터

36. 《2023 트렌드 모니터》, 최인수, 윤덕환, 채선애, 이진아 저(2022. 10.), 시크릿하우스, p.149

37. 2023 자테크 및 인생(성공)관 관련 인식 조사(2023. 07.), 마크로밀 엠브레인 트렌드모니터

38. '피지컬: 100' 열광…'비인기 운동' 열풍(2023. 02. 22.), 경향신문

39. 레슬링의 재발견…생활 스포츠로 한발짝 더(2023. 05. 25.), 헤럴드경제

40. 2023 경험과 시간 소비 관련 인식 조사(2023. 07.), 마크로밀 엠브레인 트렌드모니터

41. 新명품 출발지된 K패션(2023. 06. 25.), 매일경제

42. 패션가 장악한 신명품 트렌드, 올해는 어떤 브랜드가 뜰까(2023. 04. 26.), 동아일보

43. 7만원짜리 가방이 명품이라고?…싱가포르 인터넷 달군 사연(2023. 01. 31.), 머니투데이

44. '호화 결혼식은 가라', 68만원 맥도날드 웨딩커플 화제(2023. 08. 04.), 서울신문

45. 단돈 3만원에 결혼식 치른 中부부…"만족한다"(2023. 03. 13.), 아시아경제

46. 미국 "하루 3시간 SNS 하는 청소년, 우울증 위험 2배"(2023. 05. 25.), 중앙일보

47. 뿔난 美 교육청 집단소송…"소셜미디어, 교실 망쳤다"(2023. 07. 25.), YTN

48. SNS 이제 그만~덤폰에 눈뜬 Z세대(2023. 06. 30.), 매경이코노미

PART 2. WORK

Chapter 3. 세대 레이블링이 낳은 편견

1. "출근 싫다" 재택 중단에 불만(2023. 03. 16.), 한국경제

2. 호주 언론, '주 최대 69시간제' 조명…과로사를 'kwarosa'로 소개(2023. 03. 14.), 연합뉴스

3. 불공정에 팔 걷고 정치판서 발 뺀다…MZ만의 노동운동(2023. 02. 26.), 머니투데이

4. 직원들 마음에 쏙 들게!…취향과 니즈 고려한 섬세한 복지제도 이모저모(2023. 07. 20.), 서울경제

5. 2023 좋은 직장 및 일의 의미 관련 인식 조사(2023. 06.), 마크로밀 엠브레인 트렌드모니터

   2023 직장인 회식 문화 관련 인식 조사(2023. 04.), 마크로밀 엠브레인 트렌드모니터

   2023 現 직장 생활 및 FIRE족 관련 인식 조사(2023. 02.), 마크로밀 엠브레인 트렌드모니터

   2023 직장 내 근무 평가 시스템 및 피드백 관련 조사(2023. 06.), 마크로밀 엠브레인 트렌드모니터

6. 《우리가 싸우는 이유》, 고승연 저(2023. 05.), 플랜비디자인, p.28

7. 'SNL 코리아', 공감 얻지 못하는 풍자…어쩌다 '투명 MZ'를 만들었나(2023. 07. 24.), 탑스타뉴스

8. 2023 이직 의향 및 '조용한 사직' 관련 인식 조사(2023. 07.), 마크로밀 엠브레인 트렌드모니터

9. "공무원은 답 없다"…새내기 3000명 사표(2023. 08. 01.), 서울경제

10. 직업 가치관 및 'N잡러(슬래셔)' 관련 인식 조사(2023. 07.), 마크로밀 엠브레인 트렌드모니터

11. 2023 이직 의향 및 '조용한 사직' 관련 인식 조사(2023. 07.), 마크로밀 엠브레인 트렌드모니터

12. 《세대 감각》, 바비 더피 저(2022. 09.), 어크로스, p.106: 2016년 연구 결과에 따르면 한 직장에 머물러 있는 사람의 평균 임금 상승률은 1.7%에 불과하지만 직장을 바꾼 사람의 임금은 평균 7.8% 상승한 것으로 나타났다.

13. 2023 이직 의향 및 '조용한 사직' 관련 인식 조사(2023. 07.), 마크로밀 엠브레인 트렌드모니터

14. 직업 가치관 및 'N잡러(슬래셔)' 관련 인식 조사(2023. 07.), 마크로밀 엠브레인 트렌드모니터

    2023 노조 및 노사 관계 관련 인식 조사(2023. 06.), 마크로밀 엠브레인 트렌드모니터

15. 2023 중산층 관련 인식 조사(2023. 03.), 마크로밀 엠브레인 트렌드모니터

16. 특정한 시기에 비슷한 경험을 한 연령 집단을 의미하는 세대사회학 주요 개념. 네이버 사전

17. 직업 가치관 및 'N잡러(슬래셔)' 관련 인식 조사(2023. 07.), 마크로밀 엠브레인 트렌드모니터

18. 2023 現 직장 생활 및 FIRE족 관련 인식 조사(2023. 02.), 마크로밀 엠브레인 트렌드모니터

19. 2023 이직 의향 및 '조용한 사직' 관련 인식 조사(2023. 07.), 마크로밀 엠브레인 트렌드모니터

20. 2023 직업 소명 의식 관련 조사(2023. 07.), 마크로밀 엠브레인 트렌드모니터

21. 2023 이직 의향 및 '조용한 사직' 관련 인식 조사(2023. 07.), 마크로밀 엠브레인 트렌드모니터

22. 2023 노조 및 노사 관계 관련 인식 조사(2023. 06.), 마크로밀 엠브레인 트렌드모니터

23. 2023 이직 의향 및 '조용한 사직' 관련 인식 조사(2023. 07.), 마크로밀 엠브레인 트렌드모니터

    2023 직업 소명 의식 관련 조사(2023. 07.), 마크로밀 엠브레인 트렌드모니터

24. 2023 이직 의향 및 '조용한 사직' 관련 인식 조사(2023. 07.), 마크로밀 엠브레인 트렌드모니터

25. MZ세대는 사회성 낮아 조직 생활 못한다?(2023. 02. 25.), 연합뉴스

26. 직장 생활에서의 세대별 이미지 및 사회성 평가 관련 조사(2023. 07.), 마크로밀 엠브레인 트렌드모니터

27. 위와 같은 조사

28. 2023 직장 내 근무 평가 시스템 및 피드백 관련 조사(2023. 06.), 마크로밀 엠브레인 트렌드모니터

29. 위와 같은 조사

30. 위와 같은 조사

31. 위와 같은 조사

32. 위와 같은 조사

33. 《임파워먼트 리더십》, 프랜시스 프라이·앤 모리스 저(2022. 11.), 한겨레출판, p.166

34. 2023 직장 내 근무 평가 시스템 및 피드백 관련 조사(2023. 06.), 마크로밀 엠브레인 트렌드모니터

35. 퇴사하지 말고 N잡러 되기, '슬래셔'가 뜬다(2023. 05. 09.), 팝콘뉴스

36. "퇴사하고 월급 200만→400만원, 정년도 없어" 기술 배우는 MZ(2023. 02. 22.), 한겨레

37. 장례지도사부터 프레시 매니저까지…MZ세대, 회사 밖으로 뛰쳐나온 이유(2023. 07. 26.), 한국일보

38. 직업 가치관 및 'N잡러(슬래셔)' 관련 인식 조사(2023. 07.), 마크로밀 엠브레인 트렌드모니터

39. '겸업 금지' 없애달라고?…N잡러 고민 커지는 기업들(2023. 04. 26.), 중앙일보

40. "남편감 찾기가 가장 큰 고민"…MZ세대 美의원은 솔직했다(2023. 03. 09.), 중앙일보

41. '파티 논란' 핀란드 총리 사과 "여가시간보다 총리로서 하는 일 봐주길"(2022. 08. 25.), 뉴시스

42. 총리 그만둔 산나 마린 "더는 사생활 보도 안 됐으면…"(2023. 06. 22.), 세계일보

43. '이혼휴가'도 보낸다…"387조 손실 볼 바엔" 英·美기업 파격복지(2023. 07. 15.), 중앙일보

44. "내 상사는 내가 고른다"…통념 깨부순 日회사서 벌어진 일(2023. 07. 31.), 중앙일보

45. "신입 퇴사 막아라"…간식 사주고 1일 1칭찬, 눈치보는 日중년들(2023. 03. 09.), 조선일보

46. '상사 선택제' 도입하고 이직률 0% 된 일본 회사 근황(2023. 07. 31.), 인사이트

47. 일본은 지금 '이도류'가 트렌드(2023. 05. 03.), Kotra 해외시장뉴스

48. "주2일제 원하면 하세요"…파격 근무제 꺼낸 日항공사(2023. 01. 16.), 머니투데이

49. "맘껏 부업하세요" 획일화된 '기업 위기감'에 日대기업 변화 바람(2023. 06. 20.), 아시아경제

50. Z세대와 일하기 어렵다고요?(2023. 07. 03.), 중앙일보

51. 함께 일하기 가장 어려운 Z세대?(2023. 04. 26.), 포춘코리아

52. 조용한 퇴사 가고, 요란한 퇴사 왔다(2023. 07. 19.), 하퍼스바자

53. '조용한 사직' 업그레이드 버전 나왔다…이번엔 '분노의 지원'(2023. 03. 05.), 한국경제

54. 회사를 헐뜯는 '요란한 퇴사' 유행…기업들 골머리 앓아(2023. 07. 06.), 조선일보

55. '재택근무' 상징 '줌' 사무실 출근 확대(2023. 08. 08.), YTN

56. "저연차 직원들 사무실 나와야"…재택근무 '신입 교육'(2023. 05. 20.), 아시아경제

57. 생산성 떨어지는데 왜 해? 재택근무 논쟁의 진실(2023. 08. 09.), 동아일보

58. 사람이 곧 기업 경쟁력 | ESG 넘어 DEI 챙겨야…전 세계 '열공 중'(2023. 07. 10.), 매일경제

59. 'DEI' 실천 기업으로 돈이 움직인다…재무적 성과 상관성 높아(2023. 07. 21.), 녹색경제신문

Chapter 4. 능력주의, 자본 소득 필수 사회

1. 카카오엔터프라이즈, 내주 희망퇴직…클라우드 외 전직원 대상(2023. 07. 13.), 머니투데이

2. 뒤숭숭한 카카오…노조, 희망퇴직 항의집회(2023. 07. 26.), 중앙일보

3. 위와 같은 신문 자료

4. "3년치 월급 받으면 나라도 퇴사" 83년생도 희망퇴직하는 이 업계(2023. 08. 18.), 매일경제

5. 위와 같은 신문 자료

6. "5억 준대" 30대 은행원도 떠난다…연령 확 낮춘 희망퇴직(2023. 08. 18.), 머니투데이

7. '능력주의' 관련 인식 조사(2023. 07.), 마크로밀 엠브레인 트렌드모니터

8. '능력주의', 나무위키

9. '능력주의' 관련 인식 조사(2023. 07.), 마크로밀 엠브레인 트렌드모니터

10. 위와 같은 조사

11. 위와 같은 조사

12. 위와 같은 조사

13. 위와 같은 조사

14. 위와 같은 조사

15. 위와 같은 조사

16. 2023 중산층 관련 인식 조사(2023. 03.), 마크로밀 엠브레인 트렌드모니터

17. 플랫폼 노동 및 노동 소득에 대한 태도 조사(2023. 01.), 마크로밀 엠브레인 트렌드모니터

18. 위와 같은 조사

19. 위와 같은 조사

20. 위와 같은 조사

21. 위와 같은 조사

22. 위와 같은 조사

23. 위와 같은 조사

24. 2023 직업 소명 의식 관련 조사(2023. 07.), 마크로밀 엠브레인 트렌드모니터

25. 위와 같은 조사

26. 2023 좋은 직장 및 일의 의미 관련 인식 조사(2023. 06.), 마크로밀 엠브레인 트렌드모니터

27. 위와 같은 조사

28. '능력주의' 관련 인식 조사(2023. 07.), 마크로밀 엠브레인 트렌드모니터

29. 위와 같은 조사

30. 위와 같은 조사

31. 위와 같은 조사

32. 2023 중산층 관련 인식 조사(2023. 03.), 마크로밀 엠브레인 트렌드모니터

33. 《세이노의 가르침》, 세이노 저(2023. 03.), 데이원, p.170

34. 스파이가 재택근무?…獨 첩보기관, 요원 지원자들 요구에 당혹(2023. 05. 23.), 연합뉴스

35. 스파이 뽑는데 "재택 되나요?" 묻는 MZ…獨정보기관 '절레절레'(2023. 05. 23.), 아시아경제

36. 보너스·특전 '당근' 유인책에도…미 경찰 인력난(2022. 12. 26.), 연합뉴스

37. 연봉 1억에 보너스 줘도…美 경찰, 구인난(2022. 12. 27.), 세계일보

38. '연봉1억+보너스'에도 쉬쉬…경찰 구인난 시달리는 美(2022. 12. 27.), 아시아경제

39. "젊어 고생은 사서도 한다"고요? 중국 청년들의 냉소(2023. 07. 14.), 한겨레

40. 용병들의 '쩐'쟁(2023. 07. 22.), 국민일보

41. 두 팔 뒤덮은 문신에 "이게 내 신앙"…성직자 타투 난리난 英(2023. 07. 30.), 중앙일보

42. "월가 아닌 노동자가 美 건국"…바이든, 노조 찾아 첫 대선 유세(2023. 06. 18.), 서울신문

43. 역대급 수험생 몰리는 중국판 수능 이모저모…(2023. 06. 09.), 매일경제

PART 3. LIFE

Chapter 5. '나' 중심으로의 선택적 경험들

터가 그해의 대중 소비자들의 감정·정서를 조사하는 1만 명 단위의 대규모 기획 조사임.

17. 《불안의 철학》, 기시미 이치로 저(2022. 06.), 타인의사유, p.16

18. 《후회의 재발견》, 다니엘 핑크 저(2022. 09.), 한국경제신문, p.50

19. 2023 경험과 시간 소비 관련 인식 조사(2023. 07.), 마크로밀 엠브레인 트렌드모니터

20. 2023 자테크 및 인생(성공)관 관련 인식 조사(2023. 07.), 마크로밀 엠브레인 트렌드모니터

21. 2023 경험과 시간 소비 관련 인식 조사(2023. 07.), 마크로밀 엠브레인 트렌드모니터

22. 2023 자테크 및 인생(성공)관 관련 인식 조사(2023. 07.), 마크로밀 엠브레인 트렌드모니터

23. 개인 취향과 도덕성 상관관계 관련 조사(2023. 05.), 마크로밀 엠브레인 트렌드모니터

24. 《신경 끄기 연습》, 나이토 요시히토 저(2023. 01.), 유노책주, p.78

25. 2023 로스펙 식음료 및 대체 감미료 관련 U&A 조사(2023. 01.), 마크로밀 엠브레인 트렌드모니터

26. 2023 문해력 및 질문력 관련 조사(2023. 06.), 마크로밀 엠브레인 트렌드모니터

27. 위와 같은 조사

28. 위와 같은 조사

29. 2023 OTT 서비스 이용 및 콘텐츠 자극성 관련 인식 평가(2023. 06.), 마크로밀 엠브레인 트렌드모니터

30. 플랫폼 노동 및 노동 소득에 대한 태도 조사(2023. 01.), 마크로밀 엠브레인 트렌드모니터

31. 2023 사회적 다양성 및 성 소수자 관련 인식 조사(2023. 05.), 마크로밀 엠브레인 트렌드모니터

32. 위와 같은 조사

33. 《하버드 감정 수업》, 쉬센장 저(2019. 01.), 와이드맵, p.191: 하버드대학교 심리학과 연구진이 '걱정'을 계량화해 통계적으로 분석한 결과, 사람들이 하는 걱정의 40%는 미래에 대한 걱정, 30%는 과거에 대한 것이었고, 22%는 생활 중 부족한 부분에 대한 걱정이고, 4%는 바꿀 수 없는 일에 대한 걱정, 나머지 3%는 하고 있는 일에 대한 걱정이었다.

34. 2023 경험과 시간 소비 관련 인식 조사(2023. 07.), 마크로밀 엠브레인 트렌드모니터

35. 2023 자테크 및 인생(성공)관 관련 인식 조사(2023. 07.), 마크로밀 엠브레인 트렌드모니터

36. 위와 같은 조사

37. 2023 경험과 시간 소비 관련 인식 조사(2023. 07.), 마크로밀 엠브레인 트렌드모니터

38. 2023 정체성 및 MBTI 관련 인식 조사(2023. 03.), 마크로밀 엠브레인 트렌드모니터

39. 2023 짠테크 관련 인식 조사(2023. 04.), 마크로밀 엠브레인 트렌드모니터

40. 《데이터는 어떻게 인생의 무기가 되는가》, 세스 스티븐스 다비도위츠 저(2022. 10.), 더퀘스트, p.289

41. 2023 짠테크 관련 인식 조사(2023. 04.), 마크로밀 엠브레인 트렌드모니터

42. 개인 취향과 도덕성 상관관계 관련 조사(2023. 05.), 마크로밀 엠브레인 트렌드모니터

43. 위와 같은 조사

44. 2023 OTT 서비스 이용 및 콘텐츠 자극성 관련 인식 평가(2023. 06.), 마크로밀 엠브레인 트렌드모니터

45. 위와 같은 조사

46. 위와 같은 조사

47. 위와 같은 조사

48. 유튜브 시청 기록 끄면, '영상 추천' 안한다(2023. 08. 12.), 뉴시스

49. OTT로 영화만 보시나요…'클래식 전용' OTT 등장(2023. 04. 04.), 동아일보

50. 2023 경험과 시간 소비 관련 인식 조사(2023. 07.), 마크로밀 엠브레인 트렌드모니터

51. 위와 같은 조사

52. "집 청소가 그렇게 힘든가?" 청소 대신 해준다고 하니, 300억원 몰렸다(2023. 01. 11.), 헤럴드경제

53. 시간 절약 서비스(웨이팅, 가사대행 앱 등) 관련 U&A조사(2023. 07.), 마크로밀 엠브레인 트렌드모니터

54. 위와 같은 조사

55. 위와 같은 조사

56. 위와 같은 조사

57. 위와 같은 조사

58. 챗GPT 사용 경험 및 사회적 이슈 관련 인식 조사(2023. 07.), 마크로밀 엠브레인 트렌드모니터

59. 학사모 걸치고 시체처럼 '축'…난리난 '이 졸업사진' 정체는(2023. 06. 27.), 파이낸셜뉴스

60. 45도 인생(2023. 08. 07.), 브릿지경제

61. 사찰로 몰려가는 中 2030…"코로나後 건강, 안정 중시"(2023. 04. 06.), 동아일보

62. "中 신세대가 달라졌어요"…지출 미루고 돈 모으는 각종 저축법 등장(2023. 02. 27.), 나우뉴스

63. 금콩 모으는 中청년들(2023. 07. 16.), 아시아경제

64. 취업난에 中청년들 '전업자녀' 계약…부모집 얹혀살며 '월급' 받고 집안일(2023. 06. 23.), 동아일보

65. 부모 돌보고 월급 받는다…'전업 자녀' 길 택하는 中 아들·딸(2023. 06. 24.), 중앙일보

66. 30년 침체가 낳은 유산…日 '시성비' 바람(2023. 06. 19.), 한국경제

67. [신조어] 타이파(2023. 01. 16.), 서울경제

68. 가성비 넘어 시(時)성비의 시대가 온다(2023. 07. 06.), 매거진한경

69. "밥 먹을 시간도 없다"…입소문 타고 품절 대란 난 '0초 라멘'(2023. 06. 19.), 한국경제

70. "시간 아깝다" 우동도 흔들어 '후루룩'…놀라운 '시성비 시장'(2023. 07. 09.), 한국경제

71. '미식의 나라'에 왜 맥도널드가 많을까(2023. 04. 27.), 조선일보

72. 외면받는 '신의 물방울'…세계인들 와인 점점 덜 마신다(2023. 04. 14.), 조선일보

73. "팔다 남은 음식이 뭐 어때서?"…중국서 '잔반 도시락 열풍'(2023. 06. 26.), 파이낸셜뉴스

74. 중국 청년들 "팔다 남은 음식이 어때서?"…'잔반 블라인드 박스'인기(2023. 06. 25.), 한국일보

75. 넷플릭스 깔고 지우고 또 까는 MZ세대, 이유는?(2023. 06. 24.), 매일경제

76. 무료 스트리밍 TV서비스 한국에서도 통할까(2023. 08. 18.), 미디어오늘

77. "싸구려 재방이 아닙니다"…무료 OTT가 태풍으로(2023. 03. 16.), 조선일보

Chapter 6. 폐쇄형 인간관계, 하이볼의 사회학

1. WHO, 코로나19 비상사태 3년 4개월 만에 해제(2023. 05. 05.), KBS뉴스

2. 6월부터 코로나19 위기단계 '경계'로…확진자 격리 5일 권고(2023. 05. 11.), 대한민국 정책브리핑

3. 다시 일상으로, 4월 18일부터 거리두기 완전 해제(2022. 04. 18.), 서울특별시 시민건강/감염병관리과

4. 거리두기 해제로 '회식' 증가…법인카드 사용액 51% 급증(2022. 07. 11.), 조선일보

5. 거리두기 해제로 돌아온 회식…그래도 '강압적 회식'은 싫다(2022. 10. 19.), 아시아경제

6. 늘어난 회식에 늘어지는 뱃살…"술자리는 비만 지름길"(2023. 05. 09.), 여성신문

7. 맥주 1위 탈환 주력한 하이트진로, 소주 매출은 줄었다(2023. 08. 22.), 머니투데이

8. 위와 같은 자료

9. 당 빼고 대박난 소주 덕에 웃었지만…쪼그라든 맥주에 '희비교차'(2023. 05. 02.), 한국경제

10. 와인 시장은 일시 조정? 신세계·한화·롯데의 와이너리 인수 속내는(2023. 06. 21.), 비즈한국

11. 소주 누른 양주 매출…고물가에 집에서 마시는 '하이볼' 인기(2023. 03. 19.), 이코노미스트

12. '하이볼' '소토닉' 황금비율 반응 터졌다…첫 1000억 돌파한 이 시장(2023. 05. 08.), 머니투데이

13. 하이볼, 맥주보다 '시원', 폭탄보다 '짜릿'한…어디서 왔니?(2023. 05. 04.), 한겨레21, 1462호

14. 하이볼, 나무위키

15. 하이볼, 맥주보다 '시원', 폭탄보다 '짜릿'한…어디서 왔니?(2023. 05. 04.), 한겨레21, 1462호

16. 일본 경제 불황 상징 '하이볼'…한국에선 'MZ 대세 술'(2023. 03. 02.), 프라임경제

17. 위와 같은 자료

18. 코로나로 혼술·홈술 급증, 일상 되찾자 회식까지 부활(2022. 12. 10.), 중앙일보

19. 2023 주류 음용 및 '콜키지 프리 서비스' 관련 인식 조사(2023. 06.), 마크로밀 엠브레인 트렌드모니터

20. 위와 같은 조사

21. 위와 같은 조사

22. 위와 같은 조사

23. 위와 같은 조사

24. 위와 같은 조사

25. 국내 OTT산업 및 기업의 주요현황과 시사점, 지인해 연구위원(2023. 1/2월 호), Media Issue & Trend, 기획리포트

26. 2023 외로움 관련 인식 조사(2023. 04.), 마크로밀 엠브레인 트렌드모니터

27. 위와 같은 조사

28. 위와 같은 조사

29. 위와 같은 조사

30. 자존감 관련 인식 조사(2023. 06.), 마크로밀 엠브레인 트렌드모니터

31. 위와 같은 조사

32. '친구'의 정의 및 의미 관련 인식 조사(2023. 06.), 마크로밀 엠브레인 트렌드모니터

33. 인간관계 및 폐쇄형 SNS(본디 등) 관련 인식 조사(2023. 07.), 마크로밀 엠브레인 트렌드모니터

34. '친구'의 정의 및 의미 관련 인식 조사(2023. 06.), 마크로밀 엠브레인 트렌드모니터

35. 인간관계 및 폐쇄형 SNS(본디 등) 관련 인식 조사(2023. 07.), 마크로밀 엠브레인 트렌드모니터

36. '친구'의 정의 및 의미 관련 인식 조사(2023. 06.), 마크로밀 엠브레인 트렌드모니터

37. 위와 같은 조사

38. 인간관계 및 폐쇄형 SNS(본디 등) 관련 인식 조사(2023. 07.), 마크로밀 엠브레인 트렌드모니터

39. '친구'의 정의 및 의미 관련 인식 조사(2023. 06.), 마크로밀 엠브레인 트렌드모니터

40. 《사회심리학》, 제프 그린버그, 토니 슈마더, 제이미 아른트, 마크 란다우 저(2017. 05.), 시그마프레스, p.267

41. 인간관계 및 폐쇄형 SNS(본디 등) 관련 인식 조사(2023. 07.), 마크로밀 엠브레인 트렌드모니터

42. 위와 같은 조사

43. 위와 같은 조사

44. 위와 같은 조사

45. 개인 취향과 도덕성 상관관계 관련 조사(2023. 05.), 마크로밀 엠브레인 트렌드모니터

46. 위와 같은 조사

47. "119 출동 때 사이렌 꺼라"…소방관 사기 꺾는 민원(2023. 08. 17.), 한국경제

48. "내가 3.1절 일장기 게양 남…대스타 될지 몰랐습니다"(2023. 03. 07.), MBC

49. 중국 '같이 울 사람 구해요'…친구 말고, 임시 친구가 필요해(2023. 06. 22.), 한겨레

50. 연애는 NO, 키스만 OK…'입친구' 확산하는 중국(2022. 12. 20.), 아시아경제

51. "내 장례식에 누가 올지 궁금해" 가짜 장례식 꾸민 브라질男(2023. 02. 01.), 동아일보

52. 자신 장례식에 헬기타고 등장…위장사망쇼 벌인 벨기에 40대(2023. 06. 15.), 문화일보

53. 일본 MZ들, 더이상 사내 로맨스를 꿈꾸지 않는다(2023. 04. 02.), 파이낸셜뉴스

54. 코로나 끝나니 "웃기 학원 다니는 MZ세대"…해외언론 조명(2023. 06. 15.), 머니투데이

55. 1시간 7만원 '웃기학원' 호황…日MZ "마스크 땜에 웃는 법 까먹어"(2023. 06. 15.), 아시아경제

56. "저희 어플로 만났어요" 외로움의 시대, '절친'도 앱으로 찾는다(2023. 07. 29.), 헤럴드경제

57. 中 청년들도 "오프라인이 무서워"…'소셜포비아' 확산(2023. 05. 13.), 국민일보

58. 4,000만명이 우울증, 역대 최고로 우울한 미국 사회(2023. 06. 08.), 한국일보

59. 마오타이 아이스크림까지…'비주류' 사업 팔 걷은 주류업계(2023. 06. 13.), 중앙일보

60. 저녁은 오후5시부터…"빨리 놀고 일찍 잘래요" 사라지는 올빼미족(2023. 07. 22.), 헤럴드경제

61. WSJ "미국, '얼리 버드' 국가로 변화 중"(2023. 07. 21.), 내일신문

62. "무알콜맥주부터 하드셀처까지" 미국 주류 소비 트렌드의 변화 눈길(2023. 06. 14.), 소믈리에타임즈

63. 외면받는 '신의 물방울'…세계인들 와인 점점 덜 마신다(2023. 04. 14.), 조선일보

64. 술 소비 줄어드는 일본, 신메뉴 개발·수출 총력(2023. 02. 10.), 헤럴드경제

65. 실수로 들어간 스파클링 와인 덕에 인기 폭발중인 술(2023. 02. 09.), 매일경제

66. 디즈니월드에 무슨 일이? 나치 깃발 휘날려(2023. 09. 04.), 한국경제

67. 동남아의 '대마초 원더랜드'가 된 태국(2023. 05. 01.), BBC NEWS 코리아

68. 방콕 번화가 '대마 카페'…대놓고 관광객 유혹(2023. 07. 19.), 동아일보

PART 4. CULTUER

Chapter 7. '빨리 감기'라는 중독

1. 넷플릭스에서 기존의 영상 콘텐츠에 대한 빨리 보기 기능은 이보다 두 달 전인 2019년 8월에 이미 추가되었다고 알려져 있다.

2. 넷플릭스, '빨리돌려보기' 기능 선보여…영화계, "모욕적" 반발(2019. 10. 30.), 연합뉴스

3. 위와 같은 자료

4. 위와 같은 자료

5. 넷플릭스 '깡통'될라…디즈니·워너브라더스 파상공세(2019. 08. 27.), 한국일보

6. 위와 같은 자료

7. "볼게 없네" 디즈니, 구독자 400만명 증발…주가 '뚝'(2023. 05. 11.), 머니투데이

8. 10조 손실에도 '디즈니'라서 버텼다…애니 같은 넷플릭스 추격전(2023. 07. 07.), 한겨레

9. 독주하는 넷플릭스…토종 OTT도 디즈니플러스도 '벼랑 끝'(2023. 07. 24.), 한국경제

10. 잘나가던 토종 OTT, 티빙·웨이브 사용자 '뚝'…"'킬러 콘텐츠' 부재 한계 봉착"(2023. 03. 08.), CEOSCORE Daily

11. 《영화를 빨리 감기로 보는 사람들》, 이나다 도요시 저(2022. 11.), 현대지성, p.17

12. 위와 같은 책, p.17

13. 영상 콘텐츠 '빨리 감기' 시청 습관 관련 조사(2023. 07.), 마크로밀 엠브레인 트렌드모니터

14. 위와 같은 조사

15. 위와 같은 조사

16. 위와 같은 조사

17. 위와 같은 조사

18. 위와 같은 조사

19. 《영화를 빨리 감기로 보는 사람들》, 이나다 도요시 저(2022. 11.), 현대지성, p.42

20. 영상 콘텐츠 '빨리 감기' 시청 습관 관련 조사(2023. 07.), 마크로밀 엠브레인 트렌드모니터

21. 위와 같은 조사

22. 위와 같은 조사

23. 위와 같은 조사

24. '숏 클립 영상' 시청 U&A 및 광고 호감도 관련 조사(2023. 02.), 마크로밀 엠브레인 트렌드모니터

25. 영상 콘텐츠 '빨리 감기' 시청 습관 관련 조사(2023. 07.), 마크로밀 엠브레인 트렌드모니터

26. '숏 클립 영상' 시청 U&A 및 광고 호감도 관련 조사(2023. 02.), 마크로밀 엠브레인 트렌드모니터

27. 2023 OTT 서비스 이용 및 컨텐츠 자극성 관련 인식 평가(2023. 06.), 마크로밀 엠브레인 트렌드모니터

28. 위와 같은 조사

29. 위와 같은 조사

30. 위와 같은 조사

31. "빨리, 더 빨리!" 배속 기능 제공하는 'OTT 총정리'(2022. 05. 10.), OTT뉴스/국내유일 OTT전문미디어

32. 《영화를 빨리 감기로 보는 사람들》, 이나다 도요시 저(2022. 11.), 현대지성, p.25

33. 《생각하지 않는 사람들》, 니콜라스 카 저(2011. 02.), 청림출판, p.187

34. 《이토록 뜻밖의 뇌과학》, 리사 펠드먼 배럿 저(2021. 08.), 더퀘스트, p.25

35. 위와 같은 책, p.29

36. 2023 OTT 서비스 이용 및 콘텐츠 자극성 관련 인식 평가(2023. 06.), 마크로밀 엠브레인 트렌드모니터

37. 위와 같은 조사

38. 위와 같은 조사

39. 성인을 위한 넷플릭스? OTT 영상물 5분의1 '청불' 등급(2022. 09. 15.), 이투데이

40. 2023 경험과 시간 소비 관련 인식 조사(2023. 07.), 마크로밀 엠브레인 트렌드모니터

41. 영상 콘텐츠 '빨리 감기' 시청 습관 관련 조사(2023. 07.), 마크로밀 엠브레인 트렌드모니터

42. 강풀 "'무빙' 망하면 디즈니+ 망한다는 부담…n배속 안되는 조력자"(2023. 08. 28.), 스포티비뉴스

43. "사흘? 심심한 사과?" 문해력 기르려면 어떻게 해야할까(2023. 07. 27.), 조선일보

44. 《메타 인지의 힘》, 구본권 저(2023. 06.), 어크로스, p.224

45. "한 번에 4개 영상 시청"…슬러지 콘텐츠, 집중력 하락의 보완과 심화 사이(2023. 05. 18.), 데일리안

46. 한 화면에 영상 4개가 동시에…미국 Z세대 홀린 틱톡의 '이상한 유행'(2023. 05. 02.), 한국일보

47. "전주 듣는 시간도 아깝다"…요즘 日 인기곡은 다짜고짜 노래부터(2023. 06. 05.), 한국경제

48. [신조어 사전] 스페드 업(Sped Up)(2023. 05. 08.), 서울경제

49. 빨리 돌리면 뜬다? 정식 앨범까지 스며든 '스페드 업' 열풍(2023. 08. 22.), 데일리안

50. "빠르고 편한 것도 좋지만…원작 콘텐츠 훼손은 걱정"(2023. 09. 01.), 데일리안

51. "제2의 'NCIS'·'그레이 아나토미' 필요해"…OTT, 소수 오리지널 인기 편중(2023. 04. 26.), 데일리안

52. 흉터내고 숨참고…위험천만 틱톡 챌린지 왜?(2023. 04. 03.), 뉴시스

53. "불닭면 3600배 매운 '이것' 씹고" 풍선껌 챌린지 유행, 학생들 응급실行(2023. 04. 12.), 헤럴드경제

54. "불닭 500배 매운 맛" 원칩 챌린지 도전한 美 14세 남학생, 사망(2023. 09. 06.), 파이낸셜뉴스

55. "공익성보다 고수위 자극 추구"…넷플릭스 다큐 특징은?(2023. 04. 08.), 아시아경제

56. '파격 넷플릭스-담백 디즈니+' 왜 그럴까?(2023. 04. 06.), 전자신문

57. 유해 영상 보고 또 보고⋯트라우마 시달리는 '모더레이터'(2023. 01. 07.), 쿠키뉴스

58. "학대영상을 하루종일 시청"⋯AI에 혹사당하는 케냐 노동자들(2023. 07. 25.), 농민신문

59. AI 챗봇 라벨링 작업으로 트라우마를 겪는 케냐 노동자들(2023. 08. 17.), BBC NEWS 코리아

60. 마약·폭력·성기 노출⋯OTT 세계는 규제, 한국은 수수방관(2023. 08. 09.), 조선일보

61. '마약, 선정성, 젠더 이슈' 포함된 OTT 규제 시작한 해외⋯한국은?(2023. 08. 09.), 디지털투데이

62. "中 정부, 틱톡 모회사 내부 데이터 접근⋯혐일 정서 퍼뜨려"(2023. 05. 13.), 헤럴드경제

Chapter 8. 영트로, 이색 서사로 진화한 新복고 세계관

1. 《히트의 탄생》, 유승재 저(2021. 09.), 위즈덤하우스, p.227

2. 위와 같은 책 p.367

3. 동화약품 126주년 기념 활명수, 스위스 맥가이버 칼과 콜라보(2023. 06. 08.), 메트로신문

4. 모나미, 브라운과 만났다⋯'볼펜+면도기' 한정판 패키지(2023. 04. 25.), 뉴시스

5. 촉촉·바삭·꾸덕한 식감에 달콤함까지, 할매니얼 열풍 주인공 약과의 매력(2023. 08. 21.), 중앙일보

6. "MZ들 힙걸리에 빠졌다"⋯게임사, 막걸리 시장 뛰어든 이유(2023. 05. 11.), 한국경제

7. Y2K패션 필수템은 '이것'⋯'빈티지·레트로' 전자기기 인기↑(2023. 06. 19.), 녹색경제신문

8. "K-POP 열풍에 힘입어 K-바이닐 세계화 도모"⋯(2023. 05. 09.), 스포츠경향

9. 《2023 트렌드 모니터》, 최인수, 윤덕환, 채선애, 이진아 저(2022. 10.), 시크릿하우스, p.143

10. 세시봉을 아시나요?⋯TV시청률 & 콘서트 & 통기타 열풍 진원지(2011. 03. 08.), 매일경제

11. 2015 복고 문화 관련 인식 조사(2015. 07.), 마크로밀 엠브레인 트렌드모니터

12. 복고인 듯 복고 아닌 복고⋯1020이 소환한 '뉴트로'(2018. 11. 26.), 머니S

13. 2023 복고 문화 관련 인식 조사(2023. 07.), 마크로밀 엠브레인 트렌드모니터

14. 위와 같은 조사

15. 위와 같은 조사

16. 위와 같은 조사

17. 위와 같은 조사

18. 위와 같은 조사

19. 2023 OTT 서비스 이용 및 콘텐츠 자극성 관련 인식 평가(2023. 06.), 마크로밀 엠브레인 트렌드모니터

20. 2023 복고 문화 관련 인식 조사(2023. 07.), 마크로밀 엠브레인 트렌드모니터

21. '할매니얼' 블랙 푸드 MZ세대 입맛 저격(2023. 07. 04.), 식품음료신문

22. 2023 복고 문화 관련 인식 조사(2023. 07.), 마크로밀 엠브레인 트렌드모니터

23. 위와 같은 조사

24. '레트로'에 열광하는 한일 젊은이(2023. 06. 10.), 한국일보

25. 요네즈 겐시·후지이 가제…日 애니 이어 J팝 열풍(2023. 05. 14.), 뉴시스

26. MZ는 왜 커스텀에 마음 뺏겼나…"업데이트 동시에 품절 행렬"(2023. 06. 08.), 한국일보

27. 엄정화 "이혼 결말 응원, 놀랐다…'남편 죽었어요' 짜릿"(2023. 06. 05.), 엑스포츠뉴스

28. 다시 태어나도 재벌은 못 되니까(2023. 08. 17.), 한겨레

29. "어릴 땐 그렇게 믿더니"…둘리 '고길동' 편지에 훌쩍(2023. 05. 25.), 국민일보

30. 'MZ 인플루언서 된 쿵야, 피카츄처럼 전세계 사랑받는 IP 만들 것'(2023. 08. 26.), 서울경제

31. 《지금 팔리는 것들의 비밀》, 최명화·김보라 저(2020. 10.), 리더스북, p.72

32. "요즘 젊은이들 보면 불쾌할 듯"…유명 女배우가 밝힌 이 드라마(2023. 03. 31.), 매일경제

33. 중일관계 악화에도 중국서 '슬램덩크' 대박…첫날 190억원 수입(2023. 04. 21.), 연합뉴스

34. 일본 싫다던 중국인들 '슬램덩크' '스즈메'만 본다(2023. 04. 24.), 서울경제

35. 美서 35년만에 CD 판매량 넘어선 LP판…"복고 열풍에 MZ세대 관심"(2023. 03. 10.), 아시아경제

36. '뉴트로' 열풍에 LP 판매량 급상승…韓 MZ "우리는 소장한다"(2023. 03. 12.), 노컷뉴스

37. 복고 감성 '디카'에 빠진 중국 청년들(2023. 05. 11.), 아주경제

38. '레트로'에 열광하는 한일 젊은이(2023. 06. 10.), 한국일보

39. '촌스런 꽃무늬 밥솥' 출시 두달만에 3000개 판매…日도 '레트로 열풍'(2023. 07. 10.), 아시아경제

40. 글로벌 브랜드의 러브콜 받는 중국 사탕 브랜드(2023. 06. 21.), 조선일보

41. 노인 음료로 전락 위기 中 바이주｜커피 내리고 아이스크림도 만들고(2023. 07. 27.), 매일경제

42. "토마스행 출발합니다"…추억의 토마스와 친구들 日 열도 달린다(2023. 07. 16.), 매일경제

43. 레트로가 삼킨 패션업계…'팩맨·바비'의 부활(2023. 07. 26.), 매거진한경

44. 디스퀘어드2, 아케이드 게임 팩맨 협업 컬렉션 출시(2023. 07. 25.), 현대경제신문

45. 추억의 다마고치 인기…'방치형 게임'이 다시 뜬다(2023. 08. 18.), 조선일보

46. 레트로 붐에 진화하는 다마고치…"메타버스로 전세계 교류"(2023. 08. 15.), 아시아경제

47. 美재개봉 흥행 성공…20년이 지나도 여전한 '올드보이'의 힘(2023. 08. 30.), 스포츠동아

48. 국내 MZ세대 홀린 '할매니얼' 식품 동남아 시장 강타(2023. 08. 23.), 세계일보

대중을 읽고 기획하는 힘
2024 트렌드 모니터

초판 1쇄 인쇄 | 2023년 10월 4일
초판 1쇄 발행 | 2023년 10월 13일

지은이　　| 최인수·윤덕환·채선애·이진아
펴낸이　　| 전준석
펴낸곳　　| 시크릿하우스
주소　　　| 서울특별시 마포구 독막로3길 51, 402호
대표전화　| 02-6339-0117
팩스　　　| 02-304-9122
이메일　　| secret@jstone.biz
블로그　　| blog.naver.com/jstone2018
페이스북　| @secrethouse2018
인스타그램 | @secrethouse_book
출판등록　| 2018년 10월 1일 제2019-000001호

ISBN 979-11-92312-64-4 03320